资本金融权力体系的哲学批判

PHILOSOPHICAL CRITIQUE OF
CAPITAL FINANCE SYSTEM

宁殿霞　著

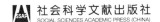
社会科学文献出版社
SOCIAL SCIENCES ACADEMIC PRESS (CHINA)

序

　　《资本金融权力体系的哲学批判》抓住当前人类最大生存境遇，即金融化问题，展开中国马克思主义经济哲学反思，实属难得，也值得提倡。该书从深层生成论、否定主义美学、历史哲学等角度深入分析了资本金融化的趋势、特征及内在矛盾，揭示其中存在的二律背反，提出人民金融理念，倡导构建人类命运共同体，走中国特色社会主义金融发展之路。该书能够在坚持贯彻马克思《资本论》基本思想观点的基础上，结合当今世界在资本金融研究领域的优秀成果，如法国经济学家皮凯蒂的《21世纪资本论》、诺贝尔经济学奖得主罗伯特·希勒的《金融与好的社会》、法国居伊·德波的《景观社会》等，以及国内经济哲学知名学者的优秀成果，进行深入分析，在应对金融化中国方案中坚持贯彻习近平总书记关于构建人类命运共同体的基本思想，并将其融入应对全球金融化的负面影响的分析中。该书时常闪现作者独立思考的思想火花，具有较好的学术理论创新，以下三点尤为突出。

　　一是揭示了金融化世界的深层生成机理，从微观层面论证时间生产与空间生产对全时空的构建，揭示了金融化进程中生产劳动与非生产劳动各自的功能及相互区别。对"观念的东西"作了重点论述，提出在金融化进程中，"观念的东西"可以兑换实在性的存在，主要根源于三点：一是"观念的东西"必须有现实的物做基础；二是"观念的东西"可以通过精神创意产生；三是"观念的东西"更具有不确定性。空间生产导致资本权力聚变，正是这种"观念的东西"撬动了实体的生存世界。全部历史时间在无限性的空间中的全速循环构成金融化世界的全时空场域。

　　二是通过否定主义美学对金融化世界加以审视，提出"金融之美"是资本与精神互动的一个过程，内在地蕴含着金融化与全球化并行与叠加的

1

金融权力整体性趋向的三大原理：服务大众——时间的整体性趋向；均衡发展——空间的整体性趋向；内在否定性——时空叠加与流变的整体性趋向。作者对希勒的"金融之美"思想加以深度阐释，体现了国内青年学者敢于学术问鼎世界前沿的勇气和视野。

三是从历史哲学的视角，考察金融化世界的历史进步意义。从资本与精神的互动展开，揭示金融化世界是一个隐秘的人类历史进步过程之普遍性与高度私向化的经济现实之特殊性互动的矛盾体，在此基础上进一步指认这一现实的普遍性历史进步寓意。如康德所言，大自然的历史是从善开始的，自由的历史是从恶开始的。正是人类的欲望、贪婪和野心驱动了历史进步的神经。

宁殿霞博士是我的学生，多年来一直在思考资本金融化问题，这本专著是在其博士学位论文《生存世界金融化的哲学批判》基础上修改而成的，总体而言，该选题实属经济哲学研究的前沿课题，彰显了马克思主义政治经济学批判精神，是国内青年学者深度探讨当代学术重大问题的自主性表达之作。我们应当持有积极宽容的接纳心理，在保持严肃的学术态度的基础上，鼓励青年学者进行学术创新。长江后浪推前浪，一代更比一代强。

是为序。

张　雄
写于塔林公园大道文学公寓

目　录

导　论

上篇　资本金融权力体系的生成机制
——金融化世界的深层生成论

中篇　资本金融权力体系的美学意义

——金融化世界的否定主义审美

导论

第一章 资本金融权力体系：资本有机体在 21 世纪的新表现

【本章提要】 21 世纪人类的生存世界已然是一个金融化的世界。逻辑地看，资本作为有机体在利润率下降规律的正反馈作用机制下，不断自我否定而生成自己的总体性；历史地看，自由竞争经过垄断最终转向今天的金融化；在世界历史视野中，21 世纪资本生产剩余价值的模式体现着全球化，资本占有剩余价值的方式和范围体现着金融化，资本的强大力量在于不断地金融化，从而生成了总体性的资本金融权力体系，而这一体系作为人类对象化的产物，与人类命运共同体之间形成深刻的对立。

资本之所以具有总体性特征，是因为作为资本社会存在前提的资本是一个有机体，"这种有机体制本身作为一个总体有自己的各种前提，而它向总体的发展过程就在于：使社会的一切要素从属于自己，或者把自己还缺乏的器官从社会中创造出来。有机体制在历史上就是这样生成为总体的。生成为这种总体是它的过程即它的发展的一个要素"①。资本总体性是"资本向总体发展并且必然生成总体"② 的属性。在《资本论》的语境中，"世界历史"③ 就是资本的历史，也即资本逻辑的展开过程是资本有机体实现总体性的过程。"整个所谓世界历史不外是人通过人的劳动而诞生的过程，是

---

① 《马克思恩格斯全集》（第 30 卷），人民出版社，1995，第 237 页。
② 彭宏伟：《资本总体性——关于马克思资本哲学的新探索》，人民出版社，2013，第 32 页。
③ "世界历史"在这里不是指历史学学科意义上"对过去的人和事进行叙述和解释"的世界历史，而是"资本主义生产方式造成的人类普遍交往和互相联系"的整体性的历史，马克思使用"世界历史"概念时更侧重于本体论、认识论角度的各民族整体运动规律，是作为唯物史观核心部分的世界历史，这一理论随着全球化的兴起而受到学界的高度关注，有学者认为马克思文献中的"世界历史"一词完全可以置换为"资本主义"或者今天的热门词语"全球化"。

自然界对人来说的生成过程。"① 资本趋向总体性的发展过程就是世界历史的生成过程，这个展开过程并不是匀速的、齐一的，而是一个充满历史转折②的复杂过程。从资本总体性出发，对"自由竞争"、"垄断"和"金融化"三个关节点及呈现的历史转折特点进行分析，能够揭示资本逻辑在世界历史进程中不断演化、不断推进的内在机理，并进一步揭示资本主义生产方式在 21 世纪金融化世界中的新表现。

一 资本金融权力体系生成三部曲

"现在的社会不是坚实的结晶体，而是一个能够变化并且经常处于变化过程中的有机体。"③ 资本有机体同社会有机体一样，在变化中不断生成自己的总体性，这个总体性表现为资本金融权力体系的生成。站在 21 世纪回望人类历史，我们不仅离不开对资本的考察，而且需要重点考察资本有机体。历史地看，资本在世界范围内运动和扩张的模式主要分为自由竞争、垄断、金融化三个阶段，尽管每一个阶段的界限并不那么明晰，但是每一个阶段都存在历史转折的关节点，在《资本论》《帝国主义是资本主义的最高阶段》《21 世纪资本论》三部著作中分别闪现着关节点的特征。21 世纪的诸多经济活动都离不开资本金融④权力体系的架构，尽管资本运行的根本逻辑没有变，但是这一阶段资本的表现形式和具体内容有所不同，资本的国际流动已成为 21 世纪世界经济的主要内容。资本输出的物质基础在于大量积累的"过剩资本"，资本输出的根本动因在于最大化追求利润，更高利

---

① 《马克思恩格斯文集》（第 1 卷），人民出版社，2009，第 196 页。
② 所谓历史转折，就是指特定历史时代的人类实践活动方式，即生产方式、生活方式、思维方式等出现了整体性和根本性演化创新的变更趋势。历史转折论往往更注重对历史发展过程"关节点"的探讨。参见张雄《历史转折论——一种实践主体发展哲学的思考》，上海社会科学院出版社，1994，第 16 页。
③ 《马克思恩格斯文集》（第 5 卷），人民出版社，2009，第 10~13 页。
④ 关于货币金融和资本金融的区别。经济学家刘纪鹏在《资本金融学》中对货币金融和资本金融两大现代金融范畴作了明晰的界定（参见刘纪鹏《资本金融学》，中信出版社，2016，第 15~16 页）。经济学家厉以宁在该书序言中指出：资本金融是当今世界现代金融发展的新领域，它是从传统货币金融单一的间接融资向以资本市场直接融资为主的现代金融发展的过程中形成的。张雄认为资本金融是金融化世界的典型特征。笔者以为，资本金融与货币金融的根本区别首先在于融资的方式不同；其次在于对时间与空间激活程度不同，前者更多的是时空叠加条件下的权力兑换，后者一般只是单维的直接权力兑换；最后，资本金融目前趋于精英化，而货币金融更趋于大众化。

润的投资场所是金融资本"看不见的腿"的行走方向。正如列宁所言，"冒险性的增大，归根到底是同资本的大量增加有关，资本可以说是漫溢出来而流向国外"①，"金融资本还导致对世界的直接的瓜分"②。一方面，全球化是资本主义在空间上拓展的结果；另一方面，全球化又是而且首先是一个改变、调整以至最后消除世界范围内资本总体性进行世界规模积累的各种自然和人为疆界的过程③。随着资本金融权力体系的发展，一国内部的市场已变得越来越小，并逐渐成为资本追逐利润的障碍。在利润率下降规律之达摩克利斯之剑的威慑下，资本必然突破国家的界限走向世界市场。这是资本固有的属性，也是掌管经济命脉的资本有机体新器官的生成逻辑，即资本金融权力体系的生成路径。

（一）资本在自由竞争中实现生产集中与生产社会化

马克思所处的时代是资本主义的自由竞争时代，而且只有英国才是"典型地点"。这一时期，资本主要通过商品资本的扩张实现自身。工业革命及之后的很长一段时间都是生产资本在国内扩张的阶段。肇始于英国的工业革命极大地改变了人类生存世界的面貌，到马克思所处的时代，也只有英国才够得上他研究的理想模型。工业革命时期的英国是个"完美的世界"，圈地运动使相当多的劳动力与土地快速分离并涌向城市，在某种程度上促成了工业革命的率先爆发，它不仅推动了生产力的快速发展，而且积累了更多的、可供工业革命用作预付金的资本，工业革命胜利后，生产资本主要以机器大生产的方式在英国内部得到空前发展。机器大生产首先是通过向自然宣战来吮吸自然界的自然力，然后是向人的劳动能力宣战以吮吸人的自然力，在这两个条件的基础上，马克思还发现了另一个重要条件，那就是"社会劳动"，他惊讶地说道："过去哪一个世纪料想到在社会劳动里蕴藏有这样的生产力呢？"④ 这种社会劳动所蕴藏的生产力是以人与人的劳动组织形式体现的，征服自然，使用机器，以及科技、交通、通信的发展以极其迅猛的速度改变了旧式的劳动组织形式，使人的劳动相对于生产

---

① 《列宁全集》（第 27 卷），人民出版社，2017，第 344 页。
② 《列宁全集》（第 27 卷），人民出版社，2017，第 381 页。
③ 参见〔法〕阿达《经济全球化》，何竟、周晓幸译，中央编译出版社，2000，第 3~4 页。
④ 《马克思恩格斯文集》（第 2 卷），人民出版社，2009，第 36 页。

效率而言在更科学、更高效的条件下进行，大量人口"仿佛用法术从地下呼唤出来的"一样，成为工业化流水线上的作业者。这正是资本主义创造的奇迹，"资产阶级在它的不到一百年的阶级统治中所创造的生产力，比过去一切世代创造的全部生产力还要多，还要大"①。这种生产方式一方面创造着神奇的生产力；另一方面又患上一种"瘟疫"——"在过去一切时代看来都好像是荒唐现象的社会瘟疫"②，即生产过剩。所以，与机器大生产相对应的是堆积的商品对更大销售市场的诉求，于是英国国内的圈地运动在短短几十年的时间里就演绎为世界范围的圈地运动，商品资本对外扩张首先从英国开始。

资本在英国国内完成了扩大再生产之后，它的扩张手段发生了变化，以生产资本为主的扩张转向以商品资本为主的扩张，从直接掠夺财富、积累资本变为强占原料产地和商品市场，商品资本的国际扩张最后演变为战争，也即进入殖民地的发展时期。这种扩张模式从经济现实看有两个特点，一是生产不断集中，二是生产不断社会化。世界市场是随着商品生产和对外贸易的发展而逐步产生和发展起来的，这时世界市场主要表现为资本在商品流通领域的世界性。

（二）垄断阶段的生产集中与资本集中

生产集中和资本集中产生垄断及垄断组织。"竞争的对立面是垄断。"③资本主义发展在列宁时期无论是生产方面还是银行业方面都进入了新的阶段，即垄断阶段。"集中发展到一定阶段，可以说就自然而然地走到垄断。"④ 就生产社会化而言，竞争转向垄断是一次巨大进步。垄断更有利于资本输出，这使资本输出在帝国主义阶段成为特别重要的特征。19世纪下半叶的资本集中带来的直接后果就是垄断初步形成，一方面大型企业之间更容易达成协议；另一方面，当企业规模足够大时，竞争困难成为必然，这两方面都为垄断造就了条件。"这种从竞争到垄断的转变，不说是最新资

---

① 《马克思恩格斯文集》（第2卷），人民出版社，2009，第36页。
② 《马克思恩格斯文集》（第2卷），人民出版社，2009，第37页。
③ 《马克思恩格斯文集》（第1卷），人民出版社，2009，第73页。
④ 《列宁全集》（第27卷），人民出版社，2017，第333页。

本主义经济中最重要的现象，也是最重要的现象之一。"① 现代垄断组织真正出现于 19 世纪 60 年代，19 世纪 70 年代到 19 世纪 90 年代是垄断组织的第一个大发展时期，生产集中产生垄断成为这一时期资本总体性发展的基本特征，这一时期的资本主义生产更接近全面的社会化，"它不顾资本家的愿望与意识，可以说是把他们拖进一种从完全的竞争自由向完全的社会化过渡的新的社会秩序"②。垄断资本家的垄断利润无论是从质上还是从量上都加速了"过剩资本"的形成与集聚，而这正是大规模资本输出的坚实基础。"只要资本主义还是资本主义，过剩的资本就不会用来提高本国民众的生活水平（因为这样会降低资本家的利润），而会输出国外，输出到落后的国家去，以提高利润。"③ 从落后国家角度看，这种过剩资本的输出让众多落后国家被动地卷入世界市场与资本主义抗争，这些国家"资本少，地价比较贱，工资低，原料也便宜"④ 的有利条件使其成为资本行动的方向，因为只有到这里，资本才可以获得丰厚的利润。

19 世纪末 20 世纪初，资本主义从自由竞争走向垄断，列宁认为垄断是帝国主义不同于自由资本主义的根本特征，并提出了资本主义世界体系的概念，他认为资本向全球扩张是垄断发展的必然趋势。垄断在列宁那里分为私人垄断和国家垄断两个层面。在列宁所处的时代，全世界资本生产集中到一个全新的、高级的垄断阶段，这一全新的、高级的垄断阶段是从四个方面生长起来的。第一，发展到很高阶段的生产集中；第二，对原料产地的加紧抢占；第三，银行率先从普通的中介企业翻转为金融资本的垄断者；第四，殖民政策中生发出争夺经济领土的动机。20 世纪 50 年代，随着两次世界大战的结束，资本主义进入国家垄断阶段，这是资本向全球全面扩张的酝酿期和准备期，主要表现在随殖民体系的瓦解而来的新的政治环境和随科学技术革命而来的新的物质技术条件。垄断为资本输出创造了更有利的条件。以生产资本扩张为根本的全面扩张，使资本扩张从国际化阶段进入全球化阶段。战后的国际社会以对外直接投资为主要形式，这一时期的显著特点是生产资本的国际化急剧增长，在此基础上，商品资本国际

---

① 《列宁全集》（第 27 卷），人民出版社，2017，第 333 页。
② 《列宁全集》（第 27 卷），人民出版社，2017，第 341 页。
③ 《列宁全集》（第 27 卷），人民出版社，2017，第 377 页。
④ 《列宁全集》（第 27 卷），人民出版社，2017，第 377 页。

化的国际贸易和货币资本国际化的国际信贷迅猛发展。资本国际运动的形态从流通资本延伸到生产资本，并最终形成资本运动全过程的国际化，资本国际化的全面迅速发展推进世界市场的发展，资本扩张就此进入全球化阶段。这时的资本已经为实现资本总体性奠定了基础。自由竞争阶段的生产主要集中在资本主义国家内部，而资本流通主要是在国外，也就是在资本主义国家内部进行价值增殖的生产，在国外进行价值实现的流通。进入垄断阶段后，资本的生产过程和流通过程、价值增殖过程和价值实现过程实现了在全球范围内跨时间、跨地区的统一。与过去资本输出主要由发达国家向发展中国家和欠发达地区单向输出相比，这一时期的资本输出实现了不同发展阶段国家之间的复杂流动。这一时期最显著的特征就是生产资本以对外直接投资的形式迅速实现国际化，进而实现全球化。

（三）资本全球范围分割剩余价值在金融化中实现

垄断作为一种新的资本主义现象不可能一成不变，它会向哪里"过渡"呢？今天的世界在列宁的意义上发生了什么新的历史转折呢？笔者认为，金融化是资本主义发展在 21 世纪的新阶段和新表现。马克思认为，"以钱生钱"的货币资本循环形式"最明白地表示出资本主义生产的动机就是赚钱。生产过程只是为了赚钱而不可缺少的中间环节，只是为了赚钱而必须干的倒霉事。〔因此，一切资本主义生产方式的国家，都周期地患一种狂想病，企图不用生产过程作中介而赚到钱。〕"[①] 进入 21 世纪，"不用生产过程作中介而赚到钱"的图景正在通过金融化向我们布展开来，21 世纪是一个适合"天才"生存的世纪，皮凯蒂的《21 世纪资本论》所展示的经济现实与列宁当年的描述并无二致。列宁曾引用克斯特纳的观点说，"获得最大成就的，不是最善于根据自己的技术和商业经验来判断购买者需要，找到并且可以说是'开发'潜在需求的商人，而是那些善于预先估计到，或者哪怕只是嗅到组织上的发展，嗅到某些企业与银行可能发生某种联系的投机天才〈?!〉……"。列宁对这一观点作了进一步诠释，他认为，"资本主义已经发展到这样的程度，商品生产虽然依旧'占统治地位'，依旧被看做全部经济的基础，但实际上已经被破坏了，大部分利润都被那些干金融勾

---

① 《马克思恩格斯文集》（第 6 卷），人民出版社，2009，第 67~68 页。

当的'天才'拿去了。这种金融勾当和欺骗行为的基础是生产社会化，人类历尽艰辛所达到的生产社会化这一巨大进步，却造福于……投机者"①。这一现象的出现具有重大的历史转折意义，它预示着金融化时代的到来。

首先，20 世纪初，以跨国公司为载体的生产资本全球扩张使许多落后的国家陆续卷入世界资本主义体系，这不仅在垄断组织的发展方面，而且在金融资本的增殖方面，都是一个重要的转折时期。为了谋取利润而进行的生产，其条件是创造一个不断扩大的流通范围，这种扩大有两种形式，一是直接扩大流通的地理范围，二是在原有的流通范围内创造更多的生产地。资本总体性具有一种内在驱动力，这种力量一方面创造越来越多的剩余劳动，另一方面创造越来越多补充的交换地点，从根本上说，就是以资本为基础的生产或与资本相适应的生产方式在世界范围内的扩张，资本总体性的意蕴就在这种扩张过程中生成，"创造世界市场的趋势已经直接包含在资本的概念本身中"②。资本扩张的力量就在自身的矛盾中，一方面，资本摧枯拉朽地打破商品交换的限制，创造空间，夺得整个地球的地理空间和心理空间作为它的市场；另一方面，它又竭尽全力地缩短商品流通所花费的时间。资本正是在不断创造空间中消灭空间，又在不断消灭空间中创造空间，最终完成资产阶级社会的真实任务，即"建立世界市场（至少是一个轮廓）和以这种市场为基础的生产"③。21 世纪，以跨国公司为载体的资本已经实现了这种生产。

其次，金融资本的扩张由国际化阶段进入真正的全球化阶段。资本突破地理限制、民族限制和文化限制，在世界范围内寻找更有利的投资场所。对于资本的增殖而言，剥削程度与社会发展程度成反比，与利润率成正比，社会发展程度越低，剥削程度就越高，利润率也就越高。21 世纪是金融资本扩张的世纪，金融化是 21 世纪资本主义发展的一般规律和基本特征。金融化的最初表现是金融在日常生活中越来越占据主要地位，并成为一种普遍现象。它的发展基础是垄断，它是在垄断基础上生长起来的。今天的金融化，甚至给人类的精神世界罩上了一层密网——"金融内化"，经济全球

---

① 《列宁全集》（第 27 卷），人民出版社，2017，第 342 页。
② 《马克思恩格斯文集》（第 8 卷），人民出版社，2009，第 88 页。
③ 《马克思恩格斯全集》（第 29 卷），人民出版社，1972，第 348 页。

化和金融全球化推动生存世界金融化。今天的经济现实已经进入了马克思的世界历史语境,资本总体性的特征已经非常明显。资本主义经济现实证明了并进一步证明着自由竞争产生生产集中,生产集中发展到一定阶段导致垄断,垄断之后形成金融化之一脉相承的资本逻辑和一般规律。"金融资本对其他一切形式的资本的优势,意味着食利者和金融寡头占统治地位,意味着少数拥有金融'实力'的国家处于和其余一切国家不同的特殊地位。"①

二 资本金融权力体系生成逻辑:自由竞争—垄断—金融化

云谲波诡的历史现象背后必然隐藏着深刻的世界历史发展规律。历史地看,自由竞争导致垄断,垄断带来金融化。那么,这一经济现象是否符合逻辑呢?从垄断到金融化的逻辑又是什么呢?为什么人们会说马克思的"资本主义必然灭亡"预言没有实现呢?对这些问题的回答必须回到资本自身的逻辑中。逻辑地看,从自由竞争到垄断再到金融化,在其发展的每一环节,都存在内在的历史逻辑。

(一)自由竞争—垄断—金融化:资本内在否定性的必然逻辑

资本有机构成变动是马克思资本批判的一个关键概念,传统的肯定思维模式往往把马克思的生产率提高过程中发生的原预付资本的贬值当作自然而然的事情,从而习惯于将资本主义生产方式的历史运动规律遮蔽于复杂的数学模型与计算过程之中,这样的研究方式往往把生产关系的相应变化置于研究视野之外,从而失却并遗忘了历史化的维度。从否定的方面看,资本不仅是一个现实概念,还是一个历史概念。资本不是从来就有的,也绝不是永远都有的,资本通过不断地内在否定展现自身的形式及趋势:资本首先是线性扩张,即从个别企业逐步扩展到整个行业、国民生产体系的各行各业;其次是平面扩张,即从一个地区扩张到另一个地区,从城市到农村再到一个国家的所有区域;再次是网状扩张,即在国内扩张的同时征服他国并构建世界市场,即突破国界把世界连成一个网状经济结构从而支配世界范围内的各种经济形式;最后是立体扩张,即在21世纪的今天,资

① 《列宁全集》(第27卷),人民出版社,2017,第374页。

本在金融化的世界经济格局下呈现立体扩张的局面，即统摄了所有时间、所有空间的全时空扩张。资本"是现代之子，现代的合法的嫡子"①，它的生命的全过程就在于沿着线性、平面、网状、立体的历史趋势成就自身的总体性，并在这一趋势性运动变化过程中完成自己的历史使命，而且这是一个不断加速度的正反馈过程。资产阶级为了消除竞争而形成垄断组织，然而，垄断却使竞争以更加强大的力量袭来；金融化是资本不断否定自身的必然结果，进一步展开内在否定是资本总体性在 21 世纪的新表现。

（二）自由竞争—垄断—金融化：利润率下降规律的必然结果

垄断是资本取得在全世界的最终胜利，也就是资本将全世界网罗到自己体系的重要一搏，那么，垄断瓜分世界的压力机制是什么呢？是垄断自身吗？绝不是，而是资本的属性，是利润率下降规律的作用。利润率下降规律在马克思资本批判中更重大、更革命的历史性意义目前还没有得到普遍认同和重视，利润率下降规律中的下降趋势事实上是一种上升的动力，资本之所以如此长青，秘密就在于马克思所发现的利润率下降规律。"利润率下降，同时，资本量增加，与此并进的是现有资本的贬值，这种贬值阻碍利润率的下降，刺激资本价值的加速积累。"② 与资本价值加速积累同时出现的是现有资本的加速贬值。资本积累、生产力提高和与之同在的现有资本贬值形成正反馈机制。换句话说，资本积累、生产力提高都是以现有资本贬值为代价的。现实世界的资本贬值、生产力降低无时无刻不在发生，如果没有更大能量的获取，资本不会这样。自然力是资本否定自身的力量之源，资本通过不断吮吸自然力而扩张自身。我们所公认的因生产与消费之间的失衡而导致的危机只是资本主义危机的表层现象，而危机真正的深层机理在于资本吮吸自然力实现资本积累的同时所带来的贫困积累。所以，资本对自然力的吮吸是有限度的。在全球化时代，这种贫困积累是触目惊心的，只是全球化的资本运作使两个相伴随的积累之间出现了变戏法式的分身术，让资本积累主要集中在发达国家和发达地区，而贫困积累主要集中在欠发达国家和欠发达地区。每个资本家和每个资本主义国家明里暗里

---

① 《马克思恩格斯文集》（第 1 卷），人民出版社，2009，第 175 页。
② 《马克思恩格斯文集》（第 7 卷），人民出版社，2009，第 277 页。

地遵循着"我死后哪怕洪水滔天!"① 的原则与口号,进行着"易粪相食"的狡计。正因为世界范围内自然力的吮吸不断地助力资本总体性才使得越来越强大的、总体性的资本具有如此这般的胆识去否定自身,这就是利润率下降规律之压力机制下的"极化现象"②,即资本积累与贫困积累在全球范围内不断扩大与加深的现象。这种极化现象决定了资本主义深层危机的酝酿以及与资本总体性相一致的资本主义深层危机在欠发达国家和欠发达地区总体爆发的可能性。

(三) 自由竞争—垄断—金融化:资本总体性自身发展的必然结果

资本总体性是资本内在否定性与利润率下降规律两个正反馈机制作用的结果。资本作为一个有机体,不断完善自身并生成新的器官,"使社会的一切要素从属于自己"③。资本主义的丧钟没有敲响,原因在于它不仅转向垄断,还过渡到了金融化。垂死的资本主义到今天依然没有灭亡的重要原因就在于金融化。21 世纪的资本输出与列宁所处的时代相比,其最显著的特征就是资本长上了"看不见的腿",行动极其诡异。从地理形态上看,资本主义在少数国家中已经成熟过度,诸多落后国家已纳入资本主义流通体系;从资本形态上看,资本可在数秒内转移或做空巨额资产,而且难以被察觉。资本的活力在于资本自身,在于自己反对自己,资本在自我反对中生成总体,必要时还可以在总体上生出新器官。资本这种内在否定性必然导致"资本的垄断成了与这种垄断一起并在这种垄断之下繁盛起来的生产方式的桎梏。生产资料的集中和劳动的社会化,达到了同它们的资本主义外壳不能相容的地步。这个外壳就要炸毁了。资本主义私有制的丧钟就要响了。剥夺者就要被剥夺了"④。"剥夺剥夺者"的最大意义,并不在于表面地消灭资本主义私有制,而在于实质地变"资本的文明面"为"高度文明的人"⑤,也即"环境的改变和人的活动或自我改变的一致"⑥。资本总体性

---

① 《马克思恩格斯文集》(第 5 卷),人民出版社,2009,第 311 页。
② 鲁品越:《利润率下降规律与资本的时空极化理论——利润率下行背景下的资本扩张路径》,《上海财经大学学报》2015 年第 3 期。
③ 《马克思恩格斯全集》(第 30 卷),人民出版社,1995,第 237 页。
④ 《马克思恩格斯文集》(第 5 卷),人民出版社,2009,第 874 页。
⑤ 《马克思恩格斯全集》(第 30 卷),人民出版社,1995,第 389 页。
⑥ 《马克思恩格斯文集》(第 1 卷),人民出版社,2009,第 500 页。

决定了它一定要把整个世界的所有时间、所有空间都变为自己有机体的一部分，因为现代社会"不是坚实的结晶体，而是一个能够变化并且经常处于变化过程中的有机体"①。在这个有机体不断壮大的过程中，资本获得了在世界市场中的绝对的主体性，全球化、金融化都是这个有机体创造出来的新系统。经济学对利润率的估算往往局限于一个国家或一些国家，毫无疑问，这只是将有机体当作结晶体并辅以"显微镜"或"化学试剂"的分析，与马克思的"抽象力"相去甚远。

垄断只是资本总体性进程中的一个环节，生长于自由竞争的垄断自身并不消灭竞争，只是使原有的竞争更激烈，所以，垄断只是从资本主义到更高级的制度的过渡。金融化是资本占领世界领土之后，继续生成资本总体性的一种手段，它通过未来的中介，以合约的形式再一次瓜分世界，只是，这种形式更文明了、人的自由程度更高了。世界历史就是资本总体性发展的历史，从垄断到金融化的进程，是世界历史的一个重要阶段，金融化是历史转折中的一个重要关节点。

三　资本总体性视域中的资本金融权力体系与人类命运共同体

世界历史的展开过程是资本与精神互动的过程。从世界历史的起源和发展来看，全球化的实质是资本全球化，金融化的实质是资本金融化，这是逻辑与历史相统一的表现。事实表明，人类至今也没有摆脱马克思的第二大社会形态——人对物的依赖阶段。人类至今仍与自己打造的对象化世界对立着，这个对立面目前已上升到资本金融权力体系与人类命运共同体之间的矛盾。康德把民族历史、地区历史的转折视为充满着恶的历史推动历程，其实，民族史、地区史的转折，具有世界整体文化进步的意义。② 黑格尔说，各个民族历史的转折是世界历史辩证发展的内在否定环节。③ 从历史哲学的角度看，世界历史是在历史总体目标的善与具体过程的恶的交织过程中生成的。21 世纪的今天，世界历史已通过金融化的面貌逐步展现于我们眼前。

---

① 《马克思恩格斯文集》（第 5 卷），人民出版社，2009，第 10~13 页。
② 参见张雄《历史转折论——一种实践主体发展哲学的思考》，上海社会科学院出版社，1994，第 150 页。
③ 参见〔德〕黑格尔《历史哲学》，王造时译，上海书店出版社，2006，第 96 页。

（一）21 世纪资本生产剩余价值的模式和范围体现着全球化

资本这个有机体在创造出"全球化"之后又创造出了"金融化"这个新器官，并与它自身形成新的系统，从而使资本主义深层危机不仅在空间（全球范围内的实体空间与非实体空间）上而且在时间（过去、现在、未来）上得到了稀释甚至转嫁。过去，资本作为有机体，作为现代生产关系，只是死劳动支配活劳动；进入金融化时代以来，由于金融理性迅速生长发育并在金融领域创造了无限的经济空间，未来的活劳动也成为资本支配的对象，而且未来的无限性使资本金融权力体系的权力持续放大，对未来的支配力也相应放大，甚至构架了整个人类生存世界。在金融化的层面，资本更趋总体性，它不仅在生产领域支配活劳动，而且把过去的、现在的、未来的所有财富资本化并吸入资本金融权力体系这个流通机器，从而对所有的财富进行重新分配。换句话说，资本金融权力体系不仅是对自然资源的大转移，而且是对已有的死劳动进行的大转移，更是对未来可能的活劳动进行的大转移。反过来讲，就是危机在全球范围内的转嫁、挪移与重新配置，使不平等在全球范围内扩张并愈演愈烈。从这个层面看，金融化的资本不是只支配活劳动，而是支配所有劳动，包括未来可能的活劳动，这就是皮凯蒂笔下"资本等同于财富"的现实写照。就全球化历程而言，在以自由竞争为主的阶段，主要是商品输出；在以垄断为主的阶段，主要是资本输出；在以金融化为主的 21 世纪，主要是资本金融权力体系的运作。

（二）21 世纪资本占有剩余价值的方式体现着金融化

资本主义向金融化的过渡，是以未来为中介的财富再分配的尖锐化斗争，这种斗争以最和平的方式、最受人喜爱的方式推进着。金融的本质在于通过"撮合交易"服务大众、分享财富。我们对金融化进行反思，首先考察的就是金融之目的是什么。正如诺贝尔经济学奖获得者希勒所说："金融所要服务的目标都源自民众，这些目标反映了我们每一个人职业上的抱负、家庭生活中的希望、生意当中的雄心、文化发展中的诉求，以及社会发展的终极理想。"[1] 也就是说，金融的存在如同"慈善"一样，帮助民众

---

[1] 〔美〕罗伯特·希勒：《金融与好的社会》，束宇译，中信出版社，2012，第 10 页。

实现想要实现的社会性的目标。金融就像一个"永动"的"估值机"，"如果金融不负众望，那么它就是帮助我们实现美好社会的最佳手段。我们对这个概念的理解越深入，就越能明白当下金融创新的必要性"①。金融的最高境界在于它是一种美学，因为金融正是通过满足人类的欲望和激发人类的潜能，在不断创造新事物中获得美，使所有社会成员分享财富，多元化地为人类社会服务的。金融的背后隐藏着强大的整体主义力量，它能集中零散的力量而办整体的大事。"金融从业者核心的工作之一是撮合交易，也就是创造新的项目、构建新的企业甚至塑造一套新的体系，不论这些交易的规模大小，正是此项工作将通常散落在各处的个人目标结合起来。"② 21世纪的今天，这套隐性的架构无处不在。金融目的原本是最大化地服务大众，而不是最大化地占有剩余价值，然而，实现这一目的必须动用理性、应用手段，这就使得人们在实现目的的同时，走向了金融理性的二律背反（金融目的原本是最大化地服务大众，而不是最大化地占有剩余价值，然而，服务大众需要金融创新，这必然导致金融理性的二律背反）：金融体系越完善，资本的收益越高于劳动的收入。金融一旦偏离轨道，它的力量能颠覆任何试图实现目标的努力，而且，金融创新是一个难以约束的机制，有时甚至伴有极其严重的破坏性。

（三）资本金融权力体系与人类命运共同体之间的矛盾

资产阶级社会的真实任务是建立世界市场（至少是一个轮廓）和以这种市场为基础的生产。"资本越发展，从而资本借以流通的市场，构成资本流通空间道路的市场越扩大，资本同时也就越是力求在空间上更加扩大市场，力求用时间去更多地消灭空间。"③ 今天的世界，主要矛盾是什么？阶级还存在吗？如果存在，它的表现形式又是什么呢？目前理论界虽然不怎么提及"阶级"一词，但并不代表它不存在，这需要我们用更大的视野、更完善的理论来加以批判和界定。事实上，垄断不仅没有阻止社会化，而且使社会化在全球范围内来得更快，或者说垄断是全球化这一黎明到来前

---

① 〔美〕罗伯特·希勒：《金融与好的社会》，束宇译，中信出版社，2012，第 10~11 页。
② 〔美〕罗伯特·希勒：《金融与好的社会》，束宇译，中信出版社，2012，第 11 页。
③ 《马克思恩格斯文集》（第 8 卷），人民出版社，2009，第 169 页。

的黑暗，抑或垄断是全球化的加速器，与"现代汽车行驶之快，对于不小心的行人和坐汽车的人都是很危险的"① 一样，发达资本主义国家的迅速金融化对于后金融化的国家也是很危险的。阶级是马克思资本批判的重要范畴之一，今天的阶级范畴内涵已经从资产阶级与工人阶级之间的矛盾占主导地位转换为资本金融权力体系与人类命运共同体之间的矛盾占主导地位。《共产党宣言》开篇提出"至今一切社会的历史都是阶级斗争的历史"②。这一论断在革命年代起到了极其重要的作用，阶级斗争的作用与意义一度上升到绝对的高度。那么，在争取到较长时间的和平建设环境的今天，人类社会进程中还有阶级斗争吗？对这一元问题的回答离不开对阶级范畴存在论的本体论追问。马克思所处时代的社会根本矛盾是资产阶级与工人阶级之间的矛盾。19 世纪初，欧洲工业革命时期的工人都干着笨重的体力劳动，劳动条件差，劳动强度大，劳动报酬低。进入资本主义机器大生产时期，资产阶级通过机器延长工人的劳动时间，使剥削进一步加剧。这一时期的劳动还是初级的、本能的劳动，整个劳动过程具有两个特征：一是"工人在资本家的监督下劳动，他的劳动属于资本家"③；二是"产品是资本家的所有物，而不是直接生产者工人的所有物"④。换句话说，工人除了劳动力之外一无所有，资本家通过直接占有劳动产品而占有工人的本能劳动。原有的阶级在以蒸汽机为代表的资本主义生产方式下迅速剥离为资产阶级与工人阶级，而资产阶级与工人阶级之间的矛盾也成为这一时期的根本矛盾。阶级范畴在金融化进程中发生了重大转向。21 世纪的今天，社会根本矛盾是什么？谁是资产阶级？谁是工人阶级？很难找到划分标准，也很难从一个国家内部进行划分，但这并不代表没有阶级，所以，对阶级的考察首先需要从全球化、金融化着眼。

20 世纪上半叶的世界战争与下半叶的经济转型加速了全球化的进程，进入 21 世纪，全球经济最大的特征就是继全球化之后实现了金融化，金融化迅速成为整个世界的主流。通过资本金融权力体系的运作，所有财富都

---

① 《列宁全集》（第 27 卷），人民出版社，2017，第 436 页。
② 《马克思恩格斯文集》（第 2 卷），人民出版社，2009，第 31 页。
③ 《马克思恩格斯文集》（第 5 卷），人民出版社，2009，第 216 页。
④ 《马克思恩格斯文集》（第 5 卷），人民出版社，2009，第 216 页。

转变为流量进入流通领域，进一步讲，就是"全时空"① 金融场域的运作，所有人的激情、欲望都在这里活跃着，上亿元的资产可能瞬间缩水抑或发生所有权的更易。这个时代，如果还以雇佣工人的人数、收入的来源来划分资产阶级和工人阶级显得极其滑稽可笑，因为，在财富比 19 世纪丰裕很多的今天，收入已经变得非常多元，从收入来源入手已经很难找到原有资产阶级、工人阶级的划分界限。但是，这并不代表阶级矛盾已经消失，并不代表剥削已经不复存在。首先，全球化使原有的阶级剥削转向"空间剥削"②。今天的全球化与马克思的预言如出一辙，与资产阶级使"农村从属于城市一样，它使未开化和半开化的国家从属于文明的国家，使农民的民族从属于资产阶级的民族，使东方从属于西方"③。因此，剥削已绝不仅仅是工厂中简单的资产阶级与工人阶级之间的关系，而是转向城市与农村、西方与东方、资本主义国家与社会主义国家之间的关系。其次，金融化使空间剥削进一步转向"时间剥削"，即对未来时间的剥削，或以未来为中介的剥削。金融化使剥削发生的机制变得极其隐蔽，因为金融跨时间、跨空间价值交换的本质能使散落在各处的个人目标通过撮合集中起来，这种集

① "全时空"这一概念在学界偶有出现，大多是指在不同的空间、不同的时间同步开展无缝隙、无死角、全天候的工作，主要用来描述教育活动、广播电视节目及其他媒体、视频监控等，这一时空概念主要体现的是现有的、感性的、自然的时间和空间。而本书中的"全时空"是被历史化的时间和空间，在这里，时间和空间都是历史化的实体性存在，而且不仅仅是现有的实体的历史时间，更包括未来所有可能的时间，不仅仅包括现有的实体的经济空间，更包括过去、现在、未来的实体之外的摸不着、看不到的通过金融创新不断激活并供金融资本流通的空间。这个"全时空"概念成立的基础是金融化乃至金融全球化的出现；成立的机制是价值通约，不仅通约了过去的所有时间、通约了未来一切可能的时间，而且使这些时间在全球范围的实体空间和非实体空间中"永不停止地永久交易"。这个"全时空"是金融资本在金融全球化场域中的时空表达，它在时间上具有无限性，因为未来可能的价值是依靠欲望、激情、任性而随时变动的，可以说意识有多远，未来的时间就有多远；它在空间上也具有无限性，因为要实现未来必须依托一定的空间，未来时间有多远就需要实现这一时间的空间有多广，空间代表着无限的精神创意，它也具有无限性。而且这个时间与空间相互形成正反馈机制，从而构成资本金融权力体系的"全时空"场域。"全时空"场域至少包括三个方面的内涵：首先，全时空是全部历史时间与历史空间的总称，囊括迄今为止人类创造的所有财富；其次，金融资本的生命力在于"永不停止地永久交易"，所以这个"全"又表示金融资本的全速循环；最后，因为空间可以无限创意，时间可以无限激活，所以"全时空"的"全"又表示时空的无限性。

② 乔洪武、师远志：《经济正义的空间转向——当代西方马克思主义的空间正义思想探析》，《哲学研究》2013 年第 12 期。

③ 《马克思恩格斯文集》（第 2 卷），人民出版社，2009，第 36 页。

中要么以现有时间兑换未来时间，要么以未来时间兑换现有时间，说到底，金融一方面使所有个人的目标得以实现，另一方面它却是以未来为中介的一种"时间剥削"，而且，在全时空的资本金融场域中，所有人似乎都是自觉自愿的。20世纪70年代以来逐渐兴起的金融化乃是现代工业主义的产物，进一步说，金融化是经济从物质扩张阶段进入金融扩张阶段，也就是从财富创造的社会进入财富分配的社会时才逐渐出现的社会现象。如果说马克思所处的时代是以产业资本为主导的时代，那么21世纪则是以金融资本为主导的时代；如果说马克思所处的时代是以价值创造为主导的时代，那么今天则是以价值创造为基础，而以价值实现为主导的时代，资本通约价值的能力之大前所未有，而且，二者互为前提、互为手段。资本金融权力体系与人类命运共同体之间的矛盾日渐尖锐。

当既有的理论不能解释劳动、资本、阶级等范畴在历史上升运动中出现的诸多现象时，很多不明就里的人，甚至个别专家开始抛出"《资本论》过时论、无用论"的观点。其实，只要世界历史没有终结，资本逻辑就依然能发挥作用，《资本论》就与我们处于"同时代"。我们之所以对新现象解释困难，原因就在于这些现象丢失了政治经济学批判这个让自己得以正式面世的"助产婆"。列宁在《帝国主义是资本主义的最高阶段》中，通过对帝国主义五大特征的分析，证实了帝国主义的历史地位就其经济实质来说是"过渡的资本主义"。而今天的金融化世界，一方面雄辩地证明了列宁的论断正确；另一方面也预示着金融化世界依然是一个过渡性的经济形态，是一个历史性的存在，是世界历史展开过程中的一个阶段性现象。资本主义之所以没有灭亡，是因为资本不断生成总体性，并在必要时长出新器官，资本金融权力体系的生成就是当下最典型的例证。

第二章　核心概念及研究综述

一　本书核心概念辨析与界定

金融原本就是经济的一个方面，毫无疑问，对金融化的研究最先也是从经济学领域开始的，因为金融化首先是从经济的金融化开始的，也就是全部经济活动总量中使用金融工具的比重越来越占据主导地位。当然，这是经济发展水平达到高点时的显现。金融化时代的到来，使经济对政治、文化发展的影响越来越突出，如此，研究经济现实的经济学就会越来越需要哲学反思与批判精神的"支援意识"。本书以资本金融权力体系为研究对象，其核心概念莫过于金融化。

（一）作为经济学概念的金融化

作为经济学概念的金融化也称作经济金融化，旨在强调研究对象属于经济范畴，所以在经济学视野中，金融化就是指经济金融化，"指金融动机、金融市场、金融参与者和金融机构在国内及国际经济运行中的地位不断提升"①。它主要回答金融化世界存在论层面的问题，通过技术的、知识的理论对金融化的经济现实加以解读。作为经济学概念的金融化具有两个方面的指向：一是"以经济为取向"的市场行为和活动的总和，即以经济学理论加以解释的作为"世界1"②的经济现实；二是特定的经济现实所形成的特定的经济学理论，即作为"世界3"存在的经济学理论。金融化在经

---

① 有关经济学概念的金融化主要参阅戈拉德·A.爱泼斯坦《金融化与世界经济》（载于《国外理论动态》2007年第7期）一书和托尼·安德烈阿尼《能否再次改革金融化的资本主义？》（载于《国外马克思主义研究报告2009》）一文。

② 在哲学家波普的理论中存在"三个世界"，世界1是指物理世界，世界2是指精神世界，世界3是指客观知识世界。

济学理论中是一个知识形态,因为经济学往往把金融化世界当作一个线性的、静态的、完全均衡的过程机制加以研究。依照经济学对金融化的解释,我们将金融化的内涵概括为以下三个方面。

其一,金融化首先是现代金融的一个现象。金融化源于实体经济并不断吮吸实体经济创造的剩余价值而发展自身,同时作为独特的经济现象,金融化又外在于实体经济而具备如下特点。一是在生存世界中,经济主体的投资与融资活动在世界范围内无处不在,与人们的生产方式、生活方式密切相关,并且达到了一种普遍存在的状态;二是金融之所以能达到金融化的普遍存在的状态,其要领就在于惠及大众的服务性,金融的本质在于资金融通,在于使人们的愿望与雄心能够达成,使本来作为存量的财富转变为流量流动起来;三是金融之所以能使存量的财富转变为流量流动起来,其原因就在于它有一个神奇的、抽象的中介——"意象性存在",具有叙事的性质;四是金融一旦达到金融化的普遍存在的状态,它就具有一种主导性的力量,在财富创造方面,金融可以主导实体经济的资金流,在财富分配方面,金融可以直接分割实体经济创造的剩余价值,金融一旦达到金融化的普遍存在的状态,便可成为实体经济乃至整个生存世界的主导性力量。

其二,金融化预设着从货币金融向资本金融的过渡。在自由竞争、垄断、金融化的演变过程中,金融本身也分化为货币金融和资本金融两个体系[1],这两个体系的界限虽然并不非常清晰,但是货币金融与资本金融也有着各自的特点:货币金融与间接融资有关,主要是指传统商业银行对存款人还本付息的刚性业务和借贷人还款付息的弹性业务,涵盖货币政策的利率、汇率等由央行主导的一系列业务,随着经济的增长与资本集中、资本集聚的需要,货币金融存贷款量的局限与系统性风险逐渐成为阻碍,因为以间接融资为主的货币金融不能继续满足社会经济发展之大规模融资的需要,于是融资方式逐步转向直接融资;资本金融与直接融资有关,主要是指以直接金融市场为依托的国内的、国际的资本市场体系、参与者、政策、法规等多方面非银行类金融机构的业务内容,资本金融是整个现代金融系统的发动机,资本金融的发育、发展大大丰富了金融概念的内涵。在全球经济一体化的趋势下,资本金融以跨国公司为依托得到迅速发展,抑或资

---

① 参见刘纪鹏《资本金融学》,中信出版社,2016,第15页。

本金融推动全球经济一体化的迅速发展。尤其是 19 世纪末以来，美国兴起的现代投资银行创新理念把证券公司的业务从简单的证券经纪上升到包括行业、企业整合的策划与融资全套服务。以摩根家族为代表的华尔街投资银行导演了世界经济史上一场绝无仅有的企业大并购，成就了美国的世界新霸主地位，并以此开创了以美国华尔街为中心堡垒的国际资本金融体系的金融叙事模式。

其三，经济学概念的金融化呼唤着哲学在场。随着经济学理论的发展和经济学家对经济学方法的批判，不少经济学家认为对金融化的认识不能完全依赖于理想化和专门化的模型，他们认识到对这一概念的认识论突破不能缺少哲学的反思与批判精神。[①] 从经济学家对金融化的研究情况不难看出，涉及的哲学问题主要有三个：一是经济学对经济社会基于理性、最大化的分析在面对诸多非理性因素时，显得力不从心，"最大化的偏离"现象表明经济学不能脱离哲学；二是经济学理论视野中合理的、合法的经济制度却导致了严重的两极分化与全球性的非正义问题，所以经济学自身的知识体系需要哲学的鞭挞；三是经济学金融化的研究范围在于现实金融化世界中的具体现象和具体问题，而对这一世界的总体性把握却在更深层次上呼唤着哲学的在场。类似的问题引发另一个疑问：经济学概念的金融化是不是如同某些学者所认为的那样，它与哲学概念的金融化是根本不同的两个概念？所以我们有必要对哲学概念金融化的基本要义做一简短陈述。

（二）作为哲学概念的金融化

作为哲学概念的金融化也称作生存世界金融化[②]，主要回答金融化世界本质层面的问题，也即金融化世界之存在背后的存在论问题，通过思想的、辩证的理论对金融化的经济现实及相关经济理论加以解读。哲学的本质在

---

① 参见 Robert J. Shiller, Virginia M. Shiller, "Economists as Worldly Philosophers," *American Economic Review*, 2011, 101: 3, pp. 171-175.

② "生存世界金融化"不仅包含经济学所关注的物质生活层面，而且关注精神生活层面，不仅包含经济生活层面，而且包含政治生活、文化生活、社会生活层面，本书为了行文简洁与上下文表达方便，暂且不详细区分"生存世界金融化"与"金融化世界"的不同内涵与分野，将"生存世界金融化"简称为"金融化世界"，没有特别注明的情况下两个词可以互换。

于揭示物与物关系背后人与人之间矛盾的对象性关系，"理性追问"是它的最本质特征之一，因此它所把握的金融化世界不是单纯地总结和概括这一世界的知识形态，而是理性追问的思辨程式，即关于金融化世界"存在之存在"的本体论追问，关于经济学视野中金融化世界之分析方法与分析工具的追问，关于金融化世界存在与发展过程的"自然计划抑或历史计划"的追问，关于人类在金融化进程中的行为及选择是否在终极意义上回答历史进步观念的追问，等等。张雄在《金融化世界与精神世界的二律背反》一文中最早给出了哲学对金融化的解释，他指出"金融化世界是指金融的范式及价值原则对生活世界的侵蚀，它在政治生态圈、经济生态圈、文化生态圈以及社会生活生态圈里占据了十分重要的位置。社会在诸多方面受到金融活动的控制，并产生实质性影响"①。这里对金融化世界的界定就是哲学概念的金融化。依照张雄对金融化世界的界定，我们可以将哲学的金融化，即生存世界金融化概括为以下三个方面。

其一，哲学概念的金融化是思辨经济学的一种体现。作为哲学概念的金融化也具有两个方面的指向：一是对经济现实之存在的合理性、合法性加以反思和追问；二是对解释经济现实的经济学理论加以反思和追问。哲学概念的金融化是一个反思形态。哲学对金融化的研究与经济学对金融化的研究相比更注重哲学对金融化世界的理性追问，对非线性、非均衡性和不确定性等非理性因素的作用更加偏好，诸如欲望、意志、无意识等，是思辨经济学的一种体现。

其二，哲学概念的金融化是对人类生存世界的整体性把握。哲学概念的金融化是对人类生存世界的存在论的追问。古希腊哲学研究存在论，近代哲学转向对认识论的逻辑、思辨进行追问，转向主体性的追问，到了现代，又回到存在论"是什么"的根本问题上，撤去了作为过程的知识论的本质论追问，显现直接表现为本质。所以，关于金融化世界"存在之存在"的本体论追问，关于经济学视野中金融化世界之分析方法与分析工具的追问，关于人类在金融化进程中的行为及选择是否在终极意义上回答历史进步观念的追问等，归根结底是对人类生存世界的整体性把握。

其三，哲学概念的金融化预设着诸多学科的交叉与互动。用哲学的分

① 张雄：《金融化世界与精神世界的二律背反》，《中国社会科学》2016年第1期。

析方法来观察和思考金融化世界存在及运动的本质和规律、发展的特征和趋势主要是解决经济学的抽象前提、范式转换、逻辑符号运作规律和思想理念出新等问题，其中涉及诸如经济人类学、经济伦理学、经济心理学的相关研究，这种多学科交叉研究的特征在于：第一，哲学对金融化的研究，不在于能够提供什么样的答案，而在于能够提出直面现实的新问题；第二，哲学对金融化的研究，不在于能够解决什么样的金融化伦理难题，而在于能够揭示经济学所不能揭示的金融伦理问题；第三，哲学对金融化的研究，不在于能够阐明心理因素对金融化世界的影响，而在于洞悉金融化的经济现实背后心理因素的嬗变及其对经济现实的影响。哲学概念金融化的学科交叉性已被越来越多的研究者所重视。

（三）经济学概念的金融化与哲学概念的金融化的关联性

在经济学领域，有很多人对经济学概念的金融化与哲学概念的金融化的关联性存在误解，认为两者学科界限明晰，如隔鸿沟。但是如果我们对从古典经济学到马克思政治经济学批判的发展历程进行考察与反思，就会得出如下结论：经济学概念的金融化与哲学概念的金融化绝不是两个彼此阻隔的概念，而是息息相关的，单纯的经济学分析和单纯的哲学分析都不能揭示金融化的本质。经济学概念的金融化与哲学概念的金融化的关联之处在于跨学科，作为本书关键词之一的"金融化世界"是一个经济学与哲学互动的概念，有着典型的跨学科特征。公认的跨学科类型有三种：一是把某一学科的原理运用到另一学科中去的线性跨学科；二是在两门或两门以上的学科结合中产生新学科的结构性跨学科；三是在某一个具体目标要求的约束下，实现多学科协调与合作的约束性跨学科。本书的跨学科更偏向于第一类，是经济学概念的金融化与哲学概念的金融化的线性统一。

其一，金融化世界的本质来自它的对抗性。金融化世界是一个充满对抗性的世界，一方面，资本逻辑的强大力量要求人们趋向于孤立化，财富越来越集中于少数人手中，资本金融不以人的意志为转移地趋向于总体性；另一方面，人类社会又不断地趋向整体性，因为孤立化倾向一旦触碰边界就会遇阻而转向社会性。人类社会发展与进步正是在这种对抗性中不断推进的，正所谓人类自身有一种社会化的向心力，同时，向心力旁还有一种与其对抗的离心力。一方面，人只有在不断地与他人交往的社会化过程中才能实现自己的自然禀赋，即人类进入社会化的倾向性；另一方面，还有一股强大的力量要求人们趋向于孤立化，即一种经常威胁着要分裂社会的贯穿始终的阻力。金融化世界是人类心智进化与发展的标志，其进步意义与自由精神不可低估，同时，过度的、无节制的金融衍生带来风险与冲突引起社会的结构性矛盾与不稳定又需要精神的不断鞭挞。

其二，经济学概念的金融化与哲学概念的金融化内在关联于政治经济学批判。金融化的研究对象及相关特征决定了研究金融化所需要的学理类型必定是将哲学的基本原理和方法运用到经济学中，一方面，是在经济学理论研究过程中自觉运用哲学原理来解决金融化世界的深层次问题；另一方面，哲学对经济学理论的主动关注或将自己的研究运用到经济学领域而对金融化世界加以反思和追问。需要强调的是，无论哪一方面，都是跨学科的自觉接纳与运用过程，而不是经济学学科与哲学学科彼此的输入和改造，说到底，二者的关联就在政治经济学批判之中。经济学概念的金融化与哲学概念的金融化的综合属于政治经济学批判的程式，一方面，金融化现象不只是单纯的经济现象，它涉及生存世界的方方面面；另一方面，对金融化的考察如果只是单纯的技术分析，必然会导致历史感的缺失与遗忘。

其三，金融化世界在本书中的双重意蕴。在对金融化世界的研究中，不仅需要经济学对资本金融的技术性、知识性的研究结果，而且需要哲学对资本金融的凝练、抽象与思辨。所以，本书需要强调两点：第一，我们没有必要人为地把原本融为一体的经济学与哲学领域加以分割，以至于陷入方法论的误区；第二，对金融化的研究，无论是在方法上还是在内容上多一些哲学的反思与追问都是大有裨益的。本书以金融化世界为反思对象，所运用的金融化世界概念是在政治经济学批判的语境中展开的，既有经济学的特征又有哲学的特征，是对金融化世界的整体性把握，因而更贴近人类生存世界本身，牵涉人类生存世界的哲学观，可以成为经济学理论建构的哲学基础，为经济学理论的完善和发展提供观念上的指引和方法论上的支援。金融化世界一旦上升到总体性和普遍本质的深刻揭示，它就从根本上超越了经济学之特定的理论和实践兴趣，从而具有一种指向第一哲学层面的哲学意蕴。

二　选题由来与国内外研究综述

（一）本书的选题由来

进入 21 世纪，人类生存世界呈现出金融化的特征，金融已不是一个学科、一个部门、一个领域的特殊事情，而是整个人类生存世界的普遍问题。资本金融以直接投融资为主，以资本市场、各类金融机构、投融资工具为依托，盘踞整个经济体系"食物链"的最顶端，它不仅能配置资源，而且能发现资源；不仅为经济体系注入核心竞争力，而且从经济体系中吸取营养，傲睨一切；不仅支配着整个经济体系的运行，而且控制着经济体系运行的方向。进入 21 世纪，资本金融的范式及价值原则对经济、政治、文化乃至整个人类生存世界的侵蚀与日俱增，从哲学层面对资本金融权力体系进行深刻反思与批判具有重要的理论意义和时代价值。

本书以生存世界金融化为背景，对座架生存世界的资本金融权力体系展开研究，旨在揭示资本金融权力体系的生成机制、资本金融权力体系的美学意义、资本金融权力体系生成的历史进步意义。基于以上理论，从伟大斗争与中国话语生成的视角研究剖析应对生存世界金融化挑战的中国方案，在深入研究资本金融权力体系与人类命运共同体的内生关系及逻辑的基础上，指出健全现代金融体系的人民性要旨：从"资本金融"到"人民金融"。最后通过资本金融权力体系视域中的精神向度追问，尝试提出资本金融权力体系视域下精神超越资本的可能路径。

（二）国内外研究现状与发展趋势

一是关于金融化概念的厘定与金融化研究的历程及发展趋势。"金融化"一词译自英文单词"financialization"，起源并不十分明确，相关文献在探讨金融兴起的各个侧面时，以各种方式使用了金融化概念。一些学者把金融化理解为一种积累类型[①]，在这种类型中，利润越来越来自金融渠道，而非贸易和商品生产。克里普纳论证了金融化的存在，认为一个完整的金

---

① 〔意〕杰奥瓦尼·阿瑞基：《漫长的 20 世纪》，姚乃强、严维明、韩振荣译，江苏人民出版社，2011，第 12 页。

融化概念必须既包含金融企业的活动，也包含非金融企业的活动，那种单纯进行部门分析的方法只关注金融业，遗漏了大量的对考察经济金融化非常重要的资料。[①] 有学者对金融化作了比较宽泛的界定，金融化是指金融动机、金融市场、金融参与者和金融机构在国内及国际经济运行中的地位不断提升。并且，他将研究对象拓展到经合组织的众多国家，重点考察金融机构与金融资产的收益占国民收入的份额。[②] 金融资产与非金融资产的界限可能并不清晰，因为"财富＝资本"，所有的财富都转化为流量在金融资本市场流通，全球经济广泛金融化了。[③] 说到底，金融化的实质在于金融资本相对于实体经济越来越占据支配地位，一个不争的事实是金融已渗透到生活的方方面面、每个角落，金融化贴切地刻画了 21 世纪人类所生活的世界。目前，学界对金融化肇始于 20 世纪七八十年代的美国这一观点达成一致。

二是金融化与民族国家关系的深层联系。进入 21 世纪，金融化作为资本的"坚船利炮"在全球范围内攻城略地，民族国家的壁垒正在以蚁穴溃堤之势遭受金融的冲击。有学者认为，21 世纪更深层次的问题在于，20 世纪 90 年代以来的全球经济过度金融化造成的政策困境，如不平等加剧、波动增加、管理实体经济的空间被挤压等，将在未来几十年中一直成为决策者的难题。[④] 金融化正在突破民族国家的壁垒，"新自由主义"作为普遍化垄断资本主义系统的体系，正在通过全球化（帝国主义）和金融化（它自我再生产所必需）主宰全球经济并在我们眼前内爆。[⑤] 它明显不能克服其愈益严重的内部矛盾，注定要继续如脱缰野马般到处践踏。以全球性资本金融市场、全球流动性金融资产、全球范围内虚拟经济与实体经济相背离为显著特征的全球金融资本主义已经成为支配整个人类社会的经济体系。[⑥] 建基于对当代真实资本主义的分析，这些构想需要直面我们要建设的未来，

① 〔美〕格·R. 克里普纳：《美国经济的金融化》（上），丁为民、常盛、李春红译，《国外理论动态》2008 年第 6 期。

② 〔美〕戈拉德·A. 爱泼斯坦：《金融化与世界经济》，温爱莲译，《国外理论动态》2007 年第 7 期。

③ 〔法〕托马斯·皮凯蒂：《21 世纪资本论》，巴曙松、陈剑、余江等译，中信出版社，2014，第 113 页。

④ 〔美〕丹尼·罗德里克：《全球化的悖论》，廖丽华译，中国人民大学出版社，2011，第 73 页。

⑤ 魏南枝：《资本主义世界体系的内爆——萨米尔·阿明谈当代全球化垄断资本主义的不可持续性》，《红旗文稿》2013 年第 11 期。

⑥ 向松祚：《新资本论》，中信出版社，2015，第 282 页。

舍弃对过去的眷恋，打破身份认同或共识的幻象。① 我们正处于最近的一次全球金融和经济危机之中，信任和信心大规模崩溃，同时还有一个背景，我们对自己给地球带来的影响愈加关心，越是关心，民族国家就越趋向于共同体。② 基于世界经济周期理论的观点，金融化一方面表明金融领域的扩张，另一方面也反映生产力霸权的衰退。从历史的角度看，热那亚、荷兰、英国和美国失去在生产和贸易中的霸权后就开始步入金融化。当这些国家的资本在经济生产中衰退时，它们开始转向金融行业并逐渐成为放款人，新的经济力量将会出现并取代它们。但是现实中并没有出现这样的新经济体。金融化世界是一个巨大的权力角斗场，30 多家世界一流的国际银行里人数很少的货币利益集团及其同伙构成的寡头精英成为与绝大多数人作对的元凶。③

　　三是金融化与全球经济正义的透视。金融化是收入及财富分配日益不平等的根本原因之一，因为资本权力正在发生全球性转移。西方主流经济学认为金融是促进经济发展的必要前提，而且金融深化与自由化是经济发展的关键；大多数实证研究表明，金融发展缓解了收入分配不平等，"倒 U 形假说"预示着收入分配不平等将经历一个"在变得更好之前要变得更坏"的过程后逐渐趋同。④ 有学者指出，经济的全球化与金融化对发展中经济体通过经济增长改善收入分配不平等的努力形成了新压力。⑤ 有学者证明库兹涅茨曲线是一个伪命题，因为资本市场越完善，即金融全球化越完善，资本收益率越是大于经济增长率，即贫富差距将会越大，金融化（资本等同于财富）是 21 世纪不平等的根源。⑥ 精英人士或银行家所获得的财富源自他们具有善于利用和欺骗他人的本领和动机，真正的不公平问题存在于经

---

① 魏南枝：《资本主义世界体系的内爆——萨米尔·阿明谈当代全球化垄断资本主义的不可持续性》，《红旗文稿》2013 年第 11 期。

② 〔英〕葛霖：《金融的王道——拯救世界的哲学》，段娟、史文韬译，中国人民大学出版社，2010，第 41 页。

③ 〔美〕威廉·恩道尔：《"一带一路"：共创欧亚新世纪》，戴健译，中国民主法制出版社，2016，第 78 页。

④ S. Kuznets, "Economie Growth and Income Inequality," *The American Economic Review*, 1995, XIV, pp. 1-28.

⑤ 陈弘：《对"倒 U 型假说"的一个批判性分析》，《当代经济研究》2012 年第 11 期。

⑥ 〔法〕托马斯·皮凯蒂：《21 世纪资本论》，巴曙松、陈剑、余江等译，中信出版社，2014，第 443 页。

济和政治体制内部。① 发展中国家在国际货币基金组织和世界银行治理结构中的投票权份额与其在全球 GDP 中所占比重相比，差距被不断拉大。发展中国家在当今世界中的重要作用与它们在布雷顿森林体系中的弱势地位这种非对称关系将会持续恶化是一个突出问题。② 当代资本主义发生了深刻的变化，正在从国家中心体系转变为积累与权力并存的全球化结构体系。在这种转变过程中，资产阶级与工人阶级之间的矛盾关系也发生了根本性变化，国家内部的阶级矛盾正在转变为全球性的阶级矛盾，出现了跨国资产阶级与全球无产阶级之间的矛盾，资产阶级民主也因此走向了自己的发展极限。③ 伦敦大学亚非学院的学者拉帕维萨斯指出，"金融剥夺"已经成为经济金融化后的资本主义国家的主要利润来源，流通领域已经成为利润来源的主要领域。低工资地区集中生产价值和剩余价值，高收入社会则专注于剩余价值的占有。这种模式意味着国家之间以及国民经济内部收入不平等会进一步加剧。资本本身的高度集中可能会导致收入分配的高度失衡。④"要弄清对全世界工人阶级展开攻击的程度和性质，首先就要理解跨国资产阶级的内聚力与霸权地位。""世界性的金融化和生产意味着资本家阶级最终能够摆脱与国内工人阶级之间的复杂关系。这就是为什么将跨国资产阶级理解为一种始终如一的霸权阶级是非常重要的。"⑤ 权力的全球性转移并非任何单一国家或霸权国家的策略，也不是由组织松散的并未完全跨国化的资本家阶级所带来的结果。它是资本家阶级通过全球化进行权力转移的战略目标。全球化时代的组织生产和创造价值的方式，使资本家阶级得以摆脱以国家为中心的历史辩证法。这种新辩证法既不依赖于国家，也不是为了国家，而是为了全球范围内的阶级整体。资本主义正迅速从国家中心

---

① 〔美〕约瑟夫·E. 斯蒂格利茨：《不平等的代价》，张子源译，机械工业出版社，2013，第258 页。
② 〔美〕拉吉夫·比斯瓦斯：《重塑金融结构，推动开发性金融的发展——论新开发银行》，顾海燕译，《国外理论动态》2015 年第 9 期。
③ 〔美〕杰瑞·哈里斯：《资本主义转型与民主的局限》，陈珊、欧阳英译，《国外理论动态》2016 年第 1 期。
④ 〔美〕邓肯·弗利：《对金融帝国主义和"信息"经济的再思考》，车艳秋译，《国外理论动态》2015 年第 2 期。
⑤ 〔美〕杰瑞·哈里斯：《资本主义转型与民主的局限》，陈珊、欧阳英译，《国外理论动态》2016 年第 1 期。

体系转变成积累与权力并存的全球化结构体系。[①]

四是金融化的内在矛盾与审美。金融化世界本身就是一个集聚内在矛盾的过程性存在，失业、贫困与繁荣、丰裕同时存在。在我们所处的世界里，事实与表现之间的矛盾无处不在，忽略二者之间的矛盾是愚蠢的，因为矛盾是资本运作的根本，脱离矛盾资本寸步难行。[②] 金融化的剥夺性积累必然带来更为剧烈、更为深刻的矛盾，"连接剥夺性积累和扩大再生产之间的纽带是由金融资本和信贷机构所提供的，而这一切则依然是由国家权力所支持的"[③]。金融因其满足人类的欲望与激发人类的潜能而获得美，"它为我们构成一生中日复一日的各种活动提供资助。这些目标明确的活动本身都具有美感……正是在为人类所有的活动提供帮助的过程中，也就是为一个拥有为所有成员所分享的富饶和多元化的合约的人类社会服务的过程中，金融才体现出其最真实的美丽"[④]。然而深度金融化为我们带来福利的同时，也带来了灾难，它是一个欺骗者与被欺骗者的世界，亚当·斯密"看不见的手"已经变成了随时准备绊倒他人的"看不见的脚"，普遍存在的人性弱点、信息不对称等让人们成为金融"钓愚"活动中的受害者。[⑤]

（三）国内有关金融化研究的特色

与国外研究相比，国内的研究独具中国特色：其一，由于学科划分明晰，国内关于金融化的研究呈现出鲜明的学科特色，即经济学实证研究与哲学思辨追问两种截然不同的研究方法；其二，在价值观倾向方面，有的学者大赞金融自由化，而有的学者又极力对其否定与批判；其三，面对金融化的生存世界，有的学者只是停留在道德批判的层面来评判金融化的好或坏，有的学者则自觉上升到政治经济学批判的高度对其加以考察和追问。总体上看，国内关于金融化的研究透显着两种矛盾的倾向：一方面期盼着

---

① 〔美〕杰瑞·哈里斯：《资本主义转型与民主的局限》，陈珊、欧阳英译，《国外理论动态》2016年第1期。

② 〔美〕大卫·哈维：《新自由主义简史》，王钦译，上海译文出版社，2016，第74页。

③ 〔美〕大卫·哈维：《新帝国主义》，初立忠、沈晓雷译，社会科学文献出版社，2009，第124页。

④ 〔美〕罗伯特·希勒：《金融与好的社会》，束宇译，中信出版社，2012，第194页。

⑤ 〔美〕乔治·阿克洛夫、罗伯特·席勒：《钓愚：操纵与欺骗的经济学》，中信出版社，2016，第8页。

国内能有更好的金融制度，另一方面又对金融化持不满、批判的态度，这与德国古典哲学时期人们共有的心理情愫极为相似。

一是金融化与生存世界的嬗变。从 21 世纪的发展状况与趋势特征看，整个世界越来越金融化了。经济学不断映照 19 世纪下半叶边际革命的原理，人类已经进入意识经济学的时代，整个世界都在为获取"意向性财富"而进行不断的博弈，在金融化符号体系内表现为不断加杠杆的精神创意。张雄认为，在金融化的生存世界里这种不平等是必然的，而由这种资本导致的生存世界金融化背后的现代性的发育发展的内在机制才是更需要我们进行深度关注与反思的。[①] 鲁品越认为，金融化一方面使资本获得了新的扩张空间，另一方面它使资本主义生产方式的内在矛盾不断深化与积累。[②] 21 世纪资本的精神向度更趋主观性、任性，我们不仅要关注金融化，而且应承认金融的强力发展导致人类生存世界深度金融化的客观事实。金融化世界是现代性的典型表现，现代性的本质特征就是二律背反，所以，金融化的生存世界必然是一个二律背反的世界，在经济得到快速增长、人性得到更大解放、自由得到更多发展的同时，人类也遭遇了被金融化定义的境遇。所以，金融化世界所牵动的属人的本性和人的生存状态及其前景才是我们应该进一步追问的。[③]

二是金融化与金融文明的探索。金融化无论是意味着进步还是衰退，都是人类文明的一种样态。财富从实体的物转向非实体的存在，并形成自成体系、自我运转的资本金融权力体系，无论是在逻辑上还是在历史上，都意味着一种新的观念、新的社会行为、新的交往方式的催生。李振认为，在客观形式上，金融化顺应了财富自由与效率、流动与便利、易操作和低费用的"文明化"需求，符合历史运动发展的大势与人类对智能化的向往，而且已成为中外学者关注的全球性的发展课题。"财富虚拟化"是"财富实体化"发展的一个必然产物，是"资本逻辑""社会化""技术化""网络化"运行的必然产物。这一现象与网络信息技术发展的虚拟化、社会运转的虚拟化有着内涵上的一致性，同属于新文明的逻辑范畴。同时，金融文

---

① 张雄：《金融化世界与精神世界的二律背反》，《中国社会科学》2016 年第 1 期。
② 鲁品越：《马克思宏观流通理论：非均衡宏观经济学——兼论生产过剩与投资扩张的"乘数效应"》，《经济学家》2015 年第 5 期。
③ 张雄：《金融化世界与精神世界的二律背反》，《中国社会科学》2016 年第 1 期。

明的出现，要求我们必须返回财富概念本身，深化"实体和虚拟"之间的辩证关系，必须对"虚拟"优先性的逻辑和价值观念进行反思。[①]

　　三是金融化世界的精神现象学解读。金融与精神的关系最早被理解为金融与宗教的关系，金融的正常体验与人的精神世界有着积极的适应关系，但过度充盈的金融意志、行为与人的精神世界的关系，已构成现代人必须与自己进行自我交战的深刻根源。在金融化世界中，人类个体生命的"金融内化"导致生命与形式的冲突难以融通。生存世界的金融化极易导致人类历史意识淡薄，金融结构的语义系统与金融所赖以存在的历史文化的意义构成系统发生认识论断裂，意义世界被彻底地平面化了。资本是人类追求自由自觉创造活动的产物，在每个创造行为里都有主观精神的原初自由的因素。范宝舟认为金融化至少导致三个方面的认知幻象：其一，金融化导致财富属性认知幻象，财富不再被理解为真正意义上的经济发展，而是被理解为金融市场上的虚假繁荣；其二，金融化导致财富创造认知幻象，财富生产与积累机制的哥白尼式革命，让人们认为财富的增殖不需要与任何物质生产和商品流通相关联；其三，金融化导致财富价值认知幻象，财富成为投资和赌博的工具，成为不劳而获过程的载体、阶梯，成为抽离社会关系的"净化器"。[②] 另外，彭宏伟提出的资本总体性对金融化世界的精神现象学分析具有历史向度的深刻意义，值得关注，他根据马克思的资本有机体理论研究指出，资本是一种有机体，具有总体性，资本有机体不是一成不变的客体，也不是依靠本能进行活动的有机体，而是依靠以致富欲为核心的精神体系来指导自己的一切行动，这是因为资本有机体包含一个极其重要的变量——意志、精神等意识方面的要素。[③]

　　四是金融化与信用价值的关联。蔡定创、蔡秉哲尝试通过虚拟经济信用价值生产构建一个信用价值理论，这一理论对理解金融化进程中的空间生产具有积极意义。他们指出，虚拟经济是一个经济体，是能通过信用、信心从事信用价值生产的经济体。"信用虽然表现的是一种信息，或通过信

---

① 李振：《财富虚拟化的"资本动员"及其内在限度》，《天津社会科学》2016 年第 2 期。

② 范宝舟：《财富幻象的哲学批判——中国面向未来的财富观建构》，上海人民出版社，2016，第 117~118 页。

③ 彭宏伟：《资本总体性——关于马克思资本哲学的新探索》，人民出版社，2013，第 225 页。

息来表现，它的本质仍然是一种劳动价值的积存。"[1] 股市是虚拟经济的主体。股市具有创生信用价值或湮灭信用价值的能力。由于虚拟经济的信用价值生产的客观存在，过去实体经济的单体结构不复存在，当代经济已经是一个由实体经济实体价值生产与虚拟经济信用价值生产互动构成的"双轮经济"架构。"印钱消费"也是信用价值生产的一种形式，它也是通过国家信用透支消费货币开始的，最后通过实现过剩产能的形式，利用资本追求利润的本性，从而实现实体经济实体价值的生产。实际上蔡定创、蔡秉哲是把空间生产的价值等同于信用价值，他们的信用价值论并没有超越马克思的劳动价值论，不过对本书中的空间生产理论具有启发意义。

（四）有关金融化研究的主要问题与不足

根据笔者目前掌握的文献可以发现，金融化已得到学界的高度关注，其中大部分偏重于经济学的研究，而从哲学角度专门探究金融化的研究较少。列宁的《帝国主义是资本主义的最高阶段》是金融化世界到来之前的具有历史转折意义的前导性研究预设，一方面证明了马克思意义上资本形态的转变，另一方面为今天的金融化研究提供了一个关节点性质的理论依据；皮凯蒂的《21世纪资本论》通过庞大的数据呈现了21世纪金融化的客观经济现实，相当于为资本主义做了一次"体检"，从总体上诊断出资本主义更为严重的不平等来自全球范围的金融化，尽管他的论述存在形而上学方法论的局限；张雄的《金融化世界与精神世界的二律背反》一文通过对金融化世界背后人与人关系，以及人的精神世界的研究开辟了金融化研究乃至金融化世界研究的新境界。

无论是从形式上还是内容上，目前针对这一课题的研究总体上存在四个方面的不足：其一，在有关金融化的研究成果中，针对资本逻辑的直线运动而进行的单纯的技术分析不仅浩繁，而且成果颇丰，但是从精神的角度对全球资本逻辑中金融化现象的哲学反思较少；其二，关注财富分配问题的研究较多，像当年马克思那样思考财富的创造与来源问题的研究较少或经常蜻蜓点水式一带而过；其三，针对现代性社会存在的幻象研究颇多，但是对于金融化产生的幻象世界进行深层本质揭示的研究不多；其四，对

---

[1] 蔡定创、蔡秉哲：《信用价值论》，光明日报出版社，2015，第81页。

于金融化的未来前景，学界普遍表示担忧，然而缺少马克思唯物史观层面的深刻思考，缺少人类整体主义精神不断进化、螺旋式上升的思考，即精神的运动如何为资本设置对立面的研究较少，缺少历史普遍性与历史特殊性辩证统一的研究。另外，从方法论上考察，在有关金融化的研究中，单向度的经济学分析多，多学科辩证综合的分析较少；碎片化分析多，总体性抽象分析较少；道德批判多，政治经济学批判较少；经济理性分析多，对金融理性抽象力不够，上升到历史理性高度的更少。总之，无论是从形式上、内容上还是从研究方法上，从哲学的角度专门探究金融化世界的研究型著作尚未出现。政治经济学只有在不断"追求政治与哲学的实现"中才能走向深入，才能揭示现象背后的深层本质。当今的全球经济已进入马克思的"世界历史"总体性阶段——金融化世界，对于这个已经发育的世界历史的"身体"，急需一场基于总体性抽象方法的、具有世界历史视野的（全球视野的）"显微解剖学""诊断学""预防医学"的综合的实验室检查、症状体征检查，综合诊断、辨证施治、健康指导——政治经济学批判。本书从哲学的视角直面金融化世界，对这一世界的权力结构从多个层面进行抽丝剥茧式的追问，并最终上升到历史理性的高度加以审视，揭示21世纪金融化世界的权力结构变化与历史进步意义，并对扬弃金融化弊端的路径作出相应的思考与探究。

三 研究思路、方法、价值

（一）基本思路

除导论外，本书总体上分为三篇，主要内容可以概括为资本金融权力体系的生成机制、资本金融权力体系的美学意义、资本金融权力体系生成的历史进步意义。

发现并剖析资本金融权力体系需要动用"显微解剖学"的方法，从"细胞"形式开始，论证时间生产与空间生产对资本金融权力体系的影响及对全时空的构建，揭示金融化进程中生产劳动与非生产劳动各自的功能及相互区别。时间与权力的同构是剖析资本金融权力体系的切入点。时间生产是价值凝结与权力集聚的基础，金融创新的内在机制在于它能启动未来时间的无限性并导致资本权力分割剩余价值的模式发生变化。时间生产是空间生产的前提，空间生产是时间生产的延续。未来时间的激活，必须依托空间而存在，而未来时间则是"无中生有"，这个存在只是观念的或想象的形式。在金融化进程中，"观念的东西"可以兑换实在性的存在，主要根源于三点：一是观念的东西必须有现实的物做基础；二是观念的东西可以通过精神创意产生；三是观念的东西更具有不确定性。空间生产导致资本权力聚变，正是这种"观念的东西"撬动了实体的生存世界。空间生产的内在动力要求金融创新与推进，最终生成 G—G′的流通机器。金融化进程就是以空间生产为基础的资本权力聚变过程。金融领域属于流通领域，金融领域的劳动总体上分为两类：一是流通领域的创造性劳动，即生产劳动，流通性劳动中具有生产性质的劳动——生产价值实现与权力重组的空间；二是流通领域纯粹流通性劳动，即非生产劳动，流通性劳动快速行进于空间之中，进行财富再分配——充盈空间并实现权力重组。金融的力量使过去、现在和未来的所有财富流动起来，一方面，现实时空资本逻辑运作推进全球化；另一方面，全球化视野中资本逻辑不断激活未来时空。全部历史时间在无限的空间中全速循环构成资本金融权力体系的全时空场域。

生存世界金融化说到底是资本意志最大化与金融理性最优化的叠加操控了整个世界，资本权力成功脱域导致世界被逐层逐级向外展开的金融叙事演绎，世界被金融合约定义。金融化世界作为人的本质力量的一种外化形式，必然是一个二律背反的世界，一方面是对金融产品的不断开发，另一方面人也被金融产品所改造，变为深度开发的衍生品。这是一个幻象的世界，在其深层次上要求否定主义审美的反思。诺贝尔经济学奖得主罗伯特·希勒从服务大众、分享财富、活跃社会三个方面最先论述了"金融之美"。实际上，"金融之美"是资本与精神互动的一个过程，内在地蕴含着资本权力整体性趋向的三大原理：服务大众——时间的整体性趋向；均衡发展——空间的整体性趋向；内在否定性——时空叠加与流动的整体性趋向。"金融之美"带来的后果是出现了财富两极化和权力精英化的双重现象，也正是这种内生性矛盾导致了生存世界金融化。如此，希勒意义上的"金融之美"也从根本上呈现出它的虚幻性，因为，实现"金融之美"具有三个方面的难度：一是权力精英化的资本逻辑预设；二是以资本为轴心社会制度的缺陷；三是金融理性到"金融之美"的自我交战艰难。资本金融的内在本性决定着金融化世界中的现代人必须进行自我交战，人只是时间空间链条上的过渡性存在。金融空间的历史化是全社会、全人类金融实践的结晶。透过金融的利益分割，我们看到的是自然力的历史化与消耗。"金融之美"的历史化过程至少包含三方面："金融之美"的内在对抗性；"金融之美"对民族国家的挑战；经济理性与政治理性的二律背反。

在历史进步观念中，生存世界金融化以及资本金融权力体系的生成有着重要的历史进步意义。马克思的哲学所追求的普遍性是以问题为中心的总体性抽象法预设的普遍性，内含着历史特殊性与历史普遍性的辩证统一。历史进步观念的历史特殊性表现为历史对抗性，即"非社会的社会性"，历史进步蕴含着一系列对抗性的历史活动，人类越是对抗就越趋向于整体。金融理性的历史理性目标在于，资本作为一种社会关系，它为未来社会的发展进步奠定了物质基础；资本的精神向度对自由的开拓极大地丰富了人类自由的内涵。金融理性上升为历史理性的精神诉求在于精神对资本的反作用。马克思历史哲学的价值程式在于对历史理性的追求，一方面，人类整体主义精神召唤以人民为轴心的社会制度，现代人要实现彻底自由不仅离不开自然，而且要尊重自然。追求全球经济正义需要进一步着眼于人的意志，着眼于人的精神作用于资本的斥力，因为，资本与精神双向作用决定着人类整体主义的进化方向，金融化世界的资本不断挤压人的生存空间，导致人类的不断联合——人类命运共同体的确立。另一方面，人民财富论是以人民为轴心社会制度的要旨，它赋予历史进步新的内涵，是 21 世纪制度创新最值得期待的历史事件。中国精神与中国资本互动规律的特殊性主要体现为人民性。资本运动的根本规律在于"看不见的手"，精神运动的根本规律在于"看得见的手"，只有在制度的合理性与合法性、政党的先进性和人民性相一致的政治理性框架中，才能通过"两手都硬"的辩证法引导资本发挥积极作用，使自由放任的资本历史进化到促进人类全面进步的自由历史。这是作为一个隐秘的人类历史进步过程之普遍性与高度私向化的经济现实之特殊性互动的矛盾体的金融化世界的历史进步意义。

21 世纪的人类生活在这样一个金融化的世界，作为社会主义国家的中国，必将面临巨大的挑战。从伟大斗争与中国话语生成的视角研究并剖析应对生存世界金融化挑战的中国方案，人类命运共同体理念既是克服资本金融权力体系的中国话语，又是克服资本金融权力体系的时代选择。这既是自然倒逼的结果，也是时代的必然选择，因为 21 世纪全球治理需要中国力量和中国贡献。中国力量和中国贡献的显著特色就在于中国共产党斗争精神的发扬，以新的斗争姿态迎接资本金融权力体系的挑战，中国方案在不断进行伟大斗争的过程中生成。中国在应对全球资本金融权力体系所带来的挑战中，必须发扬斗争精神，历练斗争本领，明确斗争目标，以新的金融思维完成伟大斗争，并逐渐生成独具特色的中国话语。中国国家精神与资本金融权力体系互动规律的特殊性主要表现为人民性，一方面资本运动的根本规律在于"看不见的手"，另一方面精神运动的根本规律在于"看得见的手"。只有在"两手都硬"的现代治理体系框架中，才能促进并有可能实现经济正义，乃至实现人的自由而全面的发展。健全现代金融体系的人民性要旨在于从"资本金融"到"人民金融"转向。在中国特色社会主义理论与实践中，金融化世界乃是资本金融直线运动的最大化偏斜。这是一个需要中国人发声的时代，也是中国人必然会发声的时代，这个声音需要从经济权力金字塔的顶层，即资本金融权力体系中发出。

（二）研究方法

关于金融化的研究方法问题经济学研究与哲学研究各有所长，本书主要从经济哲学、历史哲学、生态哲学的视角对金融化世界加以考察和把握，具体方法有以下五个。

一是政治经济学批判的方法。在对资本金融权力体系社会存在论的本体论追问与政治经济学及其核心范畴的反思中追求经济的政治实现与哲学实现。

二是从元叙事到宏大叙事的写作方法。上篇从时间、空间、全时空的"细胞"形式出发揭开资本金融权力体系全时空场域的秘密，构成本书的元叙事；中篇、下篇各部分形成宏大叙事。

三是整体性构思与多学科交叉相结合的方法。注重哲学整体性构思的同时，运用经济学等多学科的方法解析资本金融权力体系的内涵、发展过程及其在历史进步层面的双重意义。

四是矛盾分析法。资本金融的经济个人主义（经济性）与人类历史的整体主义（精神性）之间的矛盾及其分析贯穿本书研究的全过程。

五是逻辑与历史相统一的方法。对金融化世界与人类精神世界之间的内生性矛盾作哲学分析与批判，在符合金融化的资本逻辑与金融化的经济现实的基础上揭示历史特殊性与历史普遍性的辩证统一。

（三）学术价值与应用价值

学术价值：一是从劳动价值论出发，通过政治经济学批判的方法揭示资本金融领域的时间生产、空间生产以及生产过程中的权力结构聚变，分析这一领域中生产劳动和非生产劳动的作用，为发现资本金融权力体系全时空场域提供"解剖学"依据；二是从资本权力运行的双向动力机制揭示实现"金融之美"的困境，揭示金融化世界作为人的本质力量的一种外化形式，必然是一个二律背反的世界，一方面是对金融产品的不断开发，另一方面人也被金融产品所改造，变为深度开发的衍生品，指明这种现象在其深层次上要求否定主义审美的反思并揭示"金融之美"是资本与精神互动的一个过程，内在地蕴含着资本权力整体性趋向；三是从资本权力的整体性趋向及内在对抗性趋向的双向动力机制中揭示资本与精神的二律背反，在全球资本逻辑与人类整体主义精神的双向追问中剖析历史偏斜运动机制，为实现人的自由而全面发展提供一种新的学理性思路；四是在研究方法上坚持并贯彻哲学与经济学、政治学的跨学科（PPE）互动与对话，用政治经济学批判的方法审视并把握在当下资本金融权力体系统摄下瞬息万变的生存世界带给人类的深层改变，揭示生存世界金融化背后的深层资本逻辑以及资本金融推进过程中呈现的历史普遍性与历史特殊性的矛盾运动。

应用价值：一是挖掘与追问资本金融的深层本质，阐明资本金融创新与发展乃人自由的定在，为中国特色社会主义资本金融改革提供理论支持；二是通过历史地梳理与辩证地拷问，指明全球金融化的必然趋势，为我们应对、融入乃至引领资本金融的理念、方案与道路提供理论参考；三是在资本金融现象学的反思与批判中明确社会主义国家金融本质的人性复归，引导资本金融的"人民金融"价值转向，为健全现代金融体系，解决"不平衡不协调"发展问题提供可能的理论支撑，在中国资本金融改革的关键时期尝试提出资本金融改革如何实现以人民为中心的制度性原则，以真正体现"资本在社会主义阳光下运行"的优越性。

上篇

资本金融权力体系的生成机制

——金融化世界的深层生成论

【本篇概述】 本篇主要是在马克思的"显微解剖学"层面上从微观层面论证时间生产与空间生产对全时空的构建,揭示金融化进程中生产劳动与非生产劳动各自的功能及相互区别。时间与权力的同构是权力结构分析的切入点。时间生产是价值凝结与权力集聚的基础,金融创新的内在机制在于它能启动未来时间的无限性并导致资本权力分割剩余价值的模式发生变化。时间生产是空间生产的前提,空间生产是时间生产的延续。未来时间的激活,必须依托空间而存在,而未来时间则是"无中生有",这个存在只是观念的或想象的形式。在金融化进程中,"观念的东西"可以兑换实在性的存在,主要根源于三点:一是观念的东西必须有现实的物做基础;二是观念的东西可以通过精神创意产生;三是观念的东西更具有不确定性。空间生产导致资本权力聚变,正是这种"观念的东西"撬动了实体的生存世界。空间生产的内在动力要求金融创新与推进,最终生成 G—G′ 的流通机器。金融化进程就是以空间生产为基础的资本权力聚变过程。金融领域属于流通领域,金融领域的劳动总体上分为两类:一是流通领域的创造性劳动,即生产劳动,流通性劳动中具有生产性质的劳动——生产价值实现与权力重组的空间;二是流通领域纯粹流通性劳动,即非生产劳动,流通性劳动快速行进于空间之中,进行财富再分配——充盈空间并实现权力重组。金融通过不断地创造空间而激活未来的时间、吮吸过去的时间,并将时间与空间加以叠加、融合,形成一个强大的全时空场域。一方面,现实时空资本逻辑运作推进全球化;另一方面,全球化视野中资本逻辑不断激活未来时空。金融的力量使过去、现在和未来的所有财富流动起来。全部历史时间在无限性的空间中的全速循环构成金融化世界的全时空场域。资本金融以未来的时间为中介,对过去的和现在的时间进行再分配。

第三章 时间与权力：资本金融权力 体系的研究起点

【本章提要】 如果在价值创造与实现过程中考察权力的生成与组合，那么，权力就是抽象劳动时间，它在价值交换中通过货币得以提取，进而集中，并在资本金融权力体系的空间中得到汇聚。在本质上，当今社会的所有财富都来自人类抽象劳动时间的历史化。金融的魅力在于以已有财富为基础，通过无止境的金融创新激活无限的未来时间，在现实资本金融运作过程中反转为金融的无限权力。21世纪是一个金融化的时代，在资本金融权力体系中，权力已发生聚变，它以未来的时间为中介，不断进行财富再分配。

进入21世纪，人类生存世界呈现出金融化的特征，最多的财富积聚在金融领域，最大的财富形式变化在金融体系，最深刻的影响社会生产力的发展在金融环节，最广泛的人类生产方式、生活方式的改变在金融运作模式，最大化激活人类欲望在金融的不断创新。[1] 这个世界发生的深刻变化值得我们反思，因为金融已不是一个学科、一个部门、一个领域的特殊事情，而是整个人类生存世界的根本问题。金融如此强大的权力[2]从何而来？这种权力的"细胞"形式是什么？这种权力运行的深层机理如何？一系列的深层追问预示着对金融领域的权力做一次"显微解剖学"的深层检查势在必行。

---

[1] 宁殿霞：《金融化：时间与权力的同构》，《人文杂志》2019年第12期。

[2] 本章的权力是指货币权力及其进一步发展而来的资本权力、市场权力，这是交换中通过货币提取出来的权力，并在资本这一社会关系的运作中加以放大，不包括政治权力、伦理权力等。

一 时间生产：价值凝结与权力集聚

如果在价值创造与实现过程中考察权力的生成与组合变化，那么，权力的最小单位就是"无差别的人类劳动的单纯凝结"①，这种劳动等同于其他任何一种劳动，因为一件商品的价值形式"不再是只同另一种个别商品发生社会关系，而是同整个商品世界发生社会关系"②。这种与整个商品世界发生的社会关系说到底是人与人之间通过生命时间的消耗而凝结成的价值形式，从本质上说是人与人的生命关系，这种生命关系的量度在马克思那里抽象为"抽象劳动时间"，这种由抽象劳动时间凝结并转化而来的权力可以在市场交换中得到提取和集中。

（一）权力的生成与抽象劳动时间

全球化使地球上的人类越来越趋向于整体主义的命运共同体。如果给这一共同体做一个"生物学的深层检查"，首先得从"生物学基因"查起。人类社会的"生物学基因"来自人的劳动，人只有在劳动中才能体现出"各种社会关系总和"的人的本质。工业革命以来的分工发展到现在，已经越来越细化，而且在资本逻辑的驱动下，分工伴随着全球化把人类推入 21世纪。在现代分工的条件下人的社会劳动不可能是全面的，只能是某个链条上细小的环节之一，这样，经济社会便反转为人与人通过生产、交换而相互养活的生命活动过程，产生了用生命活动养活他人生命的社会过程的内在联系，因为人只要生活就必然要进行交换。交换过程得以实现的核心在于交换价值的考量，交换价值的本质在其现实性上就是商品同商品的交换关系中表现出来的"价值对象性"，这个商品"作为价值物总是不可捉摸的"，"在商品体的价值对象性中连一个自然物质原子也没有"。③ 这种对象性与可感觉的对象性相反。从交换价值出发，马克思才探索到隐藏在商品之中的商品价值，也就是从人与人的关系出发才有了作为前提条件而存在的价值。"作为价值，一切商品都只是一定量的凝固的劳动时间。"④ 这里作

---

① 《马克思恩格斯文集》（第 5 卷），人民出版社，2009，第 51 页。
② 《马克思恩格斯文集》（第 5 卷），人民出版社，2009，第 79 页。
③ 《马克思恩格斯文集》（第 5 卷），人民出版社，2009，第 61 页。
④ 《马克思恩格斯文集》（第 5 卷），人民出版社，2009，第 53 页。

为价值凝结的劳动时间就是生命的消耗过程，也就是时间的生产过程。这种深层的通过时间生产结成的人与人的关系以物与物的关系表现出来时，权力就出现了——甲生产的时间（商品中凝结的价值）让渡给乙的同时，甲拥有向乙索取同样时间的权力，因为，在分工的条件下，人与人之间的相互关系必须通过交换才能实现。商品交换的核心机密就在于"商品形式在人们面前把人们本身劳动的社会性质反映成劳动产品本身的物的性质，反映成这些物的天然的社会属性，从而把生产者同总劳动的社会关系反映成存在于生产者之外的物与物之间的社会关系"①。所以，权力生成的最小单位是在总劳动中用人的生命时间计算的劳动价值，即抽象劳动时间，这里，时间的生产反转为权力的生成。需要注意的是，这里的时间不是自然立法时间，而是指马克思的抽象劳动时间，是属人的、能动的历史时间，它是一个关系性实体，是劳动产品中"同一的幽灵般的对象性"，"只是无差别的人类劳动的单纯凝结，即不管以哪种形式进行的人类劳动力耗费的单纯凝结"。② 商品的价值来自供人们交换的商品共有的社会实体结晶，即商品生产过程中消耗的人类劳动力的积累。"使用价值或财物具有价值，只是因为有抽象人类劳动对象化或物化在里面。那么，它的价值量是怎样计量的呢？是用它所包含的'形成价值的实体'即劳动的量来计量。劳动本身的量是用劳动的持续时间来计量，而劳动时间又是用一定的时间单位如小时、日等做尺度。"③ 这个劳动量（即价值量）的计算一直以来都是马克思主义研究者的难题，所以，有必要对"抽象劳动"进行进一步解释：这个抽象是马克思所独有的总体性抽象，是全社会作为一个整体的总体性抽象，劳动时间在这里是指抽象的劳动时间，历史化的总劳动时间，即历史时间。历史时间是人类自我意识的精神抽象，心灵发生论的宇宙观首先来自历史哲学的运作，实际上是人类自我意识的精神抽象，也就是人类把自然的立法时间转换为属人的能动的历史时间，是对自然立法时间的超越、叠加、重组。人类的发展与进步就在于对历史时间的发现与把握。劳动价值不断得到物化并融入自然界，自然界成了人化的自然界，即自然的历史

① 《马克思恩格斯文集》（第5卷），人民出版社，2009，第89页。
② 《马克思恩格斯文集》（第5卷），人民出版社，2009，第51页。
③ 《马克思恩格斯文集》（第5卷），人民出版社，2009，第51页。

化过程，这样，劳动就无法区别了，它只有用总体性抽象法才能加以把握，即马克思的社会总劳动概念。商品中凝结的劳动是社会总体的人的劳动的具体表现，形成一个总体性的实体。这个抽象不是名词，而是一个实体，是全社会人的劳动，这个实体性抽象看得见摸得着，所以价值是社会关系的实体，这种劳动的职能是把人与人联系成为一个关系性实体，而历史时间就是这个关系性实体的实体性时间。所以，价值的凝结过程便是这个抽象劳动时间的生产过程，即时间生产，也就是权力的生成过程。

（二）货币对权力的提取与放大

首先，在价值交换、商品流通中，货币通过"社会独占权"进行权力的提取。社会分工是商品生产存在的条件，而且正是分工使人类产生以物的依赖为前提的人的自由，这种依赖是商品所有者之间的互相依赖。一方面，商品交换是需要体系的必然要求，"在任何情形下，在商品市场上，只是商品占有者与商品占有者相对立，他们彼此行使的权力只是他们商品的权力。商品的物质区别是交换的物质动机，它使商品占有者互相依赖，因为他们双方都没有他们自己需要的物品，而有别人需要的物品"[1]。另一方面，商品的交换是价值交换过程，同时又是权力的索取过程，而且，这种索取是一种"比它自动跳舞还奇怪得多的狂想"[2]，这个"狂想"就是商品所有者的索取权，这个商品与商品交换可以得到商品，与货币交换可以得到货币。马克思和李嘉图的理论的根本区别在于对货币的本质和来源的认识。马克思深刻地揭示出，交换过程中产生货币，货币的本质就是权力，它来源于劳动价值。"因为从货币身上看不出它是由什么东西转化成的，所以，一切东西，不论是不是商品，都可以转化成货币。一切东西都可以买卖。流通成了巨大的社会蒸馏器，一切东西抛到里面去，再出来时都成为货币的结晶。"[3] 这就是货币具有的充当一般等价物社会职能的社会独占权。货币的出现是人类智慧的表现，它为交换提供了极大的便利，大大地推进了人类历史的发展。进一步讲，货币产生于交换过程并使原始的物物交换

---

① 《马克思恩格斯文集》（第5卷），人民出版社，2009，第187页。
② 《马克思恩格斯文集》（第5卷），人民出版社，2009，第88页。
③ 《马克思恩格斯文集》（第5卷），人民出版社，2009，第155页。

中的买和卖发生分离，卖的活动就是把价值提取出来，把本来隐藏在商品当中的抽象劳动时间通过货币体制、市场价格体制提取出来，成为货币，这个货币负载着商品的价值，是商品本身具有的权力的体现，它本身没有价值，只是价值的符号体现，即抽象劳动时间的体现。这样，卖的过程就是提取权力的过程，买的过程就是使用权力的过程。货币是提取出来的权力，权力来自时间生产，即抽象劳动时间的凝结。

其次，权力一旦通过货币从买卖过程中提取出来，它就拥有"自由行走"与集中的特权。进一步考察货币，可以发现它不仅使买和卖分离，而且能在买卖之间"自由行走"。货币作为流通手段自由行走于商品之间，它不仅不影响商品的价值与价格，而且在某种程度上，它只是价值或价格的表现形式，与价值或价格的内容无涉。"商品的价值在商品进入流通以前就表现为商品价格，因此它是流通的前提，不是流通的结果。"① 货币只是在买卖之间"自由行走"的过程中将这种价值提取出来。进一步讲，货币的集中就是权力的集中。在商品交换过程中，货币作为一种特殊的等价物，它不仅可以在买卖过程中提取权力，而且可以将这种权力加以集中。"正如商品的一切质的差别在货币上消灭了一样，货币作为激进的平均主义者把一切差别都消灭了。但货币本身是商品，是可以成为任何人的私产的外界物。这样，社会权力就成为私人的私有权力。"② 货币具有一个特殊功能，就是对抽象劳动时间进行积累，从而对价值进行无差别的积累，而且这种积累是一种私人活动。货币作为提取出来的权力，经过不断积累并再一次集中回到流通之中时，它所负载的权力也就得到了集中，更重要的是，集中的权力也就是放大的权力。但是，权力的变化绝不可能发生在货币本身上，而是发生在货币的流通中。"要转化为资本的货币的价值变化，不可能发生在这个货币本身上，因为货币作为购买手段和支付手段，只是实现它所购买或所支付的商品的价格，而它如果停滞在自己原来的形式上，它就凝固为价值量不变的化石了。"③ 不难发现，货币的集中是权力的集中，这种集中的权力再回到流通中可以实现权力的放大，而且这种权力的放大必

---

① 《马克思恩格斯文集》（第5卷），人民出版社，2009，第184页。
② 《马克思恩格斯文集》（第5卷），人民出版社，2009，第155~156页。
③ 《马克思恩格斯文集》（第5卷），人民出版社，2009，第194页。

须发生在流通之中。货币正是在对权力的这种放大过程中转化为资本的。

如此,货币在流通过程中,一方面,组织了人们的社会生活、物质生活,这就相当于DNA把一个个氨基酸组织成为蛋白质,形成物质生产系统、物质生活系统,呈现为货币化生存世界;另一方面,货币自身通过积累而转化为资本,这一转化的魅力不仅在于权力的集中,还在于权力的放大。"如果撇开商品流通的物质内容,撇开各种使用价值的交换,只考察这一过程所造成的经济形式,我们就会发现,货币是这一过程的最后产物。商品流通的这个最后产物是资本的最初的表现形式。"① "资本在历史上起初到处是以货币形式,作为货币财产,作为商人资本和高利贷资本,与地产相对立。然而,为了认识货币是资本的最初的表现形式,不必回顾资本产生的历史。这个历史每天都在我们眼前重演。……经过一定的过程,这个货币就转化为资本。"② 这种每天重演的过程就是剩余价值资本化的过程,货币一旦成为资本,它就具备了自行增殖的能力。总之,货币的神奇之处不仅在于对权力的提取,而且在于对权力的放大。

(三) 金融领域的时间集聚与金融权力的存在论追问

在这个财富比过去极大丰富,工人的收入、地位得到相对改善的21世纪,人们遵循西方经济学的价值指向,主要关注财富的分配问题,已经很少有人再像当年的马克思那样思考财富的来源问题了,尤其是资本金融的高度发展,已经将财富的来源问题深深地遮蔽起来。资本金融权力体系已然成为支配全社会的最强力量和最高权力,它锁定了当今社会的所有财富,成为实体经济的生命线。资本金融权力体系是如何获得如此之高的权力的呢?处在经济社会金字塔顶端的资本金融权力体系,其内部发生了怎样的权力变化呢?按照前文的推理,权力的提取、集中、放大都不发生在生产领域而必须在流通之中,那么当权力提取为货币,而后再进入金融领域,它实现了怎样的流通呢?其中任何一个有关权力的追问都把我们引向了对金融化的思考。在本质上,当今社会的所有财富都来自无差别的人类抽象劳动时间的凝结,这些时间蓄积于资本金融权力体系之中形成权力的蓄水

---

① 《马克思恩格斯文集》(第5卷),人民出版社,2009,第171页。
② 《马克思恩格斯文集》(第5卷),人民出版社,2009,第171~172页。

池。这个蓄水池首先是金融创新的结果。金融化是集聚起来的抽象劳动时间从存量向流量的转化，是权力的进一步汇聚。资本金融权力体系不仅吮吸全社会的冗余，而且对所有财富进行再分配。一切财富跑到资本金融权力体系里面去，出来时还是财富，它的所有权、使用权却发生了变化。"在为卖而买的过程中，开端和终结是一样的，都是货币，都是交换价值，单是由于这一点，这种运动就已经是没有止境的了。"① 这一过程的秘密就在于直接的"为卖而买"，专门从事流通的金融资本在资本金融权力体系中以实体经济难以想象的速度完成着"为卖而买"的过程，而这种运动的结果就是代表财富的货币在极少数人手中集聚，即权力在蓄水池中向少数人集聚。权力的蓄水池是金融领域价值分割的秘密所在。

资本的本性在于获取剩余价值，那么金融领域的剩余价值从哪里获取呢？表面上看，金融资本与最初的重商主义者描绘的并无二致，权力看上去来自资本的流通过程，或者说产生于资本的流通领域。如果按照这样的思路来分析，价值以货币形式在买和卖的交替中不断改变自己的量，看上去它确实是自行增殖，它似乎获得了一种可以自行增殖的"会产仔"奇能，因为"它一旦成为资本，一旦生了儿子，并由于有了儿子而生了父亲，二者的区别又马上消失，合为一体……因此，价值成了处于过程中的价值，成了处于过程中的货币，从而也就成了资本。它离开流通，又进入流通，在流通中保存自己，扩大自己，扩大以后又从流通中返回来，并且不断重新开始同样的循环。G—G′，生出货币的货币"②。今天金融领域的流通从表面上看与马克思当年的描述如此一致，但是我们清楚地知道，价值的创造发生在生产领域，金融领域只是一个衡量价值的领域，在这一领域中从事生产的劳动并不会产生实体的增量，那么权力何以能放大呢？为什么人们都愿意把财富投入金融领域，而且能获得巨大的收益呢？让人们趋之若鹜的魔力到底从何而来？

二　时间生产与金融创新的内生机制

货币转化为资本，在实体经济中必须根据商品生产与流通规律加以说

---

① 《马克思恩格斯文集》（第5卷），人民出版社，2009，第177页。
② 《马克思恩格斯文集》（第5卷），人民出版社，2009，第181页。

明，然而在全球化时代，在资本金融权力体系之中，作为金融资本的货币，必须重点放在流通中考察。"资本不能从流通中产生，又不能不从流通中产生。它必须既在流通中又不在流通中产生。"① 资本的幼虫如何长成金融资本并实现蝶变？这一蝶变如何必须在流通领域中，又必须不在流通领域之中呢？

（一）金融的强大魅力在于激活未来时间

按照马克思"活劳动创造价值"的观点，一般认为，单纯的资本金融权力体系不创造价值。但是无论是纽约的华尔街、上海的陆家嘴，还是其他任何国家的任何金融中心，总是聚集着无数世界顶尖的精英人才，林立着"统领"全国，甚至"统领"全球的金融机构。每个国家都有国家级的金融研发、管理、监督部门。那么，这些部门的精英在从事什么样的工作呢？如果马克思的劳动价值论没有过时，这一领域的劳动属于什么样的劳动？马克思在创造性劳动和流通性劳动的分析过程中把二者与价值创造和价值实现相对应，其中价值创造源自创造性劳动，价值实现源自流通性劳动。那么单纯的金融领域的劳动属于哪一种呢？

金融领域的流通与生产。金融领域汇聚的都是死劳动，但是它可以激活人们对活劳动的预期，即它通过精神创意，激活人们对未来的预期，人们之所以购买金融产品，是因为它带给人们一个获利的预期，这个未来的收益通过金融领域获得，但是它并不来自金融领域，因为这种预期是面向未来的，即对未来实体经济可能创造的价值的预期。人们反复交易，在交易的过程会忘却价值（未来的预期）的真正来源，但忘却并不等于不存在。金融领域创造的经济空间就单纯的金融领域来说，首先是供过去积累的所有财富（死劳动）进行流通、流转；其次是供未来的活劳动流通、流转，即激活并预支未来的活劳动，它面向未来。这样，过去的死劳动与未来的活劳动就自然而然地交织在一起，不分彼此。金融领域的流通性劳动是实现价值的过程，但是不单单是实现过去的劳动价值，它的神奇之处就在于它把过去的价值和未来的价值汇聚在金融空间之中进行组合并加以实现，金融的强大魅力也正在于此。

今天的资本与马克思所处时代的资本虽然在本质上没有太大变化，但

---

① 《马克思恩格斯文集》（第5卷），人民出版社，2009，第193页。

是资本概念的内涵已经发生了重大转向。如果说马克思考察的主要对象是资本对活劳动的占有，那么今天我们考察的对象应该是资本通过对未来时间的激活而对活劳动和死劳动的一起占有，这里的活劳动更多的是未来可能出现的劳动，抑或根本不会出现的虚幻的劳动。21世纪资本的关键在于通过激活未来的时间，并以未来的时间为中介而实现对过去时间的重新分配和对现在时间（活劳动）的占有。那么资本如何实现这一目标呢？为什么说资本是以未来的时间为中介呢？

（二）金融创新与未来时间的无限性

资本金融权力体系之所以繁荣，人类生存世界之所以金融化，首先是因为有了时间，即财富的积累，时间在精神创意作用下无限延展，心有多大舞台就有多大，意识有多远未来时间就能走多远。金融通过各种产品及其衍生品一次又一次地激活未来时间，时间就是价值，价值就是权力，在这个未来的时间里，所有人的激情、任性、私欲尽情地活跃着，这是一个光怪陆离的世界，在这里处处充满着恶的无限。同时，资本的逐利性是金融创新的内在动因，马克思指出："这种欲望本质上就是万恶的求金欲。"[①]"这种不可遏止的追逐利润的狂热，这种对可诅咒的金的欲望，始终左右着资本家。"[②] 所有的技术进步、制度约束、货币因素、财富增长等金融创新的外部条件，都围绕着这一内在动因起作用。一股神秘力量不断提醒着、刺激着、敦促着那些精英们创造更完善的、更精准的、更有效的、更有回报的契约、机制、产品、衍生品，这会导致未来的时间不断延展。在金融领域，金融创新的无限性带动未来时间的无限性，反过来，时间的无限延展又刺激金融创新进一步推进，两者之间形成正反馈过程。

金融领域的创造性劳动是激活欲望，欲望驱动过去的死劳动"生出"未来的活劳动，当然这只是一种预期，至于到底有没有这个活劳动，就要看金融的叙事、包装和运行的机制了。金融领域属于流通领域，金融领域的劳动总体上分为两类：一是流通领域的创造性劳动，即生产劳动，流通性劳动中具有生产性质的劳动——生产价值实现与权力重组的空间；二是

---

① 《马克思恩格斯全集》（第30卷），人民出版社，1995，第174页。
② 《马克思恩格斯全集》（第32卷），人民出版社，1998，第235页。

流通领域纯粹流通性劳动，即非生产劳动，流通性劳动快速行进于空间之中，进行财富再分配——充盈空间并实现权力重组。这个创造性劳动生产的是可供金融资本进行 G—G′（G+△G）流通的经济空间，金融创新的无限性在于未来时间的无限性，在于对未来时间激活的无限性。如果单纯的金融领域有增量，那么这个增量就是未来，即对未来时间的无限想象、叙事、激活与预支。未来时间真的可以预支吗？是什么力量让这个时空如此具有无限性、如此扩张呢？它的动力学机制是什么呢？

（三）金融创新导致资本权力分割剩余价值模式的变化

金融创新使时间具有无限性，使权力具有集聚的可能。金融创新分为自然物理层面的创新和社会层面的创新两方面，这里的金融创新是指各种金融产品及其衍生品的设计与开发，即创造供金融资本进行 G—G′（G+△G）的流通的经济空间。这一金融创新的显著后果就是使资本概念的内涵发生了深刻转变，从而显现出金融化的时代特征。近年来，有关金融创新导致资本权力变化的最具影响力著作非《21 世纪资本论》莫属，书中最具争议的焦点之一莫过于资本的概念，作者皮凯蒂在给资本下定义时声称"我这里使用的'资本'与'财富'含义完全一样，两个词可以相互替换"[1]，即他将资本等同于财富。这一概念虽然遭到很多学者的诟病，甚至否定，但事实上这一资本概念的内涵恰恰极其准确地体现了 21 世纪资本金融化的现实。从皮凯蒂回溯到马克思，我们发现马克思所处的时代是以产业资本为主导的时代，《资本论》的元叙事是通过产业资本的循环过程展开

的。马克思的资本总公式是 $G—W \begin{smallmatrix} A \\ \cdots P \cdots W′ \\ Pm \end{smallmatrix}（W+w）—G′（G+g）$。如果把皮凯蒂著作中的资本运行模式归结为一个资本总公式的话，这个公式显然就是 G—G′（G+△G），这正是马克思提出的"资本生资本"[2] 的运行模式。从马克思到皮凯蒂，资本的本质没有变，都是能够带来剩余价值的价值，都是能生钱的"母钱"，但是 21 世纪的资本似乎是从实体经济的肉

---

[1] 〔法〕托马斯·皮凯蒂：《21 世纪资本论》，巴曙松、陈剑、余江等译，中信出版社，2014，第 47 页。

[2] 《马克思恩格斯文集》（第 5 卷），人民出版社，2009，第 672 页。

身中脱域而出，变为实体经济的灵魂，它外在于实体经济而存在。这是金融资本通约一切价值进入流通领域的真实表现，过去的、现在的、未来的时间统统融入21世纪这个由精英们打造的资本金融权力体系之中。金融资本在很大程度上不再需要参与到生产资本、流通资本的活动中去了，它自身就既是"生产资本"又是"流通资本"了，因为它既能生产出各种金融产品，又能通过所有权让渡获取利润。资本权力发生了什么样的变化？为什么具有如此神奇的力量？难道未来时间可以提取吗？金融创新在使所有时间融入G—G′运行之中的同时，又使分散在各处的资本权力汇集于同一个场域而发生权力集中和集聚。

三　金融化：以未来时间为中介的权力再提取

资本金融权力体系在不断创新的过程中激活未来时间，从而吮吸过去的时间，并且将时间与空间加以叠加、融合，形成一个强大的权力运作场域，21世纪的资本之所以如此任性，资本收益率之所以远远高于经济增长率，就在于金融场域的权力运作机制，在于资本总体性的本质属性。一切财富都被吸入这一机器，出来的还是财富，它所负载的权力却发生了重大变化。一个问题出现了：$G—G′（G+\triangle G）$中$\triangle G$从何而来呢？如果是未来时间，那么这个未来时间可以预支吗？表面看毫无悬念，但事实果真如此吗？

（一）金融的权力在于历史时间的重组与聚合

金融领域的创造性劳动生产的是可供金融资本进行$G—G′（G+\triangle G）$流通的经济空间，金融创新的无限性在于未来时间的无限性。如果单纯的金融领域有增量，那么这个增量就是未来，即对未来时间的无限想象、叙事、激活与预支。金融领域聚集的庞大财富体量不能从金融系统中产生，又不能不从金融系统中产生。那么，强大的金融权力到底从何而来呢？它必须既在金融系统中又不在金融系统中产生。秘密就在于金融领域创造了流动性，而这里流通的有未来。财富从根本上说来自实体经济，是劳动时间的集聚，但是经过资本金融权力体系的运作，它的所有权发生了变化。21世纪资本概念的内涵在于过去积累的财富由存量转化为流量而汇入资本金融权力体系，未来可能的一切财富通过金融的手段被激活并汇入金融领域，所有的财富在这里加以重组。马克思所处时代的产业资本演变成了皮凯蒂笔下金融化的资本，货币资本的幼虫蝶变了，而且这一蝶变就发生在资本金融权力体系中，然而，它又不在这一体系中，这是因为马克思的资本主要是以时间来衡量的，皮凯蒂的资本主要是以空间来衡量的；马克思《资本论》的重点在于如何创造价值、实现价值，而皮凯蒂《21世纪资本论》的重点是如何分割价值，即死劳动如何通过在经济空间中的流动而分割价值。金融领域的生产性劳动正是通过空间生产激活了未来时间，从而让过去积累的价值与未来可能的价值（可能的一切财富）全部汇入资本金融权力体系，当所有的财富经由产权、杠杆、理性、任性、欲望等器官的消化、排列、组合，再一次回到产权概念时，就如同一个圆锥体自下而上经过一层一层的切割，到最后只剩一个点的概念，这就是1%的现象的必然性，即1%的人掌握几乎99%的社会财富。这期间不乏欲望的贪婪、理性的狡计、机运的不确定等，但归根结底，1%的问题，是欲望与理性交织、互动的结果，是人类精神性劳动借助现代化的信息与设备，不仅汇聚了过去的所有财富，而且激活了未来可能的一切财富，正是这个创造经济空间的理性与对未来不确定性预期的欲望之间的交织，使原有的财富发生了所有权的重组。资本的幼虫就是在这个金融加工机内部发生了蝶变。21世纪，资本的集聚程度史无前例。

（二）以未来时间为中介的权力再分配

以未来时间为中介的权力再分配是资本权力再提取在金融化时代的新功能。资本金融权力体系通过已有的和不断生产的空间（金融产品、金融杠杆等）来不断激活未来的时间，并以未来的时间为中介操控过去和现在的时间，从而定义整个生存世界：一是资本金融权力体系经由空间操控着全时空（过去、现在、未来），要么通过过去博取未来，要么通过未来博取现在，要么通过过去经由未来博取现在；二是金融对未来时间的不断激活，注定它具有无限可能性和不确定性；三是金融对人类生存世界的全方位定义，它已侵蚀了人的精神世界，指导人们作出金融理性的判断。说到底，金融就是人们不断生产空间并通过空间把握历史时间，尤其是未来的时间。

在某种意义上，金融的实力就是国家的实力，而金融的实力一方面来自实体经济的体量，另一方面，也是更重要的方面，来自金融创新，抑或称之为资本金融化的程度及国家制度的顶层设计。产业资本主要在流通中实现价值，价值的实现依托时间的考量；金融资本主要在空间转移中分割价值，价值的实现依托空间的考量。经济的增量永远只能来自实体经济，金融领域集聚的所有财富都来自实体经济，金融领域作为衡量价值的领域之所以具有强大的权力就在于它激活了未来时间，并以未来时间为中介实现对时间的集聚与重组。金融领域的魅力在于通过不断地创新来激活未来时间，而且金融创新的无限性决定了未来时间的无限性，也即资本金融权力的无限扩张能力，金融化世界就是在这种时间与权力的同构中不断生成的。"这里是罗陀斯，就在这里跳跃吧！"①

小 结

《逻辑学》是黑格尔绝对精神的逻辑证明，《资本论》是马克思资本的逻辑证明，21 世纪金融化世界需要金融的逻辑证明，对时间与权力的同构及对时间的"显微解剖学"检查至少为我们认识金融的逻辑提供了一个微观层面的研究视角，打开了一条新的思路。"自然界没有造出任何机器，没有造出机车、铁路、电报、自动走锭精纺机等等。它们是人的产业劳动的产物，是转化为人的意志驾驭自然界的器官或者说在自然界实现人的意志的器官的自然物质。它们是人的手创造出来的人脑的器官；是对象化的知识力量。"② 今天，金融化世界作为对象化存在，是人的手辅助人的脑创造出来的"人脑的器官"，是人自己"生命活动本身变成自己意志的和自己意识的对象"③。"动物式的'自然人'被历史化的'现实的人'所替代，感性的人被生产关系的人、从事历史实践变革的人所替代。"④ 人类生存世界通过资本金融权力体系形成一个整体性的价值实体——金融化的对象化世界，资本金融权力体系是这个价值实体实现整体性的具体过程与表现形式，众生为这个实体永无止境地倾注生命力，最终成为这一实体的对象化存在，并成为这一实体的对立物，人类在这个整体性的价值实体的权力面前正经历着越来越充满对抗性的考验，在这种对抗过程中，人类越来越趋向于共同体。

① 《马克思恩格斯文集》（第5卷），人民出版社，2009，第 194 页。
② 《马克思恩格斯文集》（第8卷），人民出版社，2009，第 197~198 页。
③ 《马克思恩格斯文集》（第1卷），人民出版社，2009，第 162 页。
④ 张雄：《构建当代中国马克思主义政治经济学的哲学思考》，《马克思主义与现实》2016 年第 3 期。

第四章　资本金融权力体系中的空间生产与权力聚变

【本章提要】金融化进程中的时间生产与空间生产是同一个事物的两个方面，时间生产是空间生产的前提，空间生产是时间生产的延续。未来时间在空间范围内不断被激活，空间在未来时间的驱动下无限拓展。空间生产通过金融创新实现自身的内生机制在于：空间生产的内在动力要求现实的金融创新；金融创新的持续推进不断突破空间的界限；金融创新生成G—G′的流通机器。金融化世界的空间生产与时间集聚导致资本在三个层面发生权力聚变：一是通过不断吮吸自然力创造流动性实现时间在空间中的集聚；二是通过时间与空间的叠加放大资本权力；三是通过聚变了的资本权力重新分割剩余价值。

　　当原有的资本积累与逐步扩张模式受到阻抗或不能获得超额利润时，抑或有新的、更加容易地获取超额利润的途径时，"资本有机体"① 就会生出新的器官来获取超额利润。20 世纪 80 年代以来，金融化作为一种新的积累类型② 以其迅猛扩张进程鲜活地证明了马克思的资本有机体理论。金融化在不断地激活未来时间的过程中不断突破资本原有的空间界限，抑或在不

---

① 关于资本有机体，马克思明确指出："现在的社会不是坚实的结晶体，而是一个能够变化并且经常处于变化过程中的有机体。"[《马克思恩格斯文集》（第 5 卷），2009，第 10～13 页。] 作为有机体的资本 "不是一种物，而是一种以物为中介的人和人之间的社会关系"[《马克思恩格斯文集》（第 5 卷），人民出版社，2009，第 877～878 页]，这种社会关系 "决不是简单的关系，而是一种过程"[《马克思恩格斯全集》（第 30 卷），人民出版社，1995，第 214 页]。而且资本作为一种过程 "一旦在历史上发展起来，它就会创造它自己的存在条件"[《马克思恩格斯全集》（第 31 卷），人民出版社，1998，第 613 页]。

② 参见〔美〕格·R. 克里普纳《美国经济的金融化》（上），丁为民、常盛、李春红译，《国外理论动态》2008 年第 6 期。

的空间生产过程中持续激活未来时间，从本质上讲，二者是同一过程的不同表现形式。今天，资本金融权力体系已经成为支配实体经济，乃至人类生存世界的定在。那么，这一体系就其空间而言，它的生成机制是什么样的呢？

一 从时间生产到空间生产

资本金融权力体系在已有时间积累和无限性的未来时间激活中之所以能够不断生成、生长，原因就在于空间的不断生产，时间生产与空间生产是不可分割的，而且空间与未来时间的无限性一样，也具有无限拓展的特性，21世纪资本的强大生命力就在于时间生产与空间生产的不断推进，那么，时间生产与空间生产之间存在怎样的内在关联呢？

（一）时间生产是空间生产的前提，空间生产是时间生产的延续

金融繁荣的前提条件是财富的积累，即过去时间的积累。首先，未来时间的激活，必须依托空间而存在。人们为了保存现有的时间或获取更多的时间而创造了金融空间，创造金融空间是为了更好地获取时间，如此，就有了时间在意识作用下的无限延展。"心有多大舞台就有多大，意识有多远未来时间就能走多远"是21世纪资本金融的"行走"路径。也就是说，空间只有负载在时间之上才可以存在，同样，时间只有在它适存的空间里才具有意义。时间就是价值，价值就是权力，金融领域的空间生产依托各种金融产品，一次又一次地激活未来的时间，在这个未来的时间里，所有人的激情、任性、私欲尽情地活跃着，这是一个光怪陆离的世界，处处充满着恶的无限，金融空间就在这种尖峰险滩中被生产出来。其次，在探讨空间之前，有必要再对时间进行一次阶段性划分，即对未来的时间与过去积累的时间的区分。在金融化语境中，存在过去积累的时间和未来的时间，两种时间具有不同的特点，其中最大的不同在于，过去积累的时间能够以物的形式显现自身，也就是可以作为存量保存起来，而未来的时间则是"无中生有"，实现"从无到有"的路径只有一条，那就是让它成为不断流动的存在——这个存在"只是观念的或想象的形式"①。本章研究的重点在后者。

---

① 《马克思恩格斯文集》（第5卷），人民出版社，2009，第115页。

在金融化研究中，"观念的东西"是一个绕不开的重要概念，"观念的东西不外是移入人的头脑并在人的头脑中改造过的物质的东西而已"①。在金融化语境中，关键在于这种"观念的东西"与实在性的存在之间是对立的，它可以兑换实在性的存在。这种"观念的东西"也是价值的一种表现形式，它可以流通，但它不是以自己的物质存在方式来流通，而只是作为产品总价值的观念的组成部分来流通。"流通时间是指本来意义的流通过程的后半部分，即货币的再转化。"②"商品价格的实现，或商品的仅仅是观念的价值形式的实现，同时就是货币的仅仅是观念的使用价值的实现。商品转化为货币，同时就是货币转化为商品。"③"货币不过是把已经在商品价格总额中观念地表现出来的金额实在地表现出来。"④今天的纸币已不同于以往的金属货币，它只是一个符号，作为价值符号体现着商品价值观念上的金量。列宁也指出，"我们有……许多例子说明人一般地如何把主观的东西变为客观的东西，即如何把只存在于人身上，只存在于人的思维、观念、想象中的东西变成存在于思维、观念、想象之外的东西"⑤。金融领域通过金融创新激活的未来时间正是把人的思维、观念、想象中的东西转变为思维、观念、想象以外的客观存在的东西，这种从主观时间转化为客观存在的中间环节便是空间生产。值得注意的是，观念的东西可以兑换实在性的存在，主要根源于三点：一是观念的东西必须有现实的物做基础；二是观念的东西可以通过精神创意产生；三是观念的东西更具有不确定性。另外，时间生产本身就具有两重特点，即两种生产的不同：从实体时间的生产到非实体时间的生产，实体时间的生产是马克思所处时代最典型的生产，即工业化背景下的扩大再生产；而金融化背景下典型的生产却转变为非实体时间的生产，这种生产以实体时间为基础，虽然需要借助高科技的设备（计算机等）和现代化的通信技术（互联网、大数据等），但是更多的、最根本的是需要精神的创意，这种生产过程产出的产品在更多情况下只是物化了的"观念的东西"。这里需要辨析一下物化概念，这里物化的物不一定

① 《马克思恩格斯文集》（第5卷），人民出版社，2009，第22页。
② 《马克思恩格斯全集》（第31卷），人民出版社，1998，第83页。
③ 《马克思恩格斯文集》（第5卷），人民出版社，2009，第129页。
④ 《马克思恩格斯文集》（第5卷），人民出版社，2009，第139页。
⑤ 《列宁全集》（第55卷），人民出版社，1990，第50页。

是实体的、可见的、可感知的物,而是在观念中存在的物,是"观念的东西",这种"观念的东西"的物性化的关键在于它能撬动实体的物。

(二) 空间生产在未来时间的驱动下无限延伸

空间生产具有无限延伸性。金融领域的空间生产从本质上讲就是 $G \cdots G'$ 这一以实在货币为起点和终点的资本流通机器的生产。资本金融权力体系的繁荣,是在原有时间积累的基础上实现了空间的不断延伸,即在财富积累的基础上实现了财富的流转,而财富流转的空间不仅包括已有财富的流转空间,还包括未来财富的流转空间,而且这种空间的延伸在不断被激活的未来时间的驱动下具有无限性,这里的无限性不是没有限制,而是它的限制不断地被突破。金融空间延伸的内核在于从观念的存在(观念的时间)到观念的流通,其内在机制主要有以下三个方面。首先,实物的流通需要的是实体空间,而观念的东西流通却不一定需要实体的空间,或是只需要极其微小的技术的空间,这个空间与马克思所处时代的商品流通的空间相比,可谓"观念的空间"。金融领域的流通在网络、通信技术如此发达的今天变得十分迅速,若实体经济的流通空间只运转了一日,则金融的流通空间已运转了无数次。这一类比的更深一层意思是,哪怕实体经济创造价值一千年,也抵不住资本金融权力体系一日的"乾坤大挪移",而实现这种"大挪移"的空间却只是依托一个程序、一个叙事,以及现代技术的极小的芯片、光缆等而存在的。其次,观念的东西的流通正因为它只需要高技术含量的"观念的空间"(非实体的空间),所以,主要依靠现代网络通信技术,可进行精神创意的范围更大。在传统社会,人们面对自然的考验,只能混沌、痛苦并默默地忍受;在现代社会,由于知识论的产生,人们逐渐具备了认识能力,于是逐渐地学会了反思;在今天的金融化世界,现代技术的开发使人们的思想与想象之间实现了高度的贯通,这种想象成为创意的前提条件,成为金融创新乃至金融繁荣的精神基础。而且,资本集聚权力的同时,也成为集聚想象力的引擎,于是最具想象力的技术集中在金融领域,最有想象力的人才聚集在金融领域,最快、最深刻的变革往往是从金融领域开始的。当然,这种无限想象的精神创意也使整个金融领域更加充满不确定性。最后,"观念的空间"可以实现时空叠加式的延伸,而且这是一个加速度的过程。观念的流通与实物的流通相比,时间与空间的限制更少，往往是在时空压缩的条件下进行的。比如，让一个实物经济单位在一定时期内提供相当于它的产量 2 倍或 3 倍其至更多倍数价值量的产品，可能并不是一件容易的事，然而，对于金融领域而言，一个金融产品可以通过提高的杠杆率，轻而易举地撬动比它价值量多得多的实物财富量，诚如阿基米德之杠杆撬动地球的疯狂，这个杠杆撬动的世界越大，金融的空间就越大。人的想象有多远，金融的空间就有多大，它虽然摸不着、看不到，但是它不仅存在，而且通过人的想象力的中介而变得威力巨大。金融空间因观念的流通和时空叠加而出现加速度的扩张趋势。

（三）空间生产是资本金融的生命之基

时间是资本金融的生命之源，空间是资本金融的生命之基。20 世纪 80 年代以来，随着金融化的迅猛发展，金融领域的空间扩张史无前例。金融领域的空间生产具有强大的生命力，至少有以下三个方面原因。一是作为金融化前提条件的财富得到大量积累，财富的增长是决定金融资产和金融创新需求的根本因素和物质基础。20 世纪 80 年代以来，发达国家积累的资本正在寻找新的投资机会，发展中国家经过战后重建正逐步走向转型升级，这种国际发展极差为资本流动创造了条件，也为发达国家与发展中国家提供了发展契机，这一阶段的财富积累明显加速。《21 世纪资本论》中有关发达国家的数据必须引起我们高度重视："美国收入前 10% 人群的收入占美国国民收入的比重从 70 年代的不足 35% 上升到 2000—2010 年的 45%—50%。"[①] 从皮凯蒂的分析中我们可以清楚看到，20 世纪 70 年代以来，美国收入前 10% 人群的收入占比发生了明显异动，呈快速上升态势，这一现象与中国及其他发展中国家经济快速增长推动的全球化、金融化密不可分。发展中国家经济的快速增长、发达国家与发展中国家经济结构的等级差距成为金融化的物质基础和条件。金融化也只有在物质财富丰裕到一定程度时才可能出现，也就是只有在足够的时间积累条件下才有可能进行金融化的空间生产。二是全球范围内的交通、网络通信技术，甚至人工智能的迅猛发展，成为金融领域空间生产现实的、实体的空间，互联网金融更是击

---

① 〔法〕托马斯·皮凯蒂：《21 世纪资本论》，巴曙松、陈剑、余江等译，中信出版社，2014，第 25 页。

碎了传统金融业的重重壁垒，使原本烦琐的流通程序变得更为简便。金融空间是一种非常复杂的关系性实体，一方面需要载体，21世纪以来，金融所拥有的现代工具的发展史无前例，这是空间生产迅速推进的技术条件；另一方面需要动力，金融的本来作用就在于目标的实现，即个人小目标借助推陈出新的金融产品逐渐转化为金融大目标的实现，这是空间生产迅速推进的动力机制。在这两方面作用下生成一个庞大的资本金融权力体系，资本金融就此拥有了越来越强大的生命力。三是依靠精神创意实现的金融创新层出不穷，20世纪80年代以来，肇始于美国的金融衍生及一系列金融创新开启并强力推动金融化进程，以债券、金融衍生工具为依托的金融空间得到不断拓展。一方面，资本的逐利性是金融创新的内在动因，马克思指出，"这种不可遏止的追逐利润的狂热，这种对可诅咒的金的欲望，始终左右着资本家"[1]。所有的技术进步、制度约束、货币因素、财富增长等金融创新的外部条件，都是围绕着这一内在动因起作用。另一方面，金融创新又是利润率下降规律这一达摩克利斯之剑下的必然选择，因为剑下的选择不是利润率提高与降低的问题，不是创新不创新的问题，而是能否自我保存的问题，因为只有不断地流动，资本才能保存并扩张自身。总之，没有需要、需求和欲望，就不会有价值的生产与实现。一股神秘力量不断提醒着、刺激着、敦促着金融领域的精英们创造更完善的、更精准的、更有效的、更有回报的契约、机制、产品、衍生品，每一个创新，都是对金融空间界限的一次突破，而且被激活的时间及其流动使新的空间迅速得到充盈。在金融领域中，空间的无限扩张带动时间的无限延展，反过来，时间的无限延展又刺激空间的无限扩张，二者之间形成正反馈过程。

二　空间生产与金融创新的内生机制

资本主义生产就是要用时间消灭空间的限制，这里"消灭空间的限制"其实就是创造出新的空间，即空间的自我否定。"资本按其本性来说，力求超越一切空间界限。"[2] 资本能够幸存而且扩张就在于对空间界限的不断突破，通过空间生产和占有实现时间的流动、流通与转移。著名的空间生产

---

① 《马克思恩格斯全集》（第32卷），人民出版社，1998，第235页。
② 《马克思恩格斯全集》（第30卷），人民出版社，1995，第521页。

研究专家列斐伏尔指出,"今天,我们需要呼吁一种与马克思政治经济学批判相类似的方法","即不是对空间中的物的分析而是对空间本身的分析,去揭示体现在空间中的社会关系"。① 因为"社会空间是社会的产物、空间中物的生产,已经变为对空间本身的生产"②。本章所涉的空间生产与列斐伏尔的空间生产不谋而合,不同之处只在于本章是在金融化语境中加以讨论的。

(一) 空间生产的内在动力与金融创新的必然诉求

某种意义上,在资本金融权力体系中,金融创新过程就是空间生产过程,金融创新与空间生产是同一个事物的两个方面,二者相伴而生。资本金融的生命,除了时间就是空间,没有空间就没有时间,没有时间也不可能有空间。金融领域的时间生产与空间生产相互依存形成正反馈机制。空间生产最明白的动机就是直接赚钱,即生产"以实在货币为起点和终点的流通形式 G…G′"③,通过这个空间,资本可以绕过作为资本流通中间环节的生产过程,是"企图不用生产过程作中介而赚到钱"这一狂想病的现实化过程。与实体经济的生产过程相比,空间生产同样是受利益的驱动,不同的是不用通过生产过程就能实现资本增殖,就能直接分割价值。金融资本只有在 G…G′ 这一流通形式中流动起来才能分割价值并成为资本,空间生产在某种意义上就是创造流动性,所以,空间生产的内在动力与金融创新的诉求在出发点上是一致的。这里空间生产的动力来自两个方面:一方面是在政府的计划"设计"和"推动"下的外生性动力,具有较强的"政策性""外生性",这种外生性动力属于人类整体主义精神的一种体现,主要是为解决实体经济的融资与风险防范问题和金融领域的流通问题而展开的一系列工作;另一方面是由资本逻辑所决定的资本最大化追逐剩余价值的力量所驱动的创新,具有内生和自动生成的特点,这种内生性动力来自资

---

① Henri Lefebvre, *The Production of Space*, London: Blackwell Ltd, 1991, pp.89-90, 转引自鲁宝《列斐伏尔空间批判理论的逻辑布展与得失——以空间政治经济学批判为视角》,《江苏科技大学学报》(社会科学版) 2016 年第 3 期。

② Henri Lefebvre, *The Production of Space*, London: Blackwell Ltd, 1991, pp.26-37, 转引自鲁宝《列斐伏尔空间批判理论的逻辑布展与得失——以空间政治经济学批判为视角》,《江苏科技大学学报》(社会科学版) 2016 年第 3 期。

③ 《马克思恩格斯文集》(第 6 卷),人民出版社,2009,第 67 页。

本内在否定性，主要指各种金融产品及其衍生品的开发与创新。

（二）金融创新对空间生产的持续推进

金融创新推动空间生产，这种空间生产过程导致 21 世纪资本概念的内涵发生了深刻转变而显现出金融化的特征。资本主义之所以没有像马克思所预言的那样崩溃，就在于它不断地为自己开辟新生的空间，当实体的空间拓展受阻，或实体空间不能获得超额利润时，资本便向能够获取超额利润的空间流动，金融领域的空间生产应运而生。金融从来都是经济社会变革和创新的排头兵，其与生俱来的创新能力就像加速器一样推动着世界历史进程，"四千年的金融发展史就是一部人类大胆探索、积极变革社会福利配置如何最优化的金融创新的历史"[①]。张雄指出："金融工具是人类智慧的结晶，是人类追求自由意志的定在。"[②] 金融创新作为自由意志的定在具有两方面的特征，"一是金融乃是人的自由意志的直接性存在，人的意志不完全是纯粹的抽象，它往往体现在我的意志所规制的财产关系中，尤其是体现在不同人格意志所占有的'财产权'转让的关系中。二是金融是自由意志的灵性工具。金融创新是通过人的自由意志的中介而变成事物的规定，它是一种意志对另一种意志在时效的约束下所进行的未来权的自由交换"[③]。

"人在这种最初还是完全抽象的规定中是绝对无限的意志，所以这个有别于意志的东西，即可以构成它的自由的领域的那个东西，也同样被规定为与意志直接不同而可以与它分离的东西。"[④] 金融市场的永久性交易是对未来时间的投射，是以未来为中介的产权交易。有未来时间作为中介，金融资本通约一切价值进入流通领域不仅成为可能，而且成为今天的现实，并在《21 世纪资本论》中得到淋漓尽致的展现。过去的、现在的、未来的价值均融入 21 世纪这个由精英们打造的资本金融权力体系的空间。金融创新是人的意志的东西，而资本金融权力体系就其现实性而言，已成为与意志相分离的东西，即作为自由意志的金融创新的产物——资本金融权力体

① 〔美〕威廉·N. 戈兹曼、K. 哥特·罗文霍斯特：《价值起源》（修订版），王宇、王文玉译，万卷出版公司，2010，第 1 页。
② 张雄：《金融化世界与精神世界的二律背反》，《中国社会科学》2016 年第 1 期。
③ 张雄：《金融化世界与精神世界的二律背反》，《中国社会科学》2016 年第 1 期。
④ 〔德〕黑格尔：《法哲学原理》，范扬、张企泰译，商务印书馆，2009，第 57 页。

系，反过来又成为 21 世纪贫富差距进一步拉大的主要原因，而与自由意志相分离。

（三） G—G′流通机器的生成机制

金融空间包括价值创造的空间（生产空间）和价值实现的空间（流通空间），本章主要探讨后者。资本金融权力体系与实体经济之间的关系是灵与肉的关系，须臾不可分离。单就资本金融权力体系的空间而言，它是资本流通所赖以进行的流通机器，即 G—G′经由的所有流通空间。首先，这一空间不是从来就有的，它是在不断的金融创新过程中得以生产并实现的；其次，这一空间要么是一系列的程序，要么仅仅是关于金融产品的叙事；最后，这一空间主要完成从实际的低价买到预期的高价卖（事实上并不一定完全能实现）的过程。

在金融领域，资本突破一切空间界限的本性通过不断的空间生产来实现。传统产业资本突破空间界限主要通过扩大再生产的两种途径来完成：一是通过单纯数量的扩张完成既定的生产规模在地理范围的扩张过程，把更多的资源和劳动力吮吸到资本循环系统，这种积累模式带来世界市场的生成与不断完善；二是通过质性的突破来实现技术进步和生产模式改进，带来社会经济结构转型与产业升级。事实上，在现实经济活动过程中，此二者不可能完全分离，只是在某一时期某一方面占据了主导地位而已。但是金融资本主要依靠非实体空间吮吸实体经济的能量延续自己的生命，它突破空间界限的动力机制、实现途径和后果与传统产业资本有显著差异。在金融化世界中，金融资本主要通过时间生产和空间生产来突破空间界限，并通过空间生产生成新的资本流通机器，使 G—G′的资本流通不仅成为可能，而且成为现实。全球化时代被压缩的时间和空间在金融化世界中进一步被压缩并加速流动起来。

三 金融化：以空间生产为基础的资本权力聚变

马克思指出，"现在的社会不是坚实的结晶体，而是一个能够变化并且经常处于变化过程中的有机体"[①]。今天的金融化世界，不只是一个变化过

[①] 《马克思恩格斯文集》（第 5 卷），人民出版社，2009，第 10~13 页。

程中的有机体，它本身还是资本有机体生出的一个新器官。在马克思所处的时代，"分工使他们成为独立的私人生产者，同时又使社会生产过程以及他们在这个过程中的关系不受他们自己支配；人与人的互相独立为物与物的全面依赖的体系所补充"①。那时，原本不相干的个人通过交换价值而构成互相的和全面的依赖，在今天的金融化世界中，毫不相干的个人通过各种金融账户中的数据及其流动、变化而构成他们的社会联系；那时的个人通过货币行使权力（支配他人或支配社会财富），在今天的金融化世界中，人们通过金融账户中的数据及其流通机制行使权力，人们的社会权力及与社会的联系从"衣袋里"转换到金融账户之中。人与人之间的社会联系变得越来越疏离、越来越孤立、越来越任性、越来越隐蔽，表面看来，人与人之间似乎没有了联系，取而代之的是只和机器、数据、金融机构有联系，甚至还有人认为在互联网经济条件下，已经不存在剥削，因为这种条件下的劳动不属于雇佣劳动。然而，现实远没有这么简单，以金融化为切入点，深入唯物史观深处，我们发现今天的资本金融权力体系是一种新的社会关系，人与人之间的关系在这里表现得更加隐秘却也更加惊心动魄。金融空间是通过金融创新生产的一种物化了的"人的本质力量"，而这种物化力量所遵循的规律推动着整个社会经济体系的运行，因为这一规律作为一种强制性的定在，导致原有的以物质劳动为主体的资本逻辑逐渐演绎为以非物质劳动为主体的金融的逻辑。从唯物史观的角度考察，这种空间生产至少具有以下三个方面的意义。

（一）资本权力通过空间生产集聚

空间生产通过耗费和支配劳动者拥有的自然力而凝结新的社会关系力量。金融领域的空间生产仍然是对劳动者拥有的自然力，即劳动力（主要是对想象力的支配，这时的劳动力主要表现为非物质劳动，如果把劳动力加以层次划分的话，最高层次的劳动力恐怕甚至只是一种想象力，即创意思维能力）的耗费和支配（尽管主要是非物质性劳动的耗费和支配），在空间生产过程中，抽象劳动凝结在空间中形成新的社会关系力量，从而成为新的资本权力。在空间生产过程中，资本权力对劳动力的占有权转化为对

① 《马克思恩格斯文集》（第5卷），人民出版社，2009，第129页。

劳动行为的支配权，这样的资本权力乃是一种物化（尽管有时不是可见的物，只是观念的存在）了的权力，是由资本金融权力体系的运行方式所执行的权力。资本金融权力体系的运作过程既服从于资本逻辑，又高于资本逻辑，这种资本逻辑不断推进的过程中有一个重要的环节就是金融创新，执行金融创新的劳动凝结到资本金融权力体系中，并转化为新的社会关系力量，成为资本的流通空间，乃至资本权力运转的基础。资本金融权力体系的运作通过资本流通所遵循的自然规律表现出来，金融空间作为一种物化了的客观力量展现为资本的意志，它所服从的物质化的资本逻辑已经反转为金融的逻辑。如果把空间作为劳动产品加以分析，它也具有二重性，价值在于使权力发生聚变，使用价值在于推动资本流动与集聚，无论是从价值看还是从使用价值看，它都是资本权力集聚的物质化条件和关系性实体。

（二）资本权力在流动中实现放大

金融空间因资本流动而存在，没有资本流动，金融空间就不成其为金融空间。

从金融创新的动机到空间生产的目的实现是资本权力的放大过程，同时也为资本权力放大提供新的条件。资本通过吮吸非物质劳动生产出空间，这种空间生产把劳动价值凝结为一种市场权力，这种权力不仅能激活未来时间，而且可以通过快速的市场交换而占有所有时间。这中间，资本为承担金融创新的劳动所付的报酬虽然比承担物质性劳动所付的报酬高得多，但是相比这种劳动所激活的未来时间及全时空的资本流动而言，这种报酬也仅仅是一个有限的数字而已。金融创新所激活的未来时间与为承担金融创新的劳动所付的报酬之差成为空间生产创造的剩余价值，金融资本所拥有的市场权力的放大倍数随着杠杆率的变化而实现迭代式变化，资本金融权力体系通过对承担金融创新之劳动以及与此相应的技术条件和社会劳动的吮吸而放大了资本权力，生成新的资本权力的运作场域，以此完成了空间生产。时空的叠加表现在现实经济生活中就是资本权力的放大，而且往往是成指数式的放大。

（三）资本权力在时间与空间叠加中发生聚变并通过空间分割价值

这里资本权力聚变主要体现在分割剩余价值的形式转变为直接分割，

而且力度发生了深刻变化。"劳动过程只是价值增殖过程的手段，价值增殖过程本身实质上是剩余价值的生产，即无酬劳动的对象化过程。"① 金融化语境中的空间实质上是为剩余价值生产创造条件或为分割剩余价值创造条件（笔者主要关注后者），空间生产是创造这种条件的劳动过程。资本通过资本金融权力体系的运作实现直接分割价值的最终目的。每一项金融创新都有其自身固有的目的，同时，每一项金融创新都毫无疑问地扩大了流通机器的运作空间。无论是已有产品中的剩余价值（过去时间），还是被激活的未来价值（未来时间），都必须在市场中通过流通与交换才能实现，这个价值实现过程就其本质而言，是全社会的财富以资本的形式在一个整体的层面上竞争性地分割全社会的剩余价值的过程。空间生产的巨大魅力在于它通过对未来时间的激活而吮吸所有的冗余（所有时间），不断推高经济系统的金字塔塔尖，以此形成对实体经济的挤压，并通过层层压力机制对物质性劳动形成强制性支配与压榨，迫使实体经济领域按照最低极限水平执行资本意志，这种压力机制不仅囊括所有时间，而且包罗全球范围内所有可能的空间。

马克思的资本积累不是加法积累，而是一个过程，过程反过来又影响原因。历史地看，资本有机构成中 G 代表积累的生产力，C+V 蕴含着生产关系的改进，当生产力达到一定高度，剩余价值不用全部投入再生产，而是沉淀下来，劳动者的收入作为原来可变资本中的一部分也沉淀下来，金融化从财富流转的角度看，就是使剩余价值和劳动者的收入全部流动起来。就整个世界来说，资本通过几百年的吮吸而进入一个富裕的时代，马克思的唯物史观有完整的时间链条，他的历史概念有极强的面向未来的属性，拥有过去、现在、未来的时间坐标，实体与时间、空间的关系。有没有这样一种实体，它存在着，却只是观念中的存在？今天看来，答案是肯定的。"赌博已经取代劳动，表现为夺取资本财产的本来的方法，并且也取代了直接的暴力。"② 社会财富在金融系统中的存在仅仅是一个数据形式，"所以它的运动和转移就纯粹变成了交易所赌博的结果；在这种赌博中，小鱼为鲨

---

① 《马克思恩格斯文集》（第 8 卷），人民出版社，2009，第 470 页。
② 《马克思恩格斯文集》（第 7 卷），人民出版社，2009，第 541 页。

鱼所吞掉，羊为交易所的狼所吞掉"①。这种"赌博"是资本权力在空间中的运动过程，权力之间的较量变为数据的较量。"随着全球经济增速的放缓以及各国对资本的竞争加剧，现在有理由认为，未来几十年资本收益率将远远高于经济增长率。如果再考虑初始财富越大回报就越高的效应，随着全球金融市场的发展，这种分化现象可能会被进一步强化，那么显然，前1%和1%的超级富豪的财富就会越来越多，与普罗大众的差距也会越拉越大。"② 所以，正如列斐伏尔所呼吁的，我们需要回归马克思的政治经济学批判传统，揭示这种空间生产所带来的社会关系的嬗变。

小　结

金融化进程是以空间生产为基础的资本权力聚变过程，被压缩的时间和空间在金融化世界中进一步被压缩并加速流动起来，而且这种权力在流动中还能够放大，资本权力在空间生产中发生聚变。在这一进程中，"观念的东西"可以兑换实在性的东西，其关键之处就在于这种"观念的存在"能撬动实体的人类生存世界。这种"观念的东西"的来源需要理论上的确认，所以，对于金融化世界资本权力聚变还需要回到劳动价值论的层面加以解释，即从生产劳动与非生产劳动的角度加以分析，只有这样才能进一步揭示金融化世界的权力结构及其变化过程。

---

① 《马克思恩格斯文集》（第7卷），人民出版社，2009，第498页。
② 〔法〕托马斯·皮凯蒂：《21世纪资本论》，巴曙松、陈剑、余江等译，中信出版社，2014，第478页。

第五章　资本金融权力体系的显微解剖学检查与全时空场域的发现

【本章提要】资本金融依托全球化、金融化实现空间的不断生产和未来时间的最大化激活。全球化不以人的意志为转移的发展形式是现实时空资本逻辑直线运动的必然结果，而且资本逻辑以金融的逻辑显现自身。资本金融是资本逻辑对未来时空无限激活的必然结果，更是资本逻辑与人类自我意识的互动及显现。揭示资本金融自然属性的目的是揭示其背后的社会属性，因为资本金融本质上是一种权力体系，它盘踞于整个经济体系的最顶端，在空间生产与时间生产的全时空场域中实现以未来时间为中介的权力再分配，从而不断酸蚀并定义着人类生存世界。

20 世纪上半叶的世界战争与下半叶的经济转型加速了全球化的进程，进入 21 世纪，全球经济最大的特征就是继全球化之后实现了金融化，金融化迅速成为整个世界的主流。通过资本金融权力体系的运作，所有财富都转变为流量进入流通领域，进一步讲，就是全时空金融场域的运作使所有人的激情、欲望、任性都在这里活跃着，上亿元的资产瞬间缩水抑或发生所有权的更易已不再是神话。权力的最小单位就是"无差别的人类劳动的凝结"[1]，这种劳动等同于其他任何一种劳动，因为一件商品的价值形式"不再是只同另一种个别商品发生社会关系，而是同整个商品世界发生社会关系"[2]。这种与整个商品世界发生的社会关系说到底是人与人之间通过生命时间的消耗而凝结成的价值形式，从本质上说是人与人的生命关系，这种生命关系的量度在马克思那里抽象为"抽象劳动时间"，这种由抽象劳动

---

① 《马克思恩格斯文集》（第 5 卷），人民出版社，2009，第 79 页。
② 《马克思恩格斯文集》（第 5 卷），人民出版社，2009，第 79 页。

时间凝结并转化而来的权力可以在市场交换中得到提取和集中。所以，权力生成的最小单位是在总劳动中用人的生命时间计算的劳动价值，即抽象劳动时间，这里，时间的生产反转为权力的生成。需要注意的是，这里的时间①不是自然立法时间，而是指马克思的抽象劳动时间，是属人的、能动的历史时间，它是一个关系性实体。金融通过不断地创造空间②而激活未来的时间、吮吸过去的时间，并且将时间与空间加以叠加、融合，形成一个强大的运作场域，如同一台超大型加工机（这是一个资本总体性的金融加工机）。一切财富都被吸入这一机器，出来的还是财富，但是它所负载的权力却发生了重大变化，而且这种变化如同一个"黑洞"，看上去是无止境的、是可无限延伸的。事实上，人们在这一体系中获得多少自由就承受多少支配，承受多少支配就获得多少自由，人们的生存世界构成资本金融权力体系中的诸多关节点，被资本金融的时空属性所定义。

一　金融化：资本逻辑对未来时空的激活

在马克思的资本总体性思想与总体性抽象法指引下，我们发现资本逻辑不可能自我完成，它必须借助人类的自我意识加以推进，这是一个资本与精神互动的过程，而未来的时间与空间在这一过程中不断被延展。

（一）资本逻辑：资本总体性的内在规律

所谓资本总体性是指"资本向总体发展并且必然生成总体"③的属性，是资本在占据社会主导地位的前提下，开始全面总体化的趋势。④资本总体性的实现过程就是历史向世界历史的转变过程，在马克思那里，世界历史就是资本的历史，"历史向世界历史的转变过程，也就是资本逻辑的展开过程"⑤。资本逻辑从最深的层次上标志着资本的独立本质，资本逻辑通过总体性使自己的独立本质得以延续、稳固。同时，资本逻辑只有在资本总体性的内在规律运动中才能获得生存和发展。二者内在关联的前提条件是都

---

① 宁殿霞：《金融化：时间与权力的同构》，《人文杂志》2019 年第 12 期。
② 宁殿霞：《金融化：空间生产与权力聚变》，《贵州社会科学》2018 年第 9 期。
③ 彭宏伟：《资本总体性——关于马克思资本哲学的新探索》，人民出版社，2013，第 32 页。
④ 彭宏伟：《资本总体性——关于马克思资本哲学的新探索》，人民出版社，2013，第 32 页。
⑤ 白刚：《〈资本论〉的世界历史意义》，《山东社会科学》2015 年第 1 期。

把资本视为一种社会有生力量，都以资本有机体理论为前提。资本逻辑是资本总体性的运作机制，资本总体性是资本逻辑的终极目标。在马克思资本有机体的视域中，资本逻辑与资本总体性既不能相互否定，也不能简单替代，二者是一种辩证关系。离开资本逻辑谈资本总体性，资本总体性就会丧失根基，没有方向，不知所终；离开资本总体性谈资本逻辑就如同迷失自我，举棋不定。资本总体性与马克思的总体性抽象法同等重要。对资本总体性与资本有机体、物质生产、资本逻辑之间关系的分析表明，资本总体性范畴具有独立的地位和价值，是马克思的总体性抽象法在把握资本主义社会过程中的不可或缺的基本概念。人们对总体性抽象法不够重视而导致对资本总体性的研究尚未全面展开。

马克思不可能详细地分析 21 世纪资本金融的资本总体性，但是，马克思的资本总体性思想与总体性抽象法为我们分析资本金融指明了正确的方向。资本金融所显现的资本总体性是资本在 20 世纪 80 年代以来的新表现，是资本逻辑形而下直线运动的必然结果。资本总体性以资本逻辑为根本前提，与其他社会力量共存而形成相互作用的辩证关系，并通过这种相互作用从其他社会要素中汲取社会营养，维系资本逻辑。资本金融导致的资本全球流动以及金融危机对我们的影响表明，我们只要参与经济全球化，就既是资本总体性的剧作者，又是它的剧中人，成为资本总体性中的一个个关节点，须臾脱离不了关系。列宁的《帝国主义是资本主义的最高阶段》也用总体性抽象法，深刻分析了资本总体性在私人垄断与国家垄断时期的运作机制与具体显现。皮凯蒂的《21 世纪资本论》也尝试运用总体性抽象法（虽然根本上采用的是形而上学方法）来分析 21 世纪的金融化世界，从总体性的角度剖析资本金融导致全球不平等的机理，虽然他的形而上学方法导致他的不平等研究只呈现出"冰山一角"[1]，但是他的研究也为我们进一步分析金融化世界的深层本质提供了可贵的资料。

（二）资本金融：人类自我意识的作用机制

资本逻辑是"资本运行所遵循的不以人的意志为转移的客观规律"[2]，

---

① 宁殿霞：《金融化视域中的数据幻象与全球经济不平等——重读〈21 世纪资本论〉》，《武汉大学学报》（人文科学版）2017 年第 4 期。

② 鲁品越、王珊：《论资本逻辑的基本内涵》，《上海财经大学学报》2013 年第 5 期。

但它不是脱离人而存在的物自体，也不可能自我完成，它必须通过人格化，借助人类的自我意识加以推进，而人类的自我意识也不是完全听命于资本的，而是对资本的能动的作用过程。也许有很多人认为这是一种自相矛盾的说法，但事实并非如此。

资本金融的资本逻辑是马克思唯物史观在 21 世纪的真实显现，正像黑格尔的《逻辑学》是 19 世纪绝对精神的"逻辑学"一样，《资本论》就是 21 世纪金融化世界的"逻辑学"。列宁说，"自从《资本论》问世以来，唯物主义历史观已经不是假设，而是科学地证明了的原理"①。我们认为作为"现代政治经济学的最重要的规律"② 利润率下降规律的发现"是马克思唯物史观从天才设想走向科学的根本依据"③。利润率下降规律作为马克思政治经济学批判的轴心原理，深刻揭示了"利润率下降规律决定了资本积累，进而提高生产力"的根本规律。马克思"把经济的社会形态的发展理解为一种自然史的过程"④。"如维科所说的那样，人类史同自然史的区别在于，人类史是我们自己创造的，而自然史不是我们自己创造的。"⑤ 既然"自然史不是我们自己创造的"，那么，马克思笔下的"经济的社会形态"不就与人类没关系了吗？把经济的社会形态的发展理解为一种自然史的过程的理论根据是什么呢？这些问题一直影响着人们对唯物史观的理解。其实，利润率下降规律的发现给出了科学答案，同时，这一规律也成为理解资本金融的理论枢纽所在。从更深层意义上说，21 世纪资本金融逻辑就是马克思唯物史观在当代最深刻的具体表现。

这一规律通过物化劳动起作用，其中的奥妙在于物化劳动。无论是进入资本主义社会以来的人类历史还是进入原始社会以来的人类历史，无一例外的是人类有意识的实践活动产物，而人类的任何实践活动无一例外地需要诉诸物质生产活动才能得到最终实现。马克思所处的时代以生产资本为主导，资本家为获取超额利润而不得不将利润对象化为不变资本，提高资本有机构成，从而提高生产率。资本家有意识的活动最终通过利润（剩

---

① 《列宁全集》（第 1 卷），人民出版社，2013，第 114 页。
② 《马克思恩格斯全集》（第 31 卷），人民出版社，1998，第 148 页。
③ 宁殿霞：《破解"利润率下降规律之谜"》，《当代经济研究》2016 年第 5 期。
④ 《马克思恩格斯文集》（第 5 卷），人民出版社，2009，第 10 页。
⑤ 《马克思恩格斯文集》（第 5 卷），人民出版社，2009，第 429 页。

余劳动）的物化得到实现，就社会总资本而言，这一过程使整个社会的生产力得到提高。也就是说，资本家通过主观意识能动地物化剩余劳动，其结果是形成了包含着"生产力提高趋势"的独立于人存在的物化劳动的世界。这种包含着人类目的和意识的实践活动中的人类社会关系一旦形成物质化的生产力，它就作为一种客观力量成为社会实践的前提条件，这种物质存在条件反过来决定着以此为生活条件的人们的意识，并且人们在这种意识指导下不断进行着剩余劳动的物化。"这种在既往物质化的劳动产品与劳动关系下进行的劳动是一种客观的'物化劳动过程'，它遵循着不以人的意志为转移的客观逻辑。这个过程的不断地历史积累，形成了马克思在《资本论》中所说的社会发展的'自然史过程'。"① 在资本金融权力体系的运作过程中，大量的积累起来的剩余价值不再最大化地物化为生产领域的不变资本，而是最大化（无限性）地转化为金融领域的金融空间以及其中的筹码。随着资本金融的不断推进，物化劳动不再以不变资本的形式出现，而是通过空间化不断展现自身。今天的金融化世界依然是一个"自然史的过程"，一方面显现出人类自我意识的能动性，另一方面又依托空间化的资本逻辑起到了不以人的意志为转移的决定作用，只是这种自然史更加任性、更具有不确定性、权力更加脱域、作用发挥得更加迅速。

二　全时空：权力聚变与资本金融权力体系的实质

资本金融权力体系运作场域的生成在时间上呈现为未来的无限性，在空间上呈现为金融全球化的无限性，这种无限性通过以未来时间为中介的再分配得到不断推进，它承载着自然属性与社会属性两种关系力量。

（一）资本金融权力体系全时空场域的生成及无限性

全时空是被历史化的时间和空间，这个全时空概念成立的基础是金融化，乃至金融全球化的出现；成立的机制是价值通约，不仅通约了过去的所有时间、通约了未来一切可能的时间，而且使这些时间在全球范围的实体空间和非实体空间中"永不停止地永久交易"。这个全时空是金融资本在金融全球化场域中的时空表达，它在时间上具有无限性，因为未来可能的

---

① 鲁品越、王珊：《论资本逻辑的基本内涵》，《上海财经大学学报》2013 年第 5 期。

价值是依靠欲望、激情、任性而随时变动的，可以说意识有多远，未来的时间就有多远；它在空间上也具有无限性，因为要实现未来时间就必须依托一定的空间，未来时间有多远就需要实现这一时间的空间有多广，空间代表着无限的精神创意，它也具有无限性。这个时间与空间相互作用形成正反馈机制，从而构成资本金融的全时空场域。全时空场域至少包括三个方面的内涵：首先，全时空是全部历史时间与历史空间的总称，囊括迄今为止人类创造的所有财富；其次，资本金融的生命力在于"永不停止地永久交易"，所以这个"全"又表示资本金融的全速循环；最后，因为空间可以无限创意，时间可以无限激活，所以全时空的"全"又表示时空的无限性。

金融时代已经来临，资本金融权力体系通过已有的和不断生产的空间（金融产品、金融杠杆等）来不断激活未来的时间，并以未来的时间为中介操控过去和现在的时间，从而定义整个生存世界：一是资本金融权力体系经由空间操控着全时空（过去、现在、未来），要么通过过去博取未来，要么通过未来博取现在，要么通过过去经由未来博取现在；二是金融对未来时间的不断激活，注定它具有无限可能性和不确定性；三是金融对人类生存世界的全方位定义，它已侵蚀了人的精神世界，指导人们作出金融理性的判断。资本金融说到底就是人们不断生产空间并通过空间对历史时间进行集聚的过程。

（二）资本金融全时空场域的二重性及实质

资本金融全时空场域具有二重性，它承载着两种关系力量：一是由时间、空间，以及二者叠加关系上的自然属性，承载的是时间、空间作为可通约的交换价值；二是人作为时间、空间所有权的承担者在时间、空间被重组之后所具有的人与人之间关系的社会属性，承载的是人作为时空所有者的权力关系。对生存世界表层现象的分析以及全时空自然属性的揭示只是一种手段，而真正目的在于对人与人的社会关系这一深层本质之社会属性的揭示，所以，分析资本金融的全时空场域一方面是为了说明现代资本金融权力体系的运作机制，另一方面，也是更重要的方面，是为了说明现代资本金融权力体系背后的社会关系，即人与人之间、人与社会之间、国家与国家之间的权力关系。

首先，全时空场域作为一个物化了的关系性实体有着其自身的自然属性，21世纪的人类生存世界通过资本金融权力体系来实现，最终生成了金融化世界，人们通过这种物化世界来实现自身的社会关系。人们只能在这种物化的世界中进行实践活动，并由此决定着人们的社会意识以及这种社会意识下的劳动。"自从《资本论》问世以来，唯物主义历史观已经不是假设，而是科学地证明了的原理。"① 列宁这一论断的深刻意义在于揭示了《资本论》与唯物史观的内在关联，尽管他并没有指明其中的关联点在于利润率下降规律，但是至少对我们理解马克思提出的"自然史的过程"提供了很多帮助。历史之所以不以人的意志为转移就是在物化的基础上不以人的意志为转移，所以资本金融的全时空场域在其自然属性上已成为一种绝对的定在。其次，全时空场域的社会属性。资本金融的全时空场域虽然具有客观存在的自然属性，但它是人类有意识实践的产物，表面的自然存在背后是激烈对抗的人与人的权力关系，是社会经济结构历史演化的过程。人与人的经济权力就是配置资源的权力，离开这种权力关系，任何经济活动都将不再可能，那些使用劳动力最少的资本拥有者之所以能够驱动拥有大量劳动力的实体经济，其原因就在于他们"口袋里装着"的社会权力不同。所以，立足社会关系力量考察资本金融的全时空场域是揭开资本金融权力体系的密钥。最后，全时空场域下人类生存世界的权力关系。在资本金融权力体系这个由人类自己打造的对象化存在面前，人与人之间的社会关系到处充满着对抗性，从总体上表现为四个层面：其一，人与自身的对抗；其二，人与他人的对抗；其三，人与自然的对抗；其四，国家之间的对抗。马克思的《资本论》中，几乎所有的范畴都具有二重性，充满着一对一对的二律背反，事实上，全时空的资本金融权力体系同样具有极强的二重性，即自然性和社会性。第一，自然性——必然导致两极分化（全球范围、地区范围）；第二，社会性——必然导致疏离（人与人、人与自然、人与自身之间），这是全时空场域内在的分化动力。

小 结

康德认为人类最大的进步就是发现了未来。资本金融就是通过各种合

---

① 《列宁全集》（第1卷），人民出版社，2013，第114页。

约的形式索取未来时间或以未来时间为中介索取他人的财富。一是对未来时间的发现；二是信用的产生与发展。把产权索取摆放到未来的时间点上，从而获得了交换空间。对未来价值链疯狂能动地运用，也就是激活未来的时间，并且通过金融手段将其放在当下进行交易，使未来时间资源加上精神创意与意识的能动性成为更具想象力的存在，而且资本金融的空间无限性给资本提供了排除所有内在障碍的可能性。从资本金融全时空场域的深入分析可知，金融化世界是一个物质劳动从属于非物质劳动的世界，总体上看，劳动依然从属于资本。全时空意味着资本金融对人类生存世界的全面激活，同时也意味着对人类生存世界的全面定义。

第六章 资本金融权力体系生成中劳动范畴内涵的嬗变

【本章提要】在资本金融权力体系生成过程中，生产劳动与非生产劳动的内涵及相互关系发生了重要变化。生产劳动的主要属性在于空间生产，而非生产劳动的主要属性在于充盈空间。生产劳动逐渐从物质劳动转向主要从事空间生产的非物质劳动，这种非物质劳动主要通过精神创意的金融叙事完成，它虽然没有创造出具体的物，但创造了经济空间，这个经济空间作为一种价值实体，生成实现价值并进行权力重组的资本金融权力体系。非生产劳动即流通性劳动，在资本金融权力体系生成过程中，非生产劳动的地位迅速上升，它不仅能实现已有的价值，还能兑现未来的价值，流通过程本身反转为交换价值，资本权力在此基础上实现聚变。非生产劳动过程也即流通空间的实现过程，非生产劳动地位上升不仅意味着社会整体财富的增长，而且意味着金融化的社会关系已成为一个物化的社会关系实体。金融化的现实表明生产劳动通过对资产的打包、叙事、销售而激活未来时间，从而创造了以未来时间为中介的流通机器，致使属于非生产劳动的流通性劳动的地位迅速上升。在流通空间中，非生产劳动能够产生财富极化效应，这导致资本金融权力体系对实体经济的支配。非生产劳动地位上升是资本金融权力体系的主要特征之一，这一现象不仅与资本积累密切相关，而且与贫困积累密切相关。

我国经济学界关于生产劳动与非生产劳动的区分及相关研究从 20 世纪 60 年代开始，并在 60 年代、80 年代、90 年代分别形成三次讨论热潮，主要围绕如何正确理解马克思的生产劳动与非生产劳动、如何理解两种劳动在社会主义条件下的划分标准、如何在两种劳动的基础上对国民经济进行科学的计量三个方面展开，研究成果颇丰。实际上，老一辈经济学家对于生产劳动、非生产劳动、第三产业、金融保险业已作了很多精辟分析。例如，孙冶方指出："物质生产和'精神生产'的界限是不能混淆的。"① 于光远认为，两种劳动"关系到整个资本主义生产关系研究的问题，属于政治经济学基础的问题"②。也就是说，对于从事物质生产的生产劳动和从事非物质生产的非生产劳动必须加以区分，这一点非常重要。进入 21 世纪以来，金融化的迅速发展使这两个概念原本比较清晰的界限逐渐模糊起来，变化了的经济现实期待着学者们沿着老一辈经济学家的足迹继续潜心钻研，把对金融化现象的认识上升到政治经济学批判的高度。目前，学界关于金融化的研究大都存在这样的假设，即金融领域本身并不创造新的价值。这一假设一直在未加反思与追问的条件下被接受。如果金融领域果真不创造价值，那么为什么金融业还会如此繁荣？为什么金融化的进程会如此迅速？笔者认为，其中最根本的问题在于我们需要像马克思那样，运用政治经济学批判的方法，从"显微解剖学"的层面重新认识非生产劳动在资本金融权力体系③中的作用与地位；进一步讲，就是需要揭示劳动范畴在资本金融权力体系中的内涵；再确切一点，就是随着金融化进程的日益深化，重新认识并区分生产劳动④与非生产劳动的内涵及本质是非常必要的。与生产劳动一样，非生产劳动也是资本金融权力体系中的核心范畴之一，它的意义及对社会关系的强化作用甚至超过生产劳动。本章通过对资本金融权力体系生成中生产劳动与非生产劳动的关系，资本金融权力体系生成中非生产劳动地位上升的积极效应，资本金融权力体系中的金融叙事与生产劳动内涵嬗变的隐忧，资本金融权力体系中非生产劳动的权力极化效应及其影响

---

① 孙冶方：《关于生产劳动和非生产劳动、国民收入和国民生产总值的讨论——兼论第三次产业这个资产阶级经济学范畴以及社会经济统计学的性质问题》，《经济研究》1981 年第 8 期。

② 于光远：《马克思论生产劳动和非生产劳动（读书笔记）》，《中国经济问题》1981 年第 3 期。

③ 通常而言，经济金融化是指全部经济活动总量中使用金融工具的比重已占主导地位，它是经济发展水平走向高端的表现。而金融化世界是指金融的范式及价值原则对生活世界的侵蚀，它在政治生态圈、经济生态圈、文化生态圈及社会生活生态圈里占据十分重要的位置，社会在诸多方面受到金融活动的控制并产生实质性影响。参见张雄《金融化世界与精神世界的二律背反》，《中国社会科学》2016 年第 1 期。

④ 金融领域生产劳动在其本质上是指从事金融空间生产的劳动，这种劳动赋予对象世界无形之"形"，它必须与非生产劳动并存才能显现自身，也就是只有被实现了的金融空间才成其为真正的空间，因为只有空间被实现才意味着未来时间被真正激活，所以，这种生产劳动不是独立存在的，而是与非生产劳动相互依存的。

四方面进行分析，以期揭示非生产劳动在资本金融权力体系中的作用机理，为当前"健全具有高度适应性、竞争力、普惠性的现代金融体系"① 提供理论参考。

一　资本金融权力体系生成中生产劳动与非生产劳动的关系

要解开资本金融权力体系运作的内在机制离不开对生产劳动与非生产劳动及其相互关系的研究，在金融化世界中，生产劳动和非生产劳动的内涵及表现形式均发生了深刻变化，而且二者的关系也呈现出新的特点。

（一）资本金融权力体系中生产劳动与非生产劳动的区别

生产劳动与非生产劳动及其相互关系在马克思主义理论研究史上一直都是一个非常重大的而且有争议的课题。劳动范畴内涵的变化与资本、阶级、分配等一系列核心范畴内涵的变化是同步的。21 世纪以来，金融化在全球范围内得到了迅猛发展，这需要我们对资本金融权力体系中生产劳动与非生产劳动及其相互关系进行深入研究，解开资本金融权力体系运作的内在机制及奥秘。尽管曾有人认为劳动只适宜作生产或流通、具体或抽象的划分，"而不宜划分为生产劳动和非生产劳动两种不同质的劳动，也不宜再使用生产劳动和非生产劳动这两个概念"②，但是，要澄清金融化的内在机制，就必须对劳动范畴进行考察，必须厘清生产劳动和非生产劳动的内涵及表现形式。资本金融权力体系中的劳动范畴至少有三方面的问题需要思考：其一，资本金融权力体系中哪些劳动属于生产劳动，哪些劳动属于非生产劳动；其二，资本金融权力体系中的劳动到底是创造价值还是耗费价值，抑或二者皆有；其三，创造资本金融权力体系的主体属于生产领域还是流通领域，抑或二者皆有。对于这些问题的回答都需要回到马克思的资本有机体理论："这种有机体制本身作为一个总体有自己的各种前提，而它向总体的发展过程就在于：使社会的一切要素从属于自己，或者把自己还缺乏的器官从社会中创造出来。有机体制在历史上就是这样生成为总体

---

① 中共中央党史和文献研究院编《十九大以来重要文献选编》（中），中央文献出版社，2021，第 282 页。

② 操竞东：《不应划分生产性劳动和非生产性劳动》，《价格理论与实践》1986 年第 6 期。

的。生成为这种总体是它的过程即它的发展的一个要素。"① 资本有机体对于理解资本金融权力体系中的生产劳动至少有三方面帮助：首先，21世纪的资本更接近它的总体性，资本金融权力体系是马克思笔下的资本有机体在21世纪的"新器官"，与生产领域的资本相比，资本金融权力体系的主体属于流通领域，尽管这一体系与生产领域密不可分；其次，资本金融权力体系中的劳动有的创造价值，有的耗费价值，这两方面在生产过程中形成协作关系，并且是与价值关系、社会生产关系密切联系在一起的；最后，在资本金融权力体系中，创造 G—G′ 这一流通机器的相关劳动属于生产劳动，而实现这一流通机器的劳动则属于非生产劳动。

（二）生产劳动从物质劳动转向了非物质劳动

生产劳动是指"生产资本的雇佣劳动"②，它首先是雇佣劳动，对应的是可变资本，其目的不仅是要把这部分资本再生产出来，而且要有增殖的剩余部分，"只有创造的价值大于本身价值的劳动能力才是生产的"③。20世纪50年代美国发生的最大的变化是"白领工人人数第一次超过蓝领工人的就业人数"④。这意味着人类开始告别本能化生存时代，知识经济与智能化生存时代逐步开启，这也标志着非物质劳动在美国逐渐占据主导地位。讨论资本金融权力体系中的生产劳动首先需要区分物质劳动与非物质劳动之间的差异。在金融化背景下，社会的生产方式、劳动方式和交往方式发生了深刻变化，马克思所处时代的以机器为依托的物质劳动正在逐步转向以计算机、通信、人工智能为依托的非物质劳动。如果说马克思所处时代是以生产资本为主导的，21世纪是以金融资本为主导的，那么可以说，马克思所处时代的劳动以物质劳动为主导，而今天则是以非物质劳动为主导，而且非物质劳动正逐渐取代传统工业生产物质劳动的主导地位并对其生产形式构成一种实质意义上的"霸权"。意大利学者莫利兹奥·拉扎拉托将非物质劳动界定为"生产商品信息和文化

---

① 《马克思恩格斯全集》（第30卷），人民出版社，1995，第237页。
② 《马克思恩格斯文集》（第8卷），人民出版社，2009，第213页。
③ 《马克思恩格斯文集》（第8卷），人民出版社，2009，第213页。
④ 〔美〕丹尼尔·贝尔：《后工业社会的来临——对社会预测的一项探索》，高铦、王宏周、魏章玲译，新华出版社，1997，第146页。

内容的劳动"①。推崇这一思想的学者认为后工业时代的生产方式确实发生了巨大变化，哈特、奈格里作为后现代宏大叙事的代表人物，正是对新的经济现实加以理论抽象，才写就了后现代革命的三部曲《帝国——全球化的政治秩序》《多众》《共同体》。哈特、奈格里对非物质劳动的剖析和升华使这一概念更加丰富，他们指出："大多数服务的确以信息和各种知识的持续交换为基础。既然服务的生产导致缺失物质的和耐用的物品，我们将这一生产所涉及的劳动定义为非物质劳动——即生产一种非物质商品的劳动，如一种服务，一个文化产品、知识或交流。"② 从价值创造角度看，金融化带动了劳动范畴内涵的重大历史转向。流通领域的劳动是生产劳动在流通领域的延伸，"它们可以产生于这样一些生产过程，这些生产过程只是在流通中继续进行，因此，它们的生产性质完全被流通的形式掩盖起来了"③。这种劳动虽然发生在流通领域，却仍然提供新的使用价值，是创造价值的生产劳动，抑或让使用价值具有了新的时间、空间形态。

（三）资本金融权力体系中生产劳动的内涵及特征

生产劳动在资本金融权力体系中表现为从事空间生产的劳动，它以非物质劳动为主要劳动形式。劳动形式的转化与生产力水平之间存在密切的关联，劳动范畴内涵的每一次嬗变都有着相应的生产力水平的飞跃。例如，20 世纪 50 年代后工业社会的来临意味着非物质劳动超越物质劳动占据主导地位；20 世纪 80 年代金融创新带来的金融化意味着金融资本超越产业资本占据主导地位，与此对应的是非物质劳动中的生产劳动，即从事金融创新的劳动超越物质劳动中的生产劳动而占据主导地位。这种劳动范畴内涵的嬗变在其现象上表现为金融对实体经济的操控与统摄。金融领域生产劳动在其本质上就是从事空间生产的劳动，这种劳动赋予对象世界无形之"形"，创造一种无物之象。这种劳动创造的产品既无形又无物，它只是在人们心理上、社会制度上存在的一种关系力量，它必须与非生产劳动并存

---

① 转引自唐正东《非物质劳动与资本主义劳动范式的转型——基于对哈特、奈格里观点的解读》，《南京社会科学》2013 年第 5 期。
② 〔美〕麦克尔·哈特、〔意〕安东尼奥·奈格里：《帝国——全球化的政治秩序》，杨建国、范一亭译，江苏人民出版社，2008，第 283~284 页。
③ 《马克思恩格斯文集》（第 6 卷），人民出版社，2009，第 154 页。

才能显现自身，也就是只有被实现了的金融空间才能成其为真正的空间，因为只有空间被实现才意味着未来时间被真正激活，所以，这种生产劳动不是独立存在的，而是与非生产劳动相互依存的。金融创新的承担者之所以是生产劳动者，金融创新所消耗的劳动之所以是生产劳动，并不单单是因为他们生产出了新的空间，而是因为他们生产的空间能够使资本获得更加丰厚的剩余价值。

金融化导致非物质劳动的劳动过程本身变得更加抽象、任性、脱域，其中生产劳动也表现出鲜明的时代特征：一是劳动过程本身与马克思所处时代不同，不再受资本家监督，表面上看似乎生产的产品也不为资本家所占有；二是马克思所处时代的直接生产反转为间接生产、加工物质产品反转为加工非物质产品，甚至只是讲一个故事、作一个叙事，不生产任何实物产品；三是马克思所处时代的原料、机器、厂房等劳动资料变为计算机、通信与劳动者的精神创意，马克思所处时代专业化、集聚化的劳动越来越反转为分散化、个性化、生活化的状态，甚至足不出户便可以完成劳动的全过程。"有目的的活动或劳动本身，劳动对象和劳动资料"[1] 是马克思在《资本论》中框定的劳动三要素，马克思所处时代生产社会化与生产资料的私人占有之间的根本矛盾在今天似乎"消失"了，而这正是资本金融权力体系中生产劳动的典型特征。从事金融领域生产劳动的人越来越趋于个性化、独立化，劳动本身转向了以精神创意为主导的对象化过程；劳动对象是未来，即对未来时间的想方设法地激活；劳动资料则是技术高度集聚的通信、数字、"云"以及精英们的无穷智力。

（四）资本金融权力体系中非生产劳动的内涵及特质

非生产劳动不创造价值，这在资本金融权力体系中也不例外，然而它却能使资本绕开生产，直接进行交易。在资本金融权力体系中，非生产劳动与生产劳动密切相关，一方面，生产劳动为非生产劳动提供流通空间；另一方面，非生产劳动又是流通空间得以畅通的条件。流通空间在这里是指金融资本完成自身循环过程 G—G′ 的流通机器。

资本金融权力体系中非生产劳动的内涵在于它只进行为了赚钱的交易而

---

[1] 《马克思恩格斯文集》（第5卷），人民出版社，2009，第208页。

不生产价值。货币经营业的繁荣是金融化的必然结果，而生产与流通在资本主义再生产条件下会出现矛盾是因为为消费而交换和为交换而交换明显不同。在资本金融权力体系中，资本市场中的交易几乎与消费没有直接关系，而是一种为盈利而进行的交易。简而言之，即为了交易而交易。资本金融权力体系内部的交易受金融产品买和卖之间的差额支配。随着盈利预期与交换动机的变化，传统的为满足消费而生产的生产目的逐渐转向为赚钱而生产，非生产劳动便是为了赚钱而不辞辛苦的劳作。这种生产目的的转变，导致生产与消费关系发生颠倒，以金融创新为引擎的货币经营业异军突起，成为这种颠倒的必然结果，赚钱、赚快钱、赚钱快成为非生产劳动的驱动力。

　　资本金融权力体系中非生产劳动具有以下三大特质。第一，非生产劳动通过流通空间吮吸社会财富。① 总体而言，非生产劳动过程是生产劳动所创造的价值的实现过程，就金融化进程中的劳动本身而言，非生产劳动一方面使生产劳动创造的流通空间得以实现，另一方面又调动各种形式的财富进入金融领域，即吮吸社会闲散财富。第二，非生产劳动表现为金融从业者的撮合与交易。这种劳动的执行者便是罗伯特·希勒在《金融与好的社会》中描述的金融从业者，这些金融从业者的核心工作之一是通过撮合交易将人们日常的愿望、抱负联系起来、结合起来。各种金融方案是这些交易的表层元素，不论这些交易的规模大小。撮合交易意味着推动各类方案的执行，而这些方案能够促使人们采取实际行动——通常情况下采取共同行动的将是一大群人。第三，非生产劳动独立于实体经济又离不开实体经济。资本金融权力体系与实体经济渐趋分离，甚至能够独立于实体经济而存在，尽管内在深层联系使二者不可分离。资本金融权力体系中的空间生产过程既生产了可供交换的金融产品，又生产了剩余价值，这里的剩余价值不是已经创造出来的价值，而是指在流通空间中被激活的未来可能的价值。尽管这种价值并不一定能够完全实现，但其关键在于能激发人们的欲望，从而能将社会闲散财富吸收到资本金融权力体系中。

（五）金融化进程中的非生产劳动离不开生产劳动

　　资本金融权力体系中的生产劳动是非生产劳动的前提，所以，在了解

---

　　① 财富在本章中主要是指可供积累、可货币化、可商品化、可证券化的"死劳动"。

非生产劳动的内涵及特质的基础上，必须了解金融化进程中的生产劳动为
这种非生产劳动提供了什么样的流通空间。进一步讲，就是要探明资本金
融权力体系是通过什么渠道吮吸社会财富的，而这也正是笔者考察非生产
劳动的目的之一。首先，金融化进程中的生产劳动与非生产劳动是相互依
存的，有什么样的生产劳动，就会有什么样的与之相适应的非生产劳动，
因此，对非生产劳动的考察绕不开生产劳动。其次，资本最初是在商品生
产过程与商品交换过程中通过对象化劳动占有他人的活劳动的。而在资本
金融权力体系中，资本在生产劳动所创造的流通空间中直接与资本进行交
易，这种交易以盈利为目的，不断吮吸社会财富进入流通空间。最后，非
生产劳动不在实体经济领域，又离不开实体经济领域，因为非生产劳动不
仅不创造新的价值，还消耗和再分配实体经济部门创造的剩余价值。皮凯
蒂"资本收益率大于经济增长率"这一结论中的资本收益正是来源于实体
经济领域劳动所创造的价值。总之，金融化进程中生产劳动创造的流通空
间是非生产劳动吮吸社会财富的条件。

我们不仅需要了解资本金融怎样运行，而且要了解资本金融权力体系
本身是怎样被生产出来的，即资本金融权力体系怎样从生产过程中产生并
发展起来的，这就要求我们进一步考察金融化进程中流通空间的生成机制。
金融化进程中生产劳动创造的流通空间是非生产劳动存在并得以发展的前
提，同时非生产劳动又是流通空间得以畅通的条件。创造流通空间的生产
劳动本身隶属于资本，它至少具有以下三个特点。第一，依然具有对立性。
金融空间生产出的产品在作为商品的同时，又成为流通空间。流通空间在
这里作为一种异己的、物的东西，同作为纯粹的生产劳动执行者相对立。
第二，依然具有强迫性。这种生产是更有利于资本主义生产方式的一种强
迫性劳动。从事流通空间生产的生产劳动的强迫性来自更深层次的无形力
量，追根到底，是利润率下降规律的作用，当然，这一点并不是本章要讨
论的内容。第三，流通空间具有物化劳动的性质。生产劳动在流通空间生
产中转化为流通空间本身，成为资本实现自身的新形式。不难看出，金融
领域的流通空间来源于生产劳动，流通空间并不是本来就有的，而是由生
产劳动创造的。总之，资本金融权力体系中的非生产劳动不仅离不开生产
劳动，而且离不开实体经济。

二　资本金融权力体系生成中非生产劳动地位上升的积极效应

金融化是社会整体财富增长到一定程度的必然趋势，资本金融权力体系中非生产劳动地位的上升在现实层面是资本主义克服自身矛盾的结果，在逻辑层面则是通过充盈流通空间而逐渐朝着资本总体性方向运动，在这一过程中，人与人之间的社会关系也在对抗中逐渐趋于整体性。

（一）　资本金融权力体系中非生产劳动地位上升与社会整体财富增长

社会整体财富的大量积累并不断增长是资本金融权力体系中流通空间生产的重要前提，而且只有流通空间实现有效充盈，流通空间才是有效的。流通空间充盈必须具备以下三大条件，这三大条件反过来又是资本金融权力体系中非生产劳动地位上升的体现。首先，流通空间充盈的先决条件是社会整体财富的积累，这样的财富积累使资本的构成发生了重大改变。过去以土地为主的财富虽然依旧占据极其重要的地位，但是随着工业革命的不断升级，住宅、工业、金融资产已经成为财富的主导力量。[①] 皮凯蒂在《21 世纪资本论》中将财富等同于资本正是这一变化在理论中的反映，这种改变是财富积累的必然结果，意味着社会整体财富的极大增加。资本金融流通空间的充盈只有在财富的形态逐渐从存量转化为流量时才成为可能和必然，而这一转化过程便是流通空间的充盈过程。其次，流通空间的充盈需要一个存量转化为流量的中间环节，这个环节就是人们对更高收益的预期以及为获取更高收益而实施的行动，这是生产劳动与非生产劳动相统一的中间环节。资本金融权力体系的生产劳动以更高收益预期激发人们的欲望与抱负，而作为非生产劳动的金融交易正是使这种欲望与抱负能够付诸实践的推动力，尽管有时候并不一定能够获取更高收益，流通空间也正是在生产劳动与非生产劳动的这种互动中不断壮大自身的。因此，资本金融权力体系中的非生产劳动虽然并没有创造价值，但它却是实现流通空间充盈的极其重要的因素。最后，非生产劳动能够让资本"绕过生产"这一"倒霉事"而直接分割剩余价值。商人在马克思那里"被看做是一种机器，

---

① 〔法〕托马斯·皮凯蒂：《21 世纪资本论》，巴曙松、陈剑、余江等译，中信出版社，2014，第 119 页。

它能减少力的无益消耗，或有助于腾出生产时间"①。绕过生产这一"倒霉事"，而且比生产更有获利预期，必然会得到人们的青睐，获利比例越高人们越是趋之若鹜。随着金融化的不断深入，原有的商人中分化出一部分专门从事货币买卖的人，他们能以更大的规模占有全社会的财富，同时，他们还可以按比这个规模更大的规模出售这些财富，或是在更大的时间、空间条件下进行更大规模的产权交易，推动财富流动，并把各种社会财富吮吸到流通机器中，从而将其转化为流量。这种交易本身就是非生产性的，但它却是资本金融权力体系中再生产的一个必需环节。这种职能在不断细化的社会分工中会分化出一个特殊的行业，那就是专门从事交易的"金融从业者"②。金融从业者所从事的撮合与交易既不生产产品，也不创造价值，它本身还会产生一种耗费。这种非生产劳动本身并不会使财富增加或减少，只是使财富因交易而开始流动，从而使财富的所有权发生变化，在财富转移与所有权变化的过程中产生一种非生产费用并加以扣除。社会总体财富增长是资本金融化的前提，具体表现为非生产劳动地位的上升。

（二）资本金融权力体系中非生产劳动地位上升与流通空间充盈

资本金融权力体系中非生产劳动具有充盈流通空间的作用，这是金融化社会关系的非生产属性。金融化进程中的生产劳动创造了流通空间，然而，如果没有非生产劳动，流通空间的形式和内容将得不到呈现。资本金融权力体系的非生产劳动虽然不创造价值，但如果没有这种非生产劳动，流通空间的功能也将难以实现，因为非生产劳动是实现流通空间功能不可或缺的条件。马克思指出："生产劳动与非生产劳动之间的区别仅仅在于：劳动是与作为货币的货币相交换，还是与作为资本的货币相交换。"③"生产劳动和非生产劳动的差别对积累是重要的，因为只有与生产劳动相交换才是剩余价值再转化为资本的条件之一。"④

流通空间充盈和金融从业者以及他们的奔走与撮合密切相关。撮合交易的核心意义之一就是"把不同时间、不同空间联系在一起，而且把与此

---

① 《马克思恩格斯文集》（第6卷），人民出版社，2009，第148页。
② 〔美〕罗伯特·希勒：《金融与好的社会》，束宇译，中信出版社，2012，第24页。
③ 《马克思恩格斯文集》（第8卷），人民出版社，2009，第530页。
④ 《马克思恩格斯文集》（第8卷），人民出版社，2009，第531页。

相关的所有人联系在一起，形成一个整体性的过程性存在"①。"我们正是通过市场才懂得交易对象的真正价值，而在很多情况下，这也是预示社会发展大方向的指标之一。"② 资本能够凭借"看不见的腿"走遍世界就在于金融从业者的运作，他们通过自身奔走与撮合，使作为存量的财富转化为流量，并在金融流通空间中流动。这种流动的结果会导致财富的所有权发生改变。历史上各个时期，推动社会财富流动的从业者始终扮演着重要的角色，正是他们的劳作使世界的联系越来越紧密。在资本金融权力体系中，这种金融从业者的非生产劳动能将身处世界各地原本可能根本不相干的人们锁定在形式多样的金融合约中。而锁定在这一流通领域并在其中流动的财富本质上是社会关系，因而这些合约也使得这一流通空间成为充盈的实体性存在。

区分生产劳动和非生产劳动对于认识资本金融权力体系具有重大意义。资本金融权力体系的重要特征之一就在于非生产劳动地位的上升，因为那些"不同资本交换，而直接同收入即工资或利润交换的劳动"③ 对金融化的推进作用越来越不可小觑，这种非生产劳动可以使工资或利润，甚至所有的固定资产都能从存量转化为流量，真正流动起来。同时，非生产劳动之所以能使原有存量转化为流量并获得一定的支配权，就在于它自身以足够的存量转变为流量加以撬动他人更多的存量。也就是说，在资本金融权力体系中，非生产劳动有一个前提条件——足够的存量（可货币化的财富或直接就是货币），因此，这里的非生产劳动是以足够量的货币财富为前提的流通性劳动。这种非生产劳动只是少数精英阶层能够从事的活动，这种劳动本身就影响着资本的流向。这种劳动既不创造价值，也不创造使用价值，但它却使生产劳动创造的流通空间外化为现实生活图景。因此，在资本金融权力体系中，生产劳动与非生产劳动的地位不是孰轻孰重的关系，而是相互依存的关系，二者都是资本金融权力体系中资本实现其职能的必要条件，而且，随着金融化的不断推进，非生产劳动的地位日趋上升。

---

① 宁殿霞：《"金融之美"的经济哲学批判》，《上海财经大学学报》2020 年第 2 期。
② 〔美〕罗伯特·希勒：《金融与好的社会》，束宇译，中信出版社，2012，第 91 页。
③ 《马克思恩格斯文集》（第 8 卷），人民出版社，2009，第 218 页。

（三）资本金融权力体系中非生产劳动地位上升与社会关系的整体性变化

非生产劳动的重要地位和作用并不是由流通领域劳动的生产性和非生产性所决定的，而是由所处时代的社会关系决定的。如果我们说生产劳动是重要的，而非生产劳动是不重要的，无异于我们说宇宙是重要的，空气是不重要的，这显然是一个错误的判断。"毫不相干的个人之间的互相的和全面的依赖，构成他们的社会联系。这种社会联系表现在交换价值上，因为对于每个个人来说，只有通过交换价值，他自己的活动或产品才成为他的活动或产品；他必须生产一般产品——交换价值，或本身孤立化的，个体化的交换价值，即货币。"① 另外，"每个个人以物的形式占有社会权力"②。这两句话表明，人们所持有的货币，进一步讲就是人们所拥有的财富是他们支配别人劳动或支配社会财富的权力，即"他在衣袋里装着自己的社会权力和自己同社会的联系"③。马克思通过对威廉·配第《政治算术》的概括得出，"一切商品都是暂时的货币；货币是永久的商品"④。"在货币上，物的价值同物的实体分离开。货币本来是一切价值的代表；在实践中情况却颠倒过来，一切实在的产品和劳动竟成为货币的代表。"⑤ 货币通约了所有的价值，否定和消灭了一切个性及特性。事实上，这种社会联系在交换价值上的表现正是通过货币的价值通约性实现的，在货币的价值通约性面前，所有的财富都可以通约为一个可进入市场、可供交易的值。资本金融通过可通约性和可交易性能将社会上所有财富吮吸到自己的体系之中。与这一体系生成相伴随的是作为财富所有者的人的社会关系的改变，即与以资本金融权力体系为载体的资本总体性相统一的人类社会关系的整体性。在资本逻辑视域中，社会关系的整体性是充满矛盾与对抗的，这也正是我们提出人类命运共同体理念的原因之一。

人类自身再生产与社会关系再生产作为再生产的两种情况是密切关联

---

① 《马克思恩格斯文集》（第8卷），人民出版社，2009，第51页。
② 《马克思恩格斯文集》（第8卷），人民出版社，2009，第52页。
③ 《马克思恩格斯文集》（第8卷），人民出版社，2009，第51页。
④ 《马克思恩格斯文集》（第8卷），人民出版社，2009，第47页。
⑤ 《马克思恩格斯文集》（第8卷），人民出版社，2009，第47页。

的。"直接地从自然界再生产自己，或者他的生产活动和他对生产的参与依赖于劳动和产品的一定形式，而他和别人的关系也是这样决定的。"① 资本金融权力体系的社会关系生产中非生产劳动的比例、规模、力量都在原有的基础之上发生了质的转变。"活动的社会性质……在这里表现为对于个人是异己的东西，物的东西；不是表现为个人的相互关系，而是表现为他们从属于这样一些关系，这些关系是不以个人为转移而存在的，并且是由毫不相干的个人互相的利害冲突而产生的。"② 所以金融化的社会关系不是一个道德命题，而是一个物化了的社会关系实体，必须上升到政治经济学批判的层面加以认识。非生产劳动虽然不创造价值，但是它对新的社会关系的生成具有重要影响。相比前现代人对人的依赖关系，资本金融权力体系构成以物的依赖性为基础的"第二大形态"。这一体系的发展过程则是第三个阶段条件的创造过程。在马克思那里，生产劳动和非生产劳动的概念是同社会生产关系联系在一起的，21世纪的资本金融权力体系也不例外，生产劳动和非生产劳动的概念也是由社会生产关系所决定的。

三　资本金融权力体系中的金融叙事与生产劳动内涵嬗变的隐忧

信息革命的物质条件与充满无限获利想象的诱惑是资本金融化扩张的利器，它通过金融创新、金融叙事加以推进，在这一过程中，非物质劳动地位上升，而且这种非物质劳动的生产性不容忽视，这将给人类生存世界带来一系列二律背反的矛盾。

（一）信息革命的物质条件带动资本的金融化扩张

在刚刚过去的不到100年的时间里，人类生存的地球爆发了一连串令人惊叹的革命。"地球在生态和历史上都已经整合成一个单一的领域。经济呈现指数增长，今日人类所享有的财富在过去只有可能出现在童话里。而科学和工业革命也带给我们超人类的力量，以及几乎可以说无限的能源。不仅社会秩序完全改变，政治、日常生活和人类心理也彻底改观。"③ "金融经

---

① 《马克思恩格斯文集》（第8卷），人民出版社，2009，第51页。
② 《马克思恩格斯文集》（第8卷），人民出版社，2009，第51页。
③ 〔以色列〕尤瓦尔·赫拉利：《人类简史：从动物到上帝》，林俊宏译，中信出版社，2014，第367页。

济与底层实体经济之间的关系已到了一个决定性的转折点。……如今，金融总资产大约是全球所有商品和服务总量的 10 倍，它们创造了一个由资本构造的世界。"① 这个"由资本构造的世界"事实上就是 21 世纪的资本金融权力体系，"大量资金投入催生金融化的投机性活动之中"②。光纤电缆传输数据已达到环绕地球运行 7.6 次的秒速，物理学革命为信息速度和获利能力方面的竞争提供了绝对优势。一个庞大的金融数据处理中心需要的人力劳动极少，甚至不需要任何工人，只需要足够的服务器即可，也就是说，一个金融数据处理中心的高速运转很可能只需要计算机闪烁的灯光来加以证明。随着金融空间的不断扩张，越来越多的财富被吮吸到资本金融权力体系中，全社会的剩余价值都朝一个方向矢量的流向，并最终集聚在这一体系之中。大量资金投入催生金融化的投机性活动之中，一方面是技术进步带来的劳动力需求急剧减少，另一方面又开启了对全球劳动者"超额剥削的通道"；一方面是资本收益率高企，另一方面是普通投资者可能面临的血本无归局面；一方面是非理性的市场瞬息万变，另一方面是投资经理人等精英们高得离谱的年薪。最富有的 1% 人口的财富实现指数式的增长，"巨富"们的财富增长速度更是离谱，尤其是当劳动力的使用越来越少时（这是金融化的最主要特征之一），新的信息技术更有利于大资金的集聚，这意味着"巨富"们的财富增长速度将更快。"这简直就是货币之间的交易，使流通成为一种商品，而不是一种交易形式。"③ 因为这完全就是货币与货币之间的交易，信息不对称与"套利机会识别"之间形成明显的反差，流通价格上的极小差异有可能成为巨大的获利机会，即使是同一时间的流通价格，也会因地点的不同而产生巨大的差别，尤其是当各种运算通过自动化的程序来完成时，几十亿元的跨国交易很可能在不到一秒钟的时间内完成。而巨量资本头寸来回往复过程本身就是巨大的套利过程，其间充满着无限想象与获利机会的诱惑。

---

① 〔美〕杰瑞·哈里斯：《资本主义转型与民主的局限》，陈珊、欧阳英译，《国外理论动态》 2016 年第 1 期。

② 〔美〕杰瑞·哈里斯：《资本主义转型与民主的局限》，陈珊、欧阳英译，《国外理论动态》 2016 年第 1 期。

③ 〔美〕杰瑞·哈里斯：《资本主义转型与民主的局限》，陈珊、欧阳英译，《国外理论动态》 2016 年第 1 期。

（二）金融叙事的精神创意带动金融化的空间生产

单纯的物质条件不会产生金融化，单纯的精神创意也不会实现金融化，金融化是建立在一定物质条件基础上的精神创意所推动的经济社会过程，通过金融创新、金融叙事加以推动，生成金融空间。金融空间在某种程度上可以说是依托技术条件的非物质劳动（金融叙事）的产物。资本借助金融叙事不断拓展自身的空间。"资本一方面要力求摧毁交往即交换的一切地方限制，征服整个地球作为它的市场，另一方面，它又力求用时间去消灭空间，就是说，把商品从一个地方转移到另一个地方所花费的时间缩减到最低限度。资本越发展，从而资本借以流通的市场，构成资本流通空间道路的市场越扩大，资本同时也就越是力求在空间上更加扩大市场，力求用时间去更多地消灭空间。"[1]　在资本金融权力体系中也是如此，资本一方面在实体领域用时间消灭物理空间，另一方面又在金融领域用时间创造空间，即资本通过激活未来时间而生产空间。资本越是更多地消灭物理空间，就越是为创造更多的金融空间提供可能。马克思强调资本能"征服整个地球"，其实，资本征服的不只是实体意义的整个地球，还包括非实体意义的（想象的、意志的）地球，甚至是过去的、现在的、未来的地球；地球以外的月球、整个宇宙，只要能进入人们的认知领域，能够在人们的叙事中存在，都有可能被资本所统摄，成为金融运作的一个标的。资本金融权力体系通过金融管控、技术支持和话语霸权在相当程度上重组了世界分工体系和世界政治经济格局，无数超越了国家层次的权力层级或权威在这一体系中扮演着重要角色，使资本金融权力体系成为超国界的存在。资本通过非物质劳动极大地扩展自身的活动范围，不仅让财富呈几何级数集聚，而且使人的生活方式发生重大转变，人的生存方式的齐一化、同质化使得社会多样性仅仅成为资本多样性、不同种类资本的差异性。斯拉沃热·齐泽克就此作了精辟判断："今日虚拟资本主义的运作方式正如基础高能物理学中的电子：它的'净价值'一无所值，它只是通过向未来提前支取盈余来运作。"[2]

---

[1]　《马克思恩格斯文集》（第 8 卷），人民出版社，2009，第 169 页。
[2]　〔斯洛文尼亚〕斯拉沃热·齐泽克：《〈帝国〉：21 世纪的〈共产党宣言〉？》，张兆一译，《国外理论动态》2004 年第 8 期。

为什么非物质劳动与金融化的关系如此密切？金融化的内驱力又是什么？为什么非物质劳动、金融资本的积累形式在21世纪颇受关注？这些问题的揭秘需要对支配劳动的资本和建立统一世界秩序的资本权力进行深度剖析与批判。资本权力不是一种超权力，而是人们生产交换过程中各种社会关系内生的权力机制。金融化的资本权力不仅具有强制性，而且具有隐匿性的特点。在资本金融权力体系中，劳动对资本的从属关系出现了新的表现形式：非物质劳动使资本对劳动的统摄实现了全球化。哈特、奈格里认为，"这是帝国的一个决定性的构成阶段"[①]。所以，"个人受抽象统治"的局面日益恶化。"交换价值遵循着自身的逻辑，按自己的疯狂舞步舞蹈，全然不顾真实人的真实需求。"[②] 正如齐泽克批判的那样："虚幻世界与真实世界之间的紧张关系已达到了前所未有的地步：一方面，我们进行着期货、并购等疯狂的、唯我独尊的投机，遵循其内在的逻辑；另一方面，现实以生态灾难、贫穷、第三世界社会生活崩塌之后爆发出来的疾病、疯牛病等形式不断地追了上来。"[③] 无产者涌向城市、商品的堆积、金融化对资本权力最大化的放大等一系列现象不断显现着资本权力的世界性。而劳动相对于资本的从属地位必然走向劳动者依然受到统治的结局，无论是物质劳动还是非物质劳动，尤其是当物质劳动又受到非物质劳动挤压时，这种统治就会更加深刻，只是这种统治通过世界性的资本金融权力体系使统治关系越来越隐蔽，以至于更加难以捉摸。"平等地剥削劳动力，是资本的首要的人权。"[④] 资本不是抽象地支配所有劳动，说到底，资本权力是对无酬劳动的支配权力。"一切剩余价值，不论它后来在利润、利息、地租等等哪种特殊形态上结晶起来，实质上都是无酬劳动时间的化身。资本自行增殖的秘密归结为资本对别人的一定数量的无酬劳动的支配权。"[⑤] 然而，在金融化

---

① 〔美〕麦克尔·哈特、〔意〕安东尼奥·奈格里：《帝国——全球化的政治秩序》，杨建国、范一亭译，江苏人民出版社，2008，第243页。
② 〔斯洛文尼亚〕斯拉沃热·齐泽克：《〈帝国〉：21世纪的〈共产党宣言〉?》，张兆一译，《国外理论动态》2004年第8期。
③ 〔斯洛文尼亚〕斯拉沃热·齐泽克：《〈帝国〉：21世纪的〈共产党宣言〉?》，张兆一译，《国外理论动态》2004年第8期。
④ 《马克思恩格斯文集》（第5卷），人民出版社，2009，第338页。
⑤ 《马克思恩格斯文集》（第5卷），人民出版社，2009，第611页。

时代，资本长出了 "看不见的腿"①，国际资本头寸遮蔽了资本吮吸自然力所导致的资源流动，以至于一些经济学家，诸如皮凯蒂等一些乐观派认为资本带来的不平等问题更多地集中在一个国家内部，而不是国家之间，"大部分国家，无论是富裕国家还是新兴国家，其收支情况都要比人们想象的更加平衡"②。他认为由资本所有权导致的一国内部的不平等冲突，远远超过这一权力导致的国家之间的不平等冲突。他用 "头寸相等" 来描述资本在国际流动过程中的平衡，这似乎又回到了亚当·斯密式的和谐论了。其实，资本金融权力体系的剥削早已突破了具体地域疆界的限制，复杂的权力系统与人的生活世界已彼此渗透。"我们被视为敌人，忍受剥削，经历异化，接受命令，可我们并不知道如何确定压迫产生的地点。"③ 甚至有人感叹：我深深地感觉到我正在被剥削，但我不知道我被谁剥削。其实，这样的体验正是资本金融权力体系在全球范围内实现统治的真实反映。在 21 世纪的政治经济学视域中，追求全球经济正义是最具宽广的世界历史眼光和追求全人类解放的无产阶级革命伟大目标，而这一伟大目标必然与资本金融权力体系的空间生产相关。

（三）金融空间的所有权追问

金融空间是谁创造的？所有权属于谁？使用权又属于谁？对这些问题的回答直接关系到资本金融权力体系的经济正义问题。马克思把劳动分为创造性劳动和流通性劳动，资本金融权力体系的劳动是否具备这两个方面？首先明确一点，就价值创造而言，活劳动创造价值没有变。那么金融领域的劳动属于什么性质呢？金融领域有没有活劳动？如果有，这种活劳动创造了什么？首先，金融领域的空间生产是在死劳动的基础上，在前人劳动成果的基础上进行生产，借助现代化的设备，生产出无限可能的经济空间。其次，从事金融领域空间生产的劳动可能不是物质劳动，更多的是非物质

---

① 宁殿霞：《金融化视域中全球资本逻辑与全球经济正义的双向追问——兼谈直线运动与偏斜运动的矛盾及启示》，《伦理学研究》2016 年第 3 期。

② 〔法〕托马斯·皮凯蒂：《21 世纪资本论》，巴曙松、陈剑、余江等译，中信出版社，2014，第 45 页。

③ 〔美〕麦克尔·哈特、〔意〕安东尼奥·奈格里：《帝国——全球化的政治秩序》，杨建国、范一亭译，江苏人民出版社，2008，第 207 页。

劳动，但它是生产劳动。最后，从事金融领域空间生产的劳动虽然没有创造出具体的物，但它创造了经济空间，这个经济空间也是一种价值实体——实现价值并进行权力重组的经济系统——资本金融权力体系。换句话说，金融领域的生产劳动是激发欲望，欲望驱动过去的死劳动通过经济空间"生出"未来的活劳动，当然这种活劳动只是一种预期，到底有没有这个活劳动，就当下而言，主要看经济空间的叙事、包装以及运行的机制和能力，至于未来，则不得而知。

金融领域属于流通领域，金融领域的劳动总体上分为两类：一是流通领域的创造性劳动，即生产劳动，流通性劳动中具有生产性质的劳动——生产价值实现与权力重组的空间；二是流通领域的纯粹流通性劳动，即非生产劳动，流通性劳动快速行进于空间之中，进行财富再分配——充盈空间并实现权力重组。这个生产劳动生产的是可供金融资本进行 G—G′（G+△G）流通的经济空间，空间生产的无限性在于对未来时间激活的无限性。如果单纯的金融领域有增量，那么这个增量就在未来，即对未来时间的无限想象、激活与预支。未来时间真的可以预支吗？是什么力量让这个时空如此具有无限性、如此扩张呢？它的动力学机制是什么呢？"今天，生产的各种形式都具有信息化、非物质化的趋势。"[1] 非物质劳动表达了当代资本主义生产方式的状况与发展趋势，如果说全球化是资本全球扩张的出发点，金融化则是资本全球扩张的临近复归点。从物质劳动向非物质劳动的转变过程与全球化迈向金融化的演进过程之间存在历史与逻辑的一致。"资本金融权力体系是一个二律背反的世界。"[2] 物质财富与非物质财富的界限渐趋模糊，同时非物质财富统摄着物质财富；民族国家的壁垒与界限渐趋模糊，但经济的对抗性乃至军事的对抗性却更为尖锐；世界各国的社会关系渐趋依赖，但交往中却更显孤立；个体的精神世界更趋经济性，同时更显灵与肉的分裂性。一如哈特、奈格里所言，"屏幕上那个迷人的表象的'我'与屏幕下那个不幸的肉身的'我'之间的差异能很快被翻译成资本的投机流

---

① 〔美〕迈克尔·哈特、〔意〕安东尼奥·耐格里：《大众的历险》，陈飞扬译，《国外理论动态》2004 年第 8 期。

② 张雄：《金融化世界与精神世界的二律背反》，《中国社会科学》2016 年第 1 期。

动的现实与贫困的大众悲惨的现实之间的差异的体验"①。这些变化正逐步以一个完整的资本金融权力体系展现自身，同时预示着我们正在进入一个日臻完善的资本金融权力体系。

四　资本金融权力体系中非生产劳动的权力极化效应及影响

非生产劳动地位上升在本质上是资本积累的结果，一方面，资本随着不断积累而实现权力极化；另一方面，资本积累不仅以贫困积累为代价，而且贫困积累会随着全球资本流动而发生转移，给发展中国家造成不利影响。

（一）资本金融权力体系中非生产劳动加速资本权力极化

非生产劳动可以使社会财富实现流动，即所有的财富在盈利预期的驱动下朝着一个方向运动，最终实现资本权力极化。流通空间为财富流动提供新的不同层次的路径：第一层（表层）是货币财富的使用权变更，也就是社会财富的所有者以货币化的形式将自己的财富使用权出让给资本金融权力体系；第二层（中层）是货币财富的权力在资本金融权力体系中集聚，形成对实体财富强大的吮吸力量；第三层（深层）是对发展中国家自然力的转移，即发展中国家实体经济创造的利润通过资本金融权力体系转移到发达国家，而发展中国家却可能因为粗放发展形成生态破坏，最终造成贫困积累②。资本金融的两大功能分别是融通资金和防范风险。当一个社会比较富裕时，就可以把个人手上的存量财富变为流量，金融化以无代价的、不保本的、极低的价格创造流动性。实体经济经过资产切片而证券化，进而金融化，使老百姓也能买得起，股票、证券、期货等都是如此，逐渐地，投机性营利开始主导人们的经济行为。到目前为止其有两种表现形式。一是新自由主义倡导的金融自由化，通过创造金融产品，把百姓的钱吮吸出来，甚至是骗出来，把存量财富变为流量，这种财富如果只在金融领域流动就会使这一领域成为赌场，尽管它不仅可以调动积极性，而且可以暂时

---

① 〔斯洛文尼亚〕斯拉沃热·齐泽克：《〈帝国〉：21 世纪的〈共产党宣言〉?》，张兆一译，《国外理论动态》2004 年第 8 期。

② 贫困积累是指马克思所说的 "贫困的积累"。资本追求自身扩张而实现积累，同时也不断生产出否定它自身的社会关系力量，即贫困积累，这种否定力量积累到一定程度，便会爆发经济危机、生态危机和人的发展危机。

缓解资本主义的矛盾。过度金融化不仅使资本金融起不到帮助实体经济的作用，反而成为寄生在实体经济上不断汲取实体经济营养的寄生性存在。资本金融作为实体经济的延伸，最后又反过来对实体经济造成消极影响。二是民主社会主义倡导的福利社会，通过资本主义生产和社会主义分配来实现，最终必然导致分裂制、民主制下的债务危机，希腊危机就是最为典型的例证。资本金融权力体系支配实体经济的力量来源于资本金融对社会财富的吮吸、集聚，最终显现为资本权力的极化效应。资本金融通过这种积累实现了社会财富的积累，也即资本积累，这种积累实现了财富转移，也就是所有的社会冗余都尽可能地转移到资本金融权力体系之中了。其实，在资本金融权力体系中，经济萧条只是实体经济危机的原生态，滞胀是实体经济危机的变相表现形态。滞胀之后出现了新自由主义，主张反对国家干预，主张让"看不见的手"发挥作用，但凯恩斯的问题是客观存在的，一旦"手"起作用，滞胀就必然发生。在全球化时代，这些都只是局部危机，与这些局部危机相比，资本金融在权力极化基础上对全球经济的统摄，尤其是资本金融对发展中国家造成的不利影响更值得我们高度关注。

（二）非生产劳动与资本积累：资本金融权力体系对实体经济的支配

资本金融权力体系中的资本积累既在金融领域实现，又不在金融领域实现。首先，资本积累在金融领域实现。在资本主义早期，"货币资本的循环，是产业资本循环的最片面，从而最明显和最典型的表现形式"[1]。"生产过程只是为了赚钱而不可缺少的中间环节，只是为了赚钱而必须干的倒霉事。"[2] 金融化让资本成功绕过了生产过程这种"倒霉事"，直接履行赚钱的职能。绕过了生产过程，就必然无法绕过流通过程，因为尽管绕过了生产过程，资本还是要实现资本积累，否则资本将不成其为资本。这里需要重点考察流通过程中的流通费用和流通时间。关于流通费用，流通领域纯粹的非生产劳动不仅没有创造价值，而且会产生消耗，即产生纯粹的流通费用，如买卖时间消耗、簿记消耗、货币消耗、保管消耗等。关于流通时间，它不同于周转时间。"资本在流通中的形态变化越成为仅仅观念上的现象，

---

[1] 《马克思恩格斯文集》（第6卷），人民出版社，2009，第70页。
[2] 《马克思恩格斯文集》（第6卷），人民出版社，2009，第67页。

也就是说，流通时间越等于零或近于零，资本的职能就越大，资本的生产效率就越高，它的自行增殖就越大。"① 马克思所处时代的资本流通时间随着金融化的不断推进而不断缩短，甚至读秒已经成为现代人的经常性体验。资本的生命在于流动，只有不停地流动，资本才成其为资本。在资本循环公式 G—W—G′ 中，第一阶段是货币向商品转化，第二阶段是商品向货币转化，在这两个阶段中，商品没有变，变的只是货币的量。资本经过一系列形态的转化，形成循环总过程的各个阶段，而且各阶段之间互相联系、互为条件、依次转化。在资本金融权力体系中，这一循环过程可以分为两层，一层是 G—W—G′，另一层是 G—G′，其中 G′ 中包含的 △G 来自 G—W—G′，但是表面上看却是 G—G′ 的结果。一方面，G—G′ 循环和社会整体中一般商品流通密不可分，是其中的一部分，实体经济与资本金融权力体系分离只是表层现象；另一方面，对专门从事货币买卖的精英阶层来说，这种循环又成为资本价值特有的独立的运动，始终保持着它的独立性。货币既是起点又是终点，在 G—G′ 的运行通道里不仅得到持续循环，而且始终保持着自身的独立状态。

　　非生产劳动地位的上升意味着资本金融权力体系对实体经济的支配逐渐加强。迪尔克桑斯认为，人类历史上任何一次重要的文明兴起或衰落，"都与生产劳动和非生产劳动之间的关系密切相关"②。每当非生产劳动在生产方式中处于支配地位时，生产关系与生产力之间的矛盾必然得到显现，现存的生产关系必将成为历史，因为，"资本越来越呈现出非生产性，以及在大多数国家，特别是在世界资本主义体系的中心国家，要恢复生产劳动已很困难"③。非生产劳动因主导生产劳动而必然成为导致资本主义危机的主要原因，再具体一点说，在全球化时代，非生产劳动更容易导致发展中国家，尤其是社会主义国家的危机。资本主义体系扩张早期以生产劳动为主导，以生产部门高利润为主要特征，而在成熟期，进而在萎缩期，则以非生产劳动为主导，并以此维持或实现利润，甚至高利润。迪尔克桑斯还指出非生产劳动主导生产

---

① 《马克思恩格斯文集》（第 6 卷），人民出版社，2009，第 142 页。
② 〔哥斯达黎加〕让·迪尔克桑斯：《从非生产性劳动角度看当代资本主义的制度性危机》，洛仁译，《国外理论动态》2012 年第 4 期。
③ 〔哥斯达黎加〕让·迪尔克桑斯：《从非生产性劳动角度看当代资本主义的制度性危机》，洛仁译，《国外理论动态》2012 年第 4 期。

劳动是产生危机的重要原因之一。所以，非生产劳动地位的上升不仅意味着实体经济落入被动状态，而且在更深层次上也潜藏着危机的可能性。

（三）非生产劳动与贫困积累：发达国家与发展中国家之间的不平等

非生产劳动地位上升不仅意味着贫困积累加速，而且能使贫困积累发生转移。在利润率下降规律的压力机制作用下，非生产劳动加速权力极化，使财富朝一个方向流动。实体经济在越来越激烈的竞争中被挤压并逐渐居于被动地位，最终表现为三个方面的危机：第一，各种危机最先、最集中，而且最直观地表现为经济危机，如假冒伪劣等经济怪象、乱象都属于经济危机爆发的先兆；第二，与经济危机相伴随的是资本赚钱效应导致的生态危机，在权力极化机制作用下，资本积累必然以生态破坏为代价；第三，在经济危机、生态危机双重作用下，人们深受资本权力的压榨而出现人的发展危机，一方面人们不得不拼尽全力赶上资本流动的速度，另一方面又不得不承受经济危机、生态危机的侵扰，忍受由生态破坏导致的艰难生存环境。更进一步讲，人的发展危机都会表现为经济危机，导致产品过剩、资本过剩、劳动力过剩，这就挤出生产力，重新组合容纳生产力，这种危机称为经济危机的原生态，是资本积累导致贫困积累的直接后果。这些危机归根结底是资本内在否定性的体现，其中非生产劳动扮演着极其重要的角色。需要强调的是，在资本金融权力体系中，由于非生产劳动的作用，资本积累与贫困积累虽然是一个事物加速发展的两个方面，但这两个方面却因为金融资本"看不见的腿"的作用而使资本积累与贫困积累像正负电荷一样向两极流动，尤其是在全球化背景下，资本更容易突破国家界限进行积累，即资本积累主要在发达国家进行，而与此相对应的贫困积累却在发展中国家表现出来。

皮凯蒂在《21世纪资本论》中描述了资本头寸的国际平衡，其实，这种资本头寸平衡的理论背后是发达国家资本积累与发展中国家贫困积累同步发生的现实，这种积累的分离在资本金融权力体系中表现为"数据幻象"①。这一幻象背后，正是非生产劳动繁荣导致的发达国家与发展中国家之间的经济不平等。资本主义的丧钟早已敲响，但是直到今天，它不仅没有灭亡，

---

① 宁殿霞：《金融化视域中的数据幻象与全球经济不平等——重读〈21世纪资本论〉》，《武汉大学学报》（人文科学版）2017年第4期。

而且看上去"活"得还不错，其原因就在于资本积累与贫困积累的分离及贫困积累的转移。

小　结

马克思对劳动价值论的发现与生产劳动和非生产劳动的划分密切相关，就金融领域而言，它属于流通领域，金融领域的劳动总体上也分为两类，一是流通领域的创造性劳动，即生产劳动，流通性劳动中具有生产性质的劳动——生产价值实现与权力重组的空间；二是流通领域的纯粹流通性劳动，即非生产劳动，流通性劳动快速行进于空间之中，进行财富再分配——充盈空间并实现权力重组。资本金融化并没有也不可能改变活劳动创造价值的基本原理，改变的只是生产劳动和非生产劳动的内涵及作用形式，这样的改变不仅包含原有时间概念的变化，而且包含空间的延展与转换。从非生产劳动的角度看，这种改变构成了资本金融权力体系的重要特征。首先，金融领域的空间生产是在死劳动的基础上，即前人劳动成果的基础上进行的生产劳动，借助现代化的设备，生产出无限可能的金融空间。非生产劳动只是充盈这一空间，其本身并没有创造新的价值。其次，金融领域的非生产劳动通过充盈金融空间能够分割剩余价值，反过来说，金融领域的非生产劳动是为了分割剩余价值，或者说在分割剩余价值的过程中充盈了金融空间，它实际上是一种消耗性劳动。最后，在非生产劳动的作用下，生产劳动创造的金融空间得以充盈，而充盈的金融空间实质上是一个能够进行权力重组的经济系统——"21 世纪资本的整体性存在形式"[1]，即资本金融权力体系。如果单纯的金融领域有增量，那么这个增量就在未来，即人们在资本金融权力体系基础上对未来时间的无限想象、开发与支取。非生产劳动在其现实性上，打通了流通空间的毛细循环网，散落在各处的个人目标如同携带氧气的红细胞，在金融从业者的撮合下进入循环体系进行交易，从而为整个资本循环系统提供不竭的能量。

---

①　宁殿霞：《金融化世界中的金融理性与资本权力脱域》，《学术论坛》2020 年第 4 期。

中　篇

资本金融权力体系的美学意义

——金融化世界的否定主义审美

【本篇概述】本篇主要是论述金融化世界的否定主义审美。诺贝尔经济学奖得主罗伯特·希勒从服务大众、分享财富、活跃社会三个方面最先论述了"金融之美"。实际上，"金融之美"是资本与精神互动的一个过程，内在地蕴含着资本权力整体性趋向的三大原理：服务大众——时间的整体性趋向；均衡发展——空间的整体性趋向；内在否定性——时空叠加与流动的整体性趋向。如此，希勒意义上的"金融之美"也从根本上呈现出它的虚幻性，因为，"金融之美"是一个否定主义的美。"金融之美"带来的后果是出现了财富两极化和权力精英化的双重现象，也正是这种内生性矛盾导致了生存世界金融化。实现"金融之美"具有三个方面的难度。一是权力精英化的资本逻辑预设，资本主义再生产无论是在逻辑上还是在历史上都与权力的精英化有着深刻的内生关系；二是以资本为轴心社会制度的缺陷，金融资本长上了"看不见的腿"，它可以到达全球范围内任何地方，历史上以民族国家为单元的经济体在全球化背景下逐渐趋于一体化；三是金融理性到"金融之美"的自我交战艰难，资本权力的极化是一个根本性的规律，它决定了趋向正极的资本积累必然与趋向负极的贫困积累相对应，两极分化在更深层次上走向金融殖民。资本金融的内在本性决定着金融化世界中的现代人必须进行自我交战，人只是时间空间链条上的过渡性存在。金融空间的历史化是全社会、全人类金融实践的结晶。透过金融的利益分割，我们看到的是自然力的历史化与消耗。"金融之美"的历史化过程至少包含三方面："金融之美"的内在对抗性；"金融之美"对民族国家的挑战；经济理性与政治理性的二律背反。

第七章 希勒关于"金融之美"的
实质及其悖论

【本章提要】希勒的"金融之美"在于它为人类所有活动提供帮助；撮合交易，分享财富；通过为个人目标提供服务实现社会多元化。"金融之美"内在地蕴含着资本权力整体性趋向的三大原理：在服务大众中实现时间的整体性趋向；在均衡发展中实现空间的整体性趋向；在资本的内在否定性规律中实现时空叠加与流动的整体性趋向。希勒的"金融之美"具有重要的进步意义，然而从资本金融与货币金融的不同功能来看，希勒的"金融之美"更多地体现在货币金融的层面，而在资本金融更剧烈的两极分化面前却陷入审美悖论。事实上，在金融化世界中，作为方法论的"金融之美"不仅要从肯定的方面去理解，而且要从否定的方面去理解；作为实践的"金融之美"应贯彻以人民为中心的理念，在资本金融的创新层面以服务人民大众的共享理念加以操作。

诺贝尔经济学奖得主罗伯特·希勒在《金融与好的社会》一书中通过对金融目的深入分析得出"金融之美"的结论。"金融之美"是指人们在发现金融之隐藏的和重要的对称性过程中的审美体验，具体是指人们对金融在经济资源分配、生产生活必需品等方面为人类活动提供创造性帮助的认识。① 希勒在书中这样描述："金融服务的是人类的欲望和潜能，它为构成我们一生中日复一日的各种活动提供资助。……正是在为人类所有的活动提供帮助的过程中，也就是为一个拥有为所有成员所分享的富饶和多元化

---

① 参见〔美〕罗伯特·希勒《金融与好的社会》，束宇译，中信出版社，2012，第192、194、195页。

的活跃的人类社会服务的过程中，金融才体现出其最真实的美丽。"① 事实上，在希勒的语境中，"金融之美"主要包括三个方面：一是无论是个体还是国家，无一例外地追求着自由的新境界，而金融使这种追求不断地成为可能并加以推进；二是金融"撮合交易"的核心意义之一就是把不同时间、不同空间联系在一起，而且把与此相关的所有人联系在一起，形成一个整体性的过程性存在，人们在这种"撮合"过程中最大化地分享现代社会的财富；三是金融通过服务个人目标而服务社会，并实现社会多元化。

目前国内学界对"金融之美"关注度较高，尽管有的学者并没有明确地讲"金融之美"。第一，从人类追求自由的视角，张雄指出金融工具乃是人类追求自由意志的定在②，金融作为"自由的领域的那个东西"③，既是人的自由意志的直接性存在，又是自由意志的灵性工具。第二，从金融服务实体经济的视角，张成思认为"好的金融"的判断标准在于是否具有真实产业背景④；吴宣恭认为，如果在已有金融衍生形成的经济泡沫基础上转移风险，再美丽的泡沫膨胀到一定程度也终将破灭⑤。第三，从现实性与虚幻性对比的视角，袁东指明了希勒"金融之美"的虚幻性，他认为金融活动如果只是零和博弈则并没有什么美感，特别是对半数以上受损失的人来说简直就是恶魔⑥。第四，从社会福利的视角，鲁品越、姚黎明用"社会福利化"揭示金融之"第二代金融化"的新表现形式，他从发达国家的高福利与发展中国家的贫困积累对比中分析金融化带来的二律背反。⑦

不难看出，国内的研究成果与希勒"金融之美"的观点之间形成了鲜明的对比，即金融在呈现美的同时，也无法回避恶的冲击。事实上，金融有它最美的一面，但是如果驾驭不好就会出现风险，尤其是在金融化时代，风险一旦出现，就会形成连锁反应。就希勒的"金融之美"而言，目前我

---

① 〔美〕罗伯特·希勒：《金融与好的社会》，束宇译，中信出版社，2012，第194~195页。
② 张雄：《金融化世界与精神世界的二律背反》，《中国社会科学》2016年第1期。
③ 〔德〕黑格尔：《法哲学原理》，范扬、张企泰译，商务印书馆，2009，第57页。
④ 张成思：《金融化的逻辑与反思》，《经济研究》2019年第11期。
⑤ 吴宣恭：《美国次贷危机引发的经济危机的根本原因》，《经济学动态》2009年第1期。
⑥ 袁东：《希勒教授陶醉在虚幻的"金融之美"中》，《上海证券报》2013年12月18日，第A07版。
⑦ 鲁品越、姚黎明：《当代资本主义经济体系发展新趋势》，《上海财经大学学报》2019年第6期。

们需要进一步挖掘"金融之美"美在哪里，以及在何等意义上是美的。其实，金融的核心问题依然是资本的问题，无论是货币金融还是资本金融，都遵循着资本的逻辑，最大化利己、最大化地占有剩余价值。本章旨在进一步剖析希勒的"金融之美"①在何等意义上是美的，这种审美的深层逻辑是什么，希勒所揭示的这种美有什么局限，以及金融的过程与结果能否实现对称美。

一　"金融之美"的表层现象与金融民主化

金融化是 20 世纪 70 年代以来兴起的世界范围的经济社会现象，之后经济全球化、金融全球化和金融自由化浪潮迅速席卷全球，进入 21 世纪更是呈现加速发展的态势。毫无疑问，金融化乃是现代工业主义的产物，进一步说，金融化是经济从物质扩张阶段进入金融扩张阶段时才逐渐出现的社会现象。在不同历史时期、不同国别或不同经济体之中，金融概念的内涵各不相同。其实，金融概念的内涵随着融资活动的变化和迅速发展而不断演变。在金融学家希勒的眼中，今天的金融已显现出"金融之美"，主要体现在以下三个方面。

（一）金融为人类各种活动提供帮助

自由新境界是人类一直以来的追求，而金融自始至终都使这种追求不断地成为可能并加以推进。如果说金融是美的，那么，金融把人类的欲望与潜能作为一个个"个人目标"联系起来，融入自己的体系，这是"金融之美"的第一个层次，即把个人的目标联系起来而服务大众。希勒指出："金融所要服务的目标都源自民众，这些目标反映了我们每一个人职业上的抱负、家庭生活中的希望、生意当中的雄心、文化发展中的诉求，以及社

---

① "金融之美"的表述来源于罗伯特·希勒《金融与好的社会》一书，在该书中，希勒不仅阐明了金融行业的关键角色首席执行官、投资经理、银行家（投资银行家）、放贷者、交易员、做市商、保险商等所发挥的作用，而且悉数揭开了徘徊于金融行业周围的市场设计者、金融工程师、衍生品供应商、律师、金融顾问、游说者、监管者、会计师、公共商品融资商、政策制定者们操纵金融社会的神秘面纱。"影响世界华人大奖"得主、国际货币基金组织（IMF）前副总裁朱民在为该书作序时写道：希勒教授是一个跨学科、跨领域的经济金融家，是行为金融学领域的奠基人之一，侧重于从人们的心理和行为出发研究和揭示现实金融市场中的现象，同时他也是一个理想主义者。

会发展的终极理想。"① 也就是金融的存在如同"慈善"一样，帮助民众实现想要实现的社会性的目标。金融就像一个"永动"的"估值机"，"如果金融不负众望，那么它就是帮助我们实现美好社会的最佳手段。我们对这个概念的理解越深入，就越能明白当下金融创新的必要性"②。

黑格尔在《法哲学原理》一书中指出："具体的人作为特殊的人本身就是目的。……每一个特殊的人都是通过他人的中介，同时也无条件地通过普遍性形成的中介，而肯定自己并得到满足。"③ 金融作为一种更高形式的资本运作体系，其占有剩余价值的秉性一刻也没有改变过，但是，它的利己只有过渡到利他才能实现它的终极目的。在黑格尔看来，"自我就是过渡……通过把他自身设定为一个特定的东西，自我进入到一般的定在。这就是自我有限性或特殊性的绝对环节"④。这个环节是扬弃的环节、否定性的环节。进一步说，个人的目标只是一种被规定的东西、片面的东西，并不是真正的具体的普遍性。自我的无差别的规定性只有把自己设定为他物，并最终在他物的关系中限制自己，其自由才能成为定在。也就是说，在金融领域中，资本的收益率越是趋高，就越需要加强并提高利他的技术与能力。所以，当我们开始反思金融化世界中的利己与利他的过渡机制时，我们首先要考察的就是金融之目的是什么。金融的最高境界在于它是一种美学，它因服务人类、资助人类而获得美，希勒告诉我们：金融的背后隐藏着一种既神秘又强大的整体主义力量，它几乎可以把散落在人群中的所有零散力量集中起来，去实现它"办大事"的整体性目标。"金融从业者核心的工作之一是撮合交易，也就是创造新的项目、构建新的企业甚至塑造一套新的体系，不论这些交易的规模大小，正是此项工作将通常散落在各处的个人目标结合起来。…… 通常情况下采取共同行动的将是一大群人。……所有这一切的背后都有一套隐性的金融架构。"⑤ 由此可见，金融的目的就是为人类所有活动提供帮助，将通常散落在各处的个人目标联系并集中起来，毫无疑问，它的目标就在于服务大众，帮助他们实现想要实

---

① 〔美〕罗伯特·希勒：《金融与好的社会》，束宇译，中信出版社，2012，第10页。
② 〔美〕罗伯特·希勒：《金融与好的社会》，束宇译，中信出版社，2012，第10~11页。
③ 〔德〕黑格尔：《法哲学原理》，范扬、张企泰译，商务印书馆，2009，第197页。
④ 〔德〕黑格尔：《法哲学原理》，范扬、张企泰译，商务印书馆，2009，第18页。
⑤ 〔美〕罗伯特·希勒：《金融与好的社会》，束宇译，中信出版社，2012，第11页。

现的社会性的目标。

(二) 金融通过撮合交易分享财富

随着金融化的推进，凡是跨时间、跨空间的资源配置都与金融交易密切相关，能够实现这种不同时间、不同空间的交易须臾离不开希勒所说的"撮合"。"撮合交易"的核心意义之一就是把不同时间、不同空间联系在一起，而且把与此相关的所有人联系在一起，形成一个整体性的过程性存在。而作为这种过程性存在的"撮合"得到了希勒的高度关注，人们在这种"撮合"过程中最大化地分享着"商品堆积"之现代社会的财富。

虽然历史时空坐标不同会导致对金融产生不同认识，但无论如何，以下几个方面是共识：其一，专门以金融工具的经营或管理为业务的相关金融机构在世界各国星罗棋布，反映着金融化在全球范围内的普遍性；其二，作为金融活动核心内容的金融工具的研发与升级在很大程度上反映了金融化的历史进程；其三，金融之产权交易职能的提升与普遍化反映了社会对金融需求层次的跃升；其四，金融的财务问题、政策法规问题、跨国头寸问题等都呈现出越来越复杂的趋势。

事实上，要说清金融的本质是非常难的一件事情，在不同历史条件下，如不同时代、不同国家、不同制度，抑或同一历史条件下的不同领域、不同学派、不同学者对金融本质持有不同的看法是必然的，但是，无论是历史地看还是逻辑地看，也无论是横向地看还是纵向地看，都无法掩盖一个真相，那就是金融实质上是一个由简单到复杂、由局部到整体的发展过程，而这一过程与希勒所讲的"撮合交易""分享财富"密切相关。随着金融化的不断推进，金融以其更为丰富和强大的功能不断侵蚀着经济世界，"万能垄断者"的得名正是由此而出。同时，金融本身也开始在某种程度上可以脱离实体经济而独立运行。金融工具（空间生产）的多样化和融资方式（充盈空间）的发展，尤其是从货币金融进入资本金融的领域，融资活动与投资活动更趋统一，金融的时代内涵及社会关系的发展越来越取决于财富资本化与资本金融化的程度。在这一过程中，希勒笔下金融从业者的"撮合"不仅起到了重要的疏通与推进作用，而且为人们分享财富提供了便利。

（三）金融通过服务个人目标实现社会多元化

金融通过服务个人目标而服务社会，并实现社会多元化。金融本身并不具有特定的目标，因为金融要服务的目标都来自民众，金融通过加快创新、正确分配资金而把握发展的全局，并通过达到这些目标而实现它的社会性。希勒认为金融不仅是一门关于目标构筑的学科，而且是一门激励人们朝着共同目标努力奋斗的学问，更是一门探究如何使时间的推移和人员的变化不对人们追逐目标的努力造成负面影响的学问。在他的语境中，好的金融制度设计与开发可以推动社会、文化、科学、艺术等方面的进步。金融机构与人们日常生活之间的联系作为最基础的社会关系维系着社会运转，普通民众如果能够全面获取信息，就能够通过积极、理性的方式参与金融领域的各种活动。虽然金融有时会制造世界性危机，但是金融业仍然是构成全球性社会关系必不可少的要件，金融管控风险和获利的能力能推动人们将精神创意转化为各种产品和服务而影响整个社会福利体系，最终提高社会生产效率。当今世界几个重要经济体的崛起如果不依赖于金融业提供的核心支持将是无法想象的。在全球信息革命不断推进、不同国家经济制度逐步完善、世界市场越来越充满竞争性的条件下，金融将不负众望，塑造一个更加富裕、更加正义、更加公平的人类生存世界。

金融业是一个可以容纳社会精英的行业，同时金融创新也会导致大面积失业。随着信息技术与金融创新不断嫁接与联合，过去依赖人工进行的工作越来越被电子数据或人工智能所替代，这会导致街头传递票证和现金职业的地位骤降。但是，金融创新的地位却得到了提升与重视，因为金融创新自始至终都是围绕帮助人们实现目标而展开的。总之，在希勒眼中，金融之最真实的美丽正是体现在为人类所有的活动提供帮助的过程中，也就是体现在为所有成员所分享的财富和多元化的活跃的人类社会服务的过程中，这一复杂程序的过程也正是社会多元化的实现过程。

综合以上三大现象，我们不难发现，在希勒的语境中，他的"金融之美"有着金融民主化的深刻意蕴，因为金融就其目的而言，它是全社会的目的。"金融的存在是为了帮助实现社会的目标"，也即金融的目的是民主化，是服务民众，反映了"我们每一个人职业上的抱负、家庭生活中的希望、生意当中的雄心、文化发展中的诉求，以及社会发展的终极理想"①。但是，实现目的必然要动用手段，目的与手段共同起作用才能显现事物发展的真实面目及其本质，探求"金融之美"本质的好奇将我们引向现象背后深层原理的剖析。

二　"金融之美"的深层原理与资本权力整体性趋向

如果说 19 世纪、20 世纪以技术创新为主导，那么精神创意在 21 世纪已突出重围。正如哈斯克尔和韦斯特莱克在《没有资本的资本主义》一书中论证无形经济兴起时指出，我们可以通过鼓励不同领域和不同地方工作的人们进行"跨学科"交流来增加对创意的生产性投资。而且，"不可阻挡地增长的投资类型是无形投资：对思想、知识、审美内容、软件、品牌、网络和关系的投资"②。可见，精神创意重要地位在无形经济的兴起中已经凸显。金融化的迅猛推进与其说是金融的快速发展，不如说是资本的快速扩张；与其说是资本的快速扩张，不如说是人类精神创意的不断拓展。实际上，"金融之美"是资本与精神互动的一个过程，内在地蕴含着资本总体性（资本权力整体性）趋向的三大原理。

（一）服务大众：时间的整体性趋向

人类最大的进步就是发现了时间，尤其是未来时间，金融以服务大众的方式激活了未来的时间，从而大大地推进了人类历史的进程。在 21 世纪的今天，如果你需要一大笔资金来完成一项宏伟的计划，首先会通过金融行业寻找出路；如果你有盈余想要保值或增值（这里不是增殖），最可能选择的要么是存入银行，要么是投资，当然后者可能更受青睐；如果你想对未来有一个较好的预期，可能必须与金融打交道，购买金融领域的相关产品，履行这一领域的相关合约。金融之所以具有如此大的魅力，一个最基本的原因就是它像吸取器一样把所有的财富吸入它的加工机，原有的物的财富被激活了、开始流动了，这就是皮凯蒂在《21 世纪资本论》中说

---

① 〔美〕罗伯特·希勒：《金融与好的社会》，束宇译，中信出版社，2012，第 10 页。
② Jonathan Haskel, Stian Westlake, *Capitalism without Capital: The Rise of the Intangible Economy*, Princeton, New Jersey: Princeton University Press, 2017, p. 85.

"'资本'与'财富'含义完全一样，两个词可以相互替换"[①] 的根本原因。这一资本概念的内涵极其准确地体现了 21 世纪资本金融化的现实。那些固定的房屋、设备等都获得了灵性，变得会"流动"了。似乎所有的财富与它的主人一样都患上了一种"狂想病"，过去为了赚钱而绕不开的生产过程的"倒霉事"现在终于可以绕开了，金融对时间的发现使过去企图避开生产过程而直接赚到钱不仅成为可能，而且成为现实。

未来时间的发现从根本上在于欲望的激发，那么是什么激发了人们的欲望呢？这个动力的来源在哪里呢？财富之所以能从存量的状态进入流量的状态，唯一的驱动力就是回报率，只要有足够高的回报率，存量的财富都可以融通到金融系统中。在这里，足够高的回报率就依靠各种各样的金融创新与金融叙事获得。在这个个性化的、主观的、任性的 21 世纪，任何一个金融产品，只要拥有足够大魅力的叙事，就能吮吸到足够多的闲散财富。不断推进的金融创新是金融化的加速器，金融化反过来又进一步激活金融创新，社会中已有的财富存量、未来可能的财富，甚至连不可能的财富，都被吮吸到金融系统中。财富的资本化过程就是历史时间（过去、现在、未来）向资本金融权力体系集聚的过程。金融一方面通过希勒笔下的服务大众不断激活未来时间，另一方面又通过服务大众将散落在大众那里的财富集聚到自己的囊中，所以，金融服务大众的过程与财富资本化的过程是一致的。财富资本化在深层次上蕴含着历史时间在资本金融权力体系中集中、集聚的整体性趋向，这种趋向在于通过时间生产实现财富资本化，它是资本直线运动的必然结果。

（二）均衡发展：空间的整体性趋向

金融自从来到人世间，其本质并不在于把这个世界裁剪为两极分化，但金融实际上又导致了深度的两极分化，其中蕴含着金融通过社会多元化实现均衡发展的原理。在金融化视域中，历史时间的集聚离不开空间的生产与运作，时间的整体性趋向同时蕴含着空间的整体性趋向。具有资本收益预期的金融空间是被激发了欲望的活跃场地，金融空间是一个欲望的空

[①] 〔法〕托马斯·皮凯蒂：《21 世纪资本论》，巴曙松、陈剑、余江等译，中信出版社，2014，第 47 页。

间更是一个多元化的空间。金融领域不断推陈出新的产品及其衍生品，都有着光彩夺目的叙事，凭借可观的回报率激发人们的贪婪欲望而吸取他们的财富。这一空间的功能主要有三个方面：一是以一定的回报率为条件将社会上尽可能多的财富（过去的、现在的、未来的）吮吸到金融领域；二是为实体经济提供直接融资和直接风险防范；三是为金融资本提供加速度流通空间。所有这些功能无一例外地围绕着未来概念，所以，这一空间具有与未来相关的三大特点：一是空间生产广度的无限性，空间不仅以各种金融产品的开发而扩张，而且以各种衍生品的开发而进行折叠式的扩张；二是这一空间内流通速度的无限性，有了电子化的设备，金融资本的流转已经不是以几个月来计算，而是以几个毫秒来计算，随时随地、不间断地跨国家交易已经司空见惯；三是空间与时间融合的彻底性，金融通过存款、保险、股票、债券等各种产品创造的空间可以吮吸几乎所有的财富，即所有的时间，实现了时间与空间的彻底融合。21世纪的资本似乎是从实体经济的肉身中脱域而出，变为实体经济的灵魂，它似乎外在于实体经济而存在，因为它拥有着"资本生资本"[①] 的运行模式，即 $G-G'$（$G+\triangle G$）的运行模式。金融领域不断创造空间，不断吮吸财富，金融就具有了强大的经济权力，它可以定义整个经济系统。这种空间整体性趋向的原理与金融均衡发展的表层现象高度一致，因为空间的整体性趋向在于通过空间生产实现资本空间化，它是精神创意在金融创新中撮合交易、分享财富的必然结果。

（三）资本内在否定性规律：时空叠加与流动的整体性趋向

金融要达到自身至高的境界，必须通过自身的内在否定性来实现，一方面，金融理性追求绝对的自利原则，是追求个人的自利的哲学；另一方面，这种自利原则又必须反转为利他主义对它的扬弃，最后实现利己主义和利他主义的高度统一，这才是金融的最高境界。金融不是想"撮合交易"就能"撮合"的，这个"撮合"需要一系列的金融创新为其服务。首先，时间的发现从最根本上激发人的欲望，欲望在黑格尔那里被抽象为历史的恶，它作为一种历史进步的动力，推动着金融化的进程。金融领域的强大

---

① 《马克思恩格斯文集》（第5卷），人民出版社，2009，第672页。

魅力之一就在于对未来时间（活劳动）的发现与激活。金融领域的流通性劳动是价值实现的过程，但是不单单是实现过去的劳动价值，它的神奇之处就在于它把过去的价值和未来的价值汇聚在金融空间之中进行组合与实现，金融的强大魅力也就在于此，所以，与时间的发现同等重要的是空间的充盈与欲望的达成，这是作为历史进步动力的恶实现自身的过程，因为时间只有通过空间的运作才能实现财富的再分配。其次，金融的整体性趋向的终极目的在于时空叠加与流动，实现这一目的的最主要手段就是跨时空的产权交易。实现跨时间、跨空间的产权交易才是"金融之美"的真正指向。用历史进步观念考察，不难发现，金融的整个"撮合"过程需要高度的精神创意。首先是时间的创意，其次是空间的创意，最后时间空间创意的结果是不断推陈出新的资本金融权力体系与人类生存世界的金融化。这种时间空间的融合正是前文整体性的更深一层解剖，人类正通过精神创意，依托金融化而走向整体性，这种整体性不是精神创意的整体性，而是精神创意通过资本金融权力体系物化为整体性的市场机制与强大的市场权力。所以，如果说金融是美的，那么它不只在于整体性之美，这种日新月异的、螺旋式上升的精神创意之美是更深层面的考察对象。金融化的生存世界是人类精神创意的结果，金融的整体性之美来自更深层次的精神创意之美。

那么精神创意依靠什么来实现呢？问题引向权力精英化。金融领域的空间通过金融产品不断得到拓展，而金融产品的研发是依靠精英阶层而开展的，这是精英阶层的游戏。在这里，精英成了金融的人格化存在，金融是资本化的精英，精英成了金融至高权力的人格化代表。当然，从事金融产品研发的人员只是精英的一部分，掌控这一空间的还有另一部分精英——金融空间的充盈者——巨额金融资产的拥有者。"市场以及市场创造者和在市场中进行交易的人是现代社会的关键环节，他们使金融体系可以对更加广泛的社会中出现的变革作出反应。我们正是通过市场才懂得交易对象的真正价值，而在很多情况下，这也是预示社会发展大方向的指标之一。"① 资本金融权力体系具有强大的市场权力，这种市场权力不断放大，以至于它不仅定义实体经济、操控国家政治，甚至座架整个人类生存世界。

---

① 〔美〕罗伯特·希勒：《金融与好的社会》，束宇译，中信出版社，2012，第91页。

从上文时间的发现与空间的生产可以看出,这种市场权力来自精神创意,与这种权力生成同一的还有一个阶层的生成,即精英阶层。本章的精英阶层概念是指从事金融产品及其衍生品的研发与交易的特殊阶层。在金融化的发展进程中,市场权力通过精神创意而精英化了,这种权力是精英化了的权力,而且这种精英化的趋势仍然在不断强化。如果说金融是美的,那么金融是依靠精神创意而把过去、现在、未来的时间与实体空间、非实体空间结合起来,构建一个全时空的资本金融权力体系,金融化世界的生产与全时空的构建是同一个经济现实的两个方面,这个全时空的资本金融权力体系正是马克思的资本总体性在金融化世界中的真实显现,金融在这里充当了资本总体性的加速器,而这一趋向的实现正是资本内在否定性这一根本规律作用的结果。

三 "金融之美"的审美局限及其反思

希勒的"金融之美"在金融表层服务大众的审美背后有着一定的虚幻性,因为这种审美背后一定存有更深层次的审丑,他所推崇的金融民主化也只在货币金融层面存有可能性,而在资本金融层面,这种民主化不仅很遥远,甚至根本就不可能。从历史哲学角度看,权力的精英化与精英化的权力已成为资本总体性与整体主义精神的双向互动过程。"金融之美"需要不断地批判与反思。

(一)希勒眼中"金融之美"的美学价值及其虚幻性

黑格尔指出,"需要并不是直接从具有需要的人那里产生出来的,它倒是那些企图从中获得利润的人所制造出来的"①。如果进一步审视希勒的"金融之美",我们可以发现金融满足人类的欲望与激发人类的潜能正是黑格尔揭示的"那些企图从中获得利润的人所制造出来的"。我们对金融之目的与手段背后的动力因进行分析,金融目的原本是最大化地服务大众,并不包含最大化地占有剩余价值,然而,实现这一目的必须动用理性、应用手段,这就使得人们在实现目的的同时,走向了金融理性的二律背反:金融体系越完善,资本的收益率越高于经济增长率、越高于劳动的收入。正

---

① 〔德〕黑格尔:《法哲学原理》,范扬、张企泰译,商务印书馆,2009,第235页。

如皮凯蒂所担忧的，"r>g 的根本性不平等，它与任何形式的市场缺陷都无关。而恰恰相反，资本市场越完善，r>g 的可能性就越大"①。而且，如果金融一旦偏离轨道，它的力量将"颠覆任何试图实现目标的努力"，因为"金融创新是一个杂乱的过程，有时候还伴有破坏性"②。金融的目的如同弗洛伊德的梦，是所有人的愿望的达成，是一群人的愿望的达成，结果小愿望达成中愿望，中愿望达成大愿望，也就是每一级愿望的达成，都成为更高一级愿望达成的条件，其结果必然是出现"富者更富，穷者更穷"的极化效应。金融的"初心"是通过理性的手段实现服务大众的目的，然而，到头来目的却反过来为手段服务了。所以，我们深刻地认识到，在金融表层服务大众的审美基础上，一定存有更深层次的审丑，即黑格尔所谓的"需要并不是直接从具有需要的人那里产生出来的，它倒是那些企图从中获得利润的人所制造出来的"。当需要成为被创造物时，希勒意义上的"金融之美"也从根本上呈现出它的虚幻性。那么，是谁制造了这种需要？他的动机又是什么呢？

（二）资本金融视野中"金融民主化"的偏差

货币金融与资本金融是金融从低级向高级发展进程中的两种形态或两个密切相关但又相互区别的分野，希勒的理想在于实现"金融民主化"③，我们认为，希勒"金融之美"的"民主化"向度更多集中于货币金融层面，也就是间接融资层面。在这一层面，民主化不仅可能，而且能够实现，尤其是在互联网金融强势推进的条件下，希勒追求的金融民主化似乎并不是多么难以实现。然而在资本金融层面，即直接融资层面，民主化不仅很遥远，甚至根本就不可能。美国华尔街的金融堡垒潜藏着多少智慧，无人知晓。中国股指期货只对极少数人开放也是例证。按照希勒的观点，未来通过教育，实现资本金融对普通大众的开放，这一天或许有可能到来，若果

---

① 〔法〕托马斯·皮凯蒂：《21世纪资本论》，巴曙松、陈剑、余江等译，中信出版社，2014，第28页。

② 〔美〕罗伯特·希勒：《金融与好的社会》，束宇译，中信出版社，2012，第20页。

③ 在希勒看来，金融民主化是指在一个理想的社会里，个人只要能想出不错的赚钱的点子，就应该获得贷款。纵观历史，他认为金融民主化的进程一直在向好的方向发展，参与金融活动的大门正一步步向全民打开（参见〔美〕罗伯特·希勒《金融与好的社会》，束宇译，中信出版社，2012，第7页）。

真如此，精英阶层或将进入第三个层面，也就是更高一层空间的生成，而且这一空间也必将生成，那里或许又将聚集一批精英，这是人类精神的又一次进化，推动资本向更高领域运行。就目前金融的运行机制而言，希勒追求的金融民主化几乎是不可能实现的。首先，就金融是目的而言，它是全社会的目的。"金融的存在是为了帮助实现社会的目标"，也即金融的目的是民主化，是服务民众，反映了"我们每一个人职业上的抱负、家庭生活中的希望、生意当中的雄心、文化发展中的诉求，以及社会发展的终极理想"①。但是就金融是手段而言，它是精英阶层的手段。要实现目的，必须通过手段——金融部门、金融工具、金融衍生品，这些手段源自精英阶层的精神创造。所以，金融又是手段，是精英阶层的手段。目的与手段背后是追求最大化剩余价值的资本逻辑，当"所有这一切的背后都有一套隐性的金融架构"② 时，目的与手段倒置了，即金融服务大众的目的成为精英阶层成为巨富的手段，而精英阶层通过理性工具服务大众的手段则反转为其成为巨富的目的。在更深层次上，毋宁说，人通过智慧驾驭金融以实现自身目标反转为金融借助人的智慧实现其不断趋向资本总体性的目标。金融化世界事实上被分为两层，较低的一层是大众化的货币金融，较高的一层是精英化的资本金融。笔者以为，如果希勒所说的"好的社会"真有可能实现，那一定是在这更高层面上人类精神为资本不断设置对立面的过程，是人类精神进一步显现的过程。总之，历史不会朝着资本形而下直线运动的方向发展，也不会朝着精神形而上的直线运动的方向发展，而是在精神不断为资本设置对立面的双向互动中不断做偏斜运动。

（三）金融化与全球化的并行与叠加

在资本逻辑视域中，金融目标是金融化与全球化的双重叠加。全球化作为21世纪客观存在的事实，是全球资本运行的必然结果。首先，资本逻辑形而下的直线运动必然导致21世纪的全球化，世界战争、全球经济转型、资本金融化无一例外地为全球化开辟道路。无论是战争对不同民族、国家之间的阻隔，还是国家政府在不同时期的推动或阻滞，也无论是不同宗教、

① 〔美〕罗伯特·希勒：《金融与好的社会》，束宇译，中信出版社，2012，第10页。
② 〔美〕罗伯特·希勒：《金融与好的社会》，束宇译，中信出版社，2012，第11页。

文化之间的隔离，还是贸易与合作交流方面的政策制定，也无论它是一种进步还是一种退步，全球化都以一种不以人的意志为转移的进程发展着。其次，全球化背景下的物质化世界日新月异，技术进步、国际分工与跨国合作无一例外地为全球化夯实了物质化的基础。在全球化时代，国际分工与跨国合作的高涨史无前例，这一事实对技术进步的推进更是前所未有。反过来，这样的分工、合作、进步又以强劲的物化力量推动着全球化的进程，这是一个正反馈过程。在全球化背景下，任何一个国家，无论是大国还是小国，也无论是繁华还是偏远，只要能找到与全球竞争舞台相匹配的资源，它将无一例外地被纳入金融全球化的视野，吸引到外国投资，从而参与国际分工，并由此融入全球化。

21世纪的资本逻辑在全球化的进程中已演绎为金融的逻辑，原有的资本逻辑以金融的逻辑显现自身。20世纪80年代肇始于美国的金融化浪潮迅速冲破主权国家的藩篱而席卷全球。到了21世纪，整个世界都被网罗到金融的概念之中了，越来越被金融化了。"金融全球化使我们越来越难以在一国的框架内衡量财富及其分布状况：21世纪的财富不平等状况越来越需要从全球的视角进行测度。"[1] "大体来说，20世纪70—80年代见证了全球经济的广泛'金融化'，深刻地改变了财富结构，使得不同主体（家庭、企业和政府机构）持有的金融资产和负债总量的增速超过了净财富增速。"[2] 21世纪金融的概念已经远远不再是传统的货币金融，而是披着"黄金甲"的资本金融，它不仅包罗了几乎人类所有的财富，而且使这些财富进入高速流动的状态。金融的"撮合交易"在21世纪体现为跨时间、跨空间的价值交换，所有价值或者收入在不同时间、不同空间之间进行配置。更重要的是，这个不同时间包括过去、现在和未来所有可能的时间，不同空间不仅包括国际国内的实体空间，而且包括所有的非实体空间。而且，不同时间、不同空间联系的整体性趋势还在不断加强。所以，金融化与全球化双重叠加进一步证明金融的整体性趋向，因为金融不仅把通常散落在各处的个人目标联系起来，而且把碎片化的时间、空间通过金融产品配置、整合起来，

---

[1] 〔法〕托马斯·皮凯蒂：《21世纪资本论》，巴曙松、陈剑、余江等译，中信出版社，2014，第355页。

[2] 〔法〕托马斯·皮凯蒂：《21世纪资本论》，巴曙松、陈剑、余江等译，中信出版社，2014，第197页。

所以，如果我们在金融化与全球化之间寻找因果关系，就会发现二者本来就是一回事，二者互为因果、互相促进，同时全球化与金融化一样，是一把"双刃剑"，在均衡发展的同时生成国家之间、地区之间的两极分化。

（四）"金融之美"的内在悖论及其审美超越

希勒眼中通过"撮合交易"服务大众、分享财富的"金融之美"与"参与金融活动的大门正一步步向全民打开"的"金融民主化"是一致的，在感性现实层面上，无论哪一方面，都是历史进步与人的发展的体现，但是从资本逻辑的角度看，任何一方面都无一例外地指向金融的整体性。按照前文分析，在金融整体性的进程中，资本的路径趋向于时间的整体性，精神的路径趋向于空间的整体性，最终生成趋向于时空叠加的金融化世界，这一过程是金融化的深层原理之所在，在这个生存世界中，表层的服务大众为深层的资本总体性服务，表层的金融活动大门敞开为深层的剩余价值池蓄积财富，在隐形的金融架构背后似乎有一股幽灵般的强大力量，在它的作用下所有的财富都拥有了流动的能力，都以相同的方向性矢量朝着一个方向运动，那个被金融服务着的欲望与潜能，正是黑格尔笔下"那些企图从中获得利润的人所制造出来的"① 需要，这些制造需要的人成了金融化世界中人格化的资本，他们通过制造需要，一方面不断生产空间，另一方面又不断充盈空间，从而在资本权力的精英化进程中形成新的精英化的资本权力。希勒的"金融之美"不仅被证明是虚幻的，而且他在论证过程中陷入了悖论。

当然，这里对"金融之美"的深层剖析不仅不是全面否定希勒的审美，而且是充分肯定他发现了"金融之美"，并在更深层次上探讨金融化无法回避的矛盾问题，揭示金融之"一半是天使、一半是魔鬼"的神秘魔力，从而超越希勒的审美缺陷，从更深层次上查审金融的美学价值。在金融化盛行的今天，我们需要追问"金融之美"到底美在哪里。如果金融是美的，它绝不是绝对肯定的美，而是一个否定主义的美，因为金融化世界从本质上是一个二律背反的世界。希勒的两个层次的美带来的后果分别是财富两极化和权力精英化的事实，正是金融的整体性趋向与现实财富两极分化的

---

① 〔德〕黑格尔：《法哲学原理》，范扬、张企泰译，商务印书馆，2009，第235页。

内生性矛盾导致生存世界金融化。或者我们可以说，如果有"金融之美"，这个美不在于现在的财富，而在于未来的精神；如果有"金融之美"，这个美不在于民主，而在于二律背反。"金融之美"是一个高度的否定主义美学，绝不是单纯的、未加反思的完全肯定。一方面我们确实无法回归过去极简的文明，另一方面我们必须继续向前、只能向前，那么金融的整体性之美及内生性矛盾就是现代人所必须承受的。权力的精英化与精英化的权力已成为我们不得不加以深入探讨的课题。这个过程从历史哲学高度审视，便是资本总体性与整体主义精神的双向驱动进程。以希勒为代表的经济学家的救赎意识在金融的深层本质面前显现出它的虚幻性，金融化世界的二律背反属性要求当代人在前进中必须拥有批判眼光、批判意识、批判武器，我们只有在不断的批判与反思中才能走向历史进步的普遍性。

第八章 "金融之美"还是"金融之恶"

【本章提要】资本主义再生产无论是在逻辑上还是在历史上，都与权力的精英化有着深刻的内生关系，资本金融权力体系的全时空场域作为资本主义再生产的现实产物在精英阶层的精神创意中得以推进，全时空场域是资本在21世纪最大的变化与最新的总体性形态，它与权力精英化之间存在正反馈关系。精英阶层所拥有的市场权力在市场机制持续推进中的力量与方向促进资本金融权力体系的生成，其中金融从业者构成看得见的载体，他们的奔走与撮合构成看得见的行走，资本金融权力体系构成资本权力看不见的灵魂。如果要在资本金融层面实现"金融之美"，必然存在历史向度的自我交战，也就是资本金融权力体系的历史化，这一过程不仅会带来资本积累与贫困积累在发达国家与发展中国家的分化，而且会导致"金融殖民"的可能性与现实性，并最终导致资本金融权力体系对人类生存世界的支配。

本章以罗伯特·希勒"金融之美"为研究切入点具有以下两方面重要作用：第一，从资本权力精英化、资本金融权力体系的生成、实现"金融之美"的难度及原理三个层面展开对"金融之美"的澄清与批判；第二，在肯定与否定的双重批判中让"金融之美"与"金融之恶"同时显现，"金融之恶"在这里相对于"金融之美"而成立，用来描述与希勒"金融之美"相反的现实，如权力精英化、财富两极化、贫困积累、金融殖民等现象，在资本金融权力体系中，恶与美是辩证统一的，而不是彼此孤立的。

一 "金融之美"与权力精英化的资本逻辑预设

权力的精英化与资本主义再生产有着深刻的内生关系，全时空场域作为资本主义再生产的现实产物，也是精英阶层精神创意的产物，资本金融权力体系的全时空场域作为资本在21世纪最大的变化与最新的总体性形态，它与权力精英化之间存在正反馈关系，所以，希勒的"金融之美"与权力的精英化在逻辑上存在矛盾。

（一）资本主义再生产与精英阶层的生成

金融的逻辑是资本逻辑的高级形态，它并没有脱离资本逻辑。资本主义再生产无论是在逻辑上还是在历史上，都与权力的精英化有着深刻的内生关系。权力精英化是指市场权力向精英阶层集聚，并最终被精英阶层所掌控，重点强调精英阶层在市场权力占有中所占份额明显增加。马克思指出："以实在货币为起点和终点的流通形式 G…G′，最明白地表示出资本主义生产的动机就是赚钱。生产过程只是为了赚钱而不可缺少的中间环节，只是为了赚钱而必须干的倒霉事。〔因此，一切资本主义生产方式的国家，都周期地患一种狂想病，企图不用生产过程作中介而赚到钱。〕"① 在人类刚刚踏进21世纪时，这种"狂想病"不仅不再是一种病，而且成为活生生的现实，这是因为资本主义再生产进入金融化的高级阶段后，生产出了资本金融全时空场域与从事金融活动的精英阶层。首先，全时空场域是资本主义再生产的结果，资本力图降低成本，力图绕过生产过程这一"倒霉事"而直接占有剩余价值，也就是货币资本循环从出发点直接到复归点而绕过作为中间环节的生产过程。今天的资本金融权力体系是货币资本循环绕了几百年绕出来的一个独立的、自成体系的资本循环系统。全时空场域是资本金融权力体系生成过程中的副产品。原本作为再生产辅助条件的金融，现在上位为主角，似乎物质条件的再生产成了它的辅助条件。从公式上看，G—G′是绕过生产环节的货币到货币的流通，但在现实中它却一刻也离不开生产环节，其本身就是再生产的结果。其次，资本主义再生产不仅是生产资料和劳动力的再生产，而且是生产关系的再生产，即生产当事人在彼此社会关系中所处的社会地位，当这种再生产发展到金融化阶段后，它所生产的生产关系中当事人彼此关系的社会地位也发生了巨大变化，一方面生产出资本金融权力体系，另一方面又生产出主要从事这一体系运作过程的精英阶层。金融资本除了占有剩余价值外，还生成用来占有剩余价值的金

---

① 《马克思恩格斯文集》（第6卷），人民出版社，2009，第67~68页。

融空间,因此,资本金融权力体系的存在,包含着创造价值的普罗大众与精英阶层所生产的金融空间之间的矛盾统一。随着金融资本取代产业资本占据支配地位,技术条件和劳动过程的社会组织形式也发生了变革,原有的产业资本不仅与金融资本密切相关,而且在某种意义上必须从属于金融资本。这时,从事金融创新的工作显得比任何时候都重要,所以,星罗棋布的金融机构、金融堡垒的出现是资本逻辑发展的必然趋势,这些领域拥有全球最先进的数字技术,同时,从这里生长出了一个新的精英阶层。最后,全时空场域与从事金融活动的精英阶层相当于资本金融权力体系之一体的两翼,相互震动、相互协调、相互配合,成为金融化世界的最高权力指挥部。新生的精英阶层从属于资本金融权力体系,也即精英阶层的劳动从属于资本金融权力体系。同时,资本金融权力体系中时间的延展与空间的生产又深深地依赖于精英阶层的创新能力,二者达到互生共荣的高度统一。至于如何互生、如何共荣,我们需要更进一步分析精英阶层与全时空场域的相互作用机制。

(二) 全时空场域的生成与精英阶层精神创意的推进

全时空场域作为资本主义再生产的现实产物与精英阶层的精神创意存在密切的关联。资本金融权力体系的全时空场域是资本主义再生产历史化的产物,具有三方面的特征,这三方面特征中的任意一个方面都与精英阶层的精神创意须臾不可分离。

首先,资本金融权力体系全时空场域具有无限性特征。资本金融权力体系全时空场域之所以具有无限性,根本原因在于资本权力整体性趋向,我们是否赞同这一判断在这里暂时不重要(虽然忽略这一点无疑是不理智的)。在这里重要的是,我们必须承认精英阶层的不断创意,无论动力因来自何处,他们的工作都是不可忽视的,金融化的不断推进正是他们努力工作的结果。任何一个金融产品的开发与应用,都是时空的展开过程。任何一个杠杆率的放大,都是时空的一次叠加。尽管金融创新也面临各种各样的壁垒,存在各种界限,还是有更胜一筹的创新能够突破原有的界限。而且随着全社会的剩余价值不断增多,无须扩大作为基础的剩余价值池也能在一定界限内拓展金融的时间与空间,与此同时,金融的时空拓展潜力也变得更大。只要精英阶层及他们从事的工作没有终结(如今这一阶层的队伍在壮大、实力在增强、工作程序渐趋复杂），资本金融权力体系的全时空场域就会不断得到拓展与延伸。因此，资本金融权力体系全时空场域的无限性动用了精神资源，本质上是在原有的丰裕的物质基础之上的精神创意的无限性。

其次，资本金融权力体系全时空场域具有全速循环特征。资本金融权力体系的全时空场域之所以能够全速循环，根本原因在于资本保存并扩张自身的本性，这如同地球绕着太阳转，是人们直观不到的，普通人更感兴趣的可能是太阳如何每日绕着地球起落。金融从业者日复一日"撮合"着各种交易，演绎着各种金融叙事，为无数人的愿望达成贡献着力量，金融化世界的繁荣与他们的工作密切相关。但是我们必须认识到，这是一种"非理性"[①] 的繁荣，为了这种繁荣，德波所谓的"糖衣炮弹、盛世狂欢、循循善诱和靡靡之音"在金融从业者那里被无所不用其极。尤其是每一个金融概念都被意象化的盈利预期包装后，普通人的"迎合"让金融从业者的"撮合"变得如此这般轻松与容易，当尽可能多的欲望与尽可能多的利益都被激活并加以对接和融合时，整个生存世界的金融化就自动呈现了。金融化世界不是一个静止状态的集合体，而是一个全速循环过程的集合体，这里循环的不是数据、概念、货币，而是以货币为价值载体的实体财富，是一个过程性实体，非理性成为实体财富流转的润滑剂。因此，资本金融权力体系全时空场域的全速循环特征是借助精英阶层的精神创意而动用了全社会的非理性，本质上是价值世界与非理性的全方位交织。

最后，资本金融权力体系全时空场域具有总体性特征。资本金融权力体系的全时空场域之所以具有总体性特征，根本原因在于资本总体性的属性，正如马克思所言，资本在"使社会的一切要素从属于自己，或者把自己还缺乏的器官从社会中创造出来"[②] 的过程中实现自身的总体性。换言

---

① 张雄在《市场经济中的非理性世界》（立信会计出版社，1995）一书中对非理性作了深入研究，他认为非理性概念分为两个向度。一是经济学非理性概念：首先，经济学非理性乃是一种对传统经济理性研究范式进行批判式、问题式思考的概念性工具；其次，针对市场决策者的心理要素和行为特征的"本我功能""无意识行为""冲动""习惯""非逻辑行为"等。二是哲学非理性概念：一方面属于人的心理结构的非理性因素，包括意志、欲望、习俗、情绪、无意识等，主要涉及人的行为；另一方面属于人的认知结构的非理性因素，包括直觉、灵感和顿悟的思维形式。总的来说，非理性乃是对最大化的偏离。

② 《马克思恩格斯全集》（第30卷），人民出版社，1995，第237页。

之，资本从它出现那天起，就一直朝着总体性的方向运动，人类对总体性的任何一次阻挠，无论是以战争还是和平的方式，都是对这一总体性的一次加速。当普通人的"迎合"与金融从业者的"撮合"在精英阶层精神创意的产品中达到一致时，就如同为资本总体性插上了无形的翅膀，使其飞得更高而且更远，并且再无须借助任何外力。资本金融权力体系无论是在时间上还是在空间上都显现出前所未有的总体性特征，这一特征的鲜明性是近代以来任何一个历史阶段都难以找到的。在资本联合，即趋向总体性的过程中，精英阶层的精神创意始终作为一种推进器在起决定作用，精神创意成为金融化世界的时代精神。因此，资本金融权力体系全时空场域的总体性特征是在精英阶层的精神创意基础上使原有的总体性呈现加速趋势，本质上是资本与精神互动的结果。

（三）全时空：资本与精神互动的产物

资本金融权力体系的全时空场域是资本在 21 世纪最大的变化与最新的总体性形态，它与权力精英化之间存在正反馈的内生关系。资本金融权力体系全时空场域占据资本金字塔的顶端，它不仅具有吮吸所有财富的威力，而且能"入毂"世界范围内精英中的精英，资本与精神的互动不仅在宏观上使人类历史前进方向产生偏斜，在微观上实现了时间与空间的叠加与整合，而且在感性中观层面的全时空场域中，也构成了新的文明样态和交往范式：一面是资本基于自我保存与扩张的全球化驱动力，不断拓展全球化的新领域；另一面是以精英阶层为先锋的浮士德精神，在全球化进程中充分发挥自己的才能。全时空场域所不断拓展的是人类永恒追求的"命运打击不到的领域"。金融化世界是资本逻辑强力推进的必然结果，金融在服务人类欲望与潜能的过程中，以资本的主观性、任性、杠杆率、更高的上升空间、更广阔的衍生功能展开它的直线加速运动。金融化世界是一个财富充裕的世界，是人类从短缺经济进入丰裕经济再到今天的过剩经济的历史进程体现。剩余劳动不断积累、不断资本化、不断金融化，最终所有的财富（过去的、现在的、未来的）都被通约并且在现有的资本金融权力体系中实现加速度流动。这是一个最好的时代，财富如此这般丰裕，财富的获取如此唾手可得，资本的积累如此如人所愿。

金融化世界本身是精神世界的时代彰显，是对未来的不断发现、发掘、兑取、利用。人类追求自由的精神与浮士德精神在这里不断产生共鸣与互震。资本的精神向度既是精神的主观性体现，又是精神的异质化体现，更是任性的体现，而且是一个不断循环的正反馈过程。人的欲望被不断创造出来，意识有多远，资本就能走多远。主体的自由表现为无穷无尽的财富创造力和想象力，金融化所开辟的新的自由为人类的自由伸张作出了重大贡献，这是金融化时代对自由内涵的再丰富，其开启了将来人本身能够而且有意识地设定起来的必然性和义务的多样性。这预示着人的意志越来越自由，同时精神自由和资本逻辑的冲突也越来越凸显。金融的目标始终是最大化的利润，如果不将最后一个人的需求挖掘、制造、开发出来，是无法停止追求利润最大化行动的。所以资本与精神，即利润最大化与自由之间的不断互动生成了金融化的全时空场域。当然，金融化无论是起始还是过程，还是对人类朝着自由而全面的发展而言，都必须与资本的批判联系在一起。

二 权力精英化与资本金融权力体系的生成

精英化的权力是指，在市场机制的完善与进一步推进中，精英阶层拥有的市场权力占据主导地位，重点强调精英阶层所拥有的市场权力在市场机制持续推进中的力量与方向。当一个社会以资本为轴心时，"金融之美"就变成了一个噱头，因为，生存世界之所以金融化就在于金融资本长上了"看不见的腿"，它可以到达全球范围内任何地方，所不能到达之处也终将以坚船利炮抑或现代化武器开路，历史上以民族国家为单位的经济体在全球化背景下逐渐趋于命运共同体，这一状况一方面是金融化的结果，另一方面又为金融化提供理想的生存环境。在金融化迅速推进的 21 世纪，精英化权力的出现与金融资本之"看不见的腿"的强力运作，不仅使资本金融权力体系以实体的形式出现，而且有了与此相适应的灵魂。

（一）资本权力看得见的载体——金融从业者

一个社会的财富积累只是金融化的基础，而金融领域的从业者才是推动金融业充满活力运转的真正载体，精英阶层作为资本权力现实的看得见的载体推动资本权力趋向总体性。"如果说金融是构建目标的科学，那么这个领域中的各个角色就是塑造这些目标的建筑师，同时也是为社会的组成元素管理风险的人……如果将其视为社会资产的管理者,那么金融从业者就是真正管理和进一步增加这些资产的人。"① 在《金融与好的社会》一书中,希勒用全书将近 2/3 的版面,试图以穷尽的方式呈现首席执行官等至少 18 种与金融密切相关的职业,以此审视金融从业者所扮演的社会角色,发现这些角色的社会功能与社会价值,通过他们所获得的薪酬、名誉,以及行为准则等对他们的从业未来作出趋势性预测。"市场以及市场创造者和在市场中进行交易的人是现代社会的关键环节,它们是金融体系可以对更加广泛的社会中出现的变革作出反应。我们正是通过市场才懂得交易对象的真正价值,而在很多情况下,这也是预示社会发展大方向的指标之一。"②在现实生存世界中,我们可以看到,财经类大学越来越受到追捧,大学里的金融类专业越来越成为香饽饽,从事金融业的人越来越多,社会中的亿万富翁也越来越多的来自金融业或与金融业相关的领域。随着金融化的推进,这些行业和领域的门槛也越来越高,高智商与多金成为进入这一领域的敲门砖,这种人才的要求与流向在某种程度上决定着金融从业者队伍有着智力与财力互动的效应,这种效应的长期存在使得金融业不仅是财富的堡垒,而且是智力的堡垒,因为我们真的难以否定人与人之间存在智力上的差异。

(二) 资本权力看得见的行走——金融从业者的奔走与撮合

21 世纪金融资本之所以能够凭借"看不见的腿"走遍世界,就在于精英化权力的运作与流变。当财富作为一种聚变了的权力进一步集中于精英阶层时,精英阶层就成了名副其实的社会资产管理者,甚至是拥有者,他们通过推动社会财富的流动而使其在所有权上发生质与量的改变。无论是传统货币金融还是现代资本金融,无论是早期的货币化世界还是今天的金融化世界,无论是传统的本能化时代还是今天的智能化时代,也无论是古老的重农抑商时代还是今天的重商主义时代,金融从业者的角色始终非常重要,他们始终是世界发生联系并越来越紧密的勤劳实践者。今天,在金融从业者的撮合中,原本毫不相干的人们可能因为各种各样的金融产品而

---

① 〔美〕罗伯特·希勒:《金融与好的社会》,束宇译,中信出版社,2012,第 24 页。
② 〔美〕罗伯特·希勒:《金融与好的社会》,束宇译,中信出版社,2012,第 91 页。

形成各式各样的债权或债务关系。

社会财富融入资本金融权力体系全时空场域需要的介质具有二重性，一是作为物存在的诸如网络、计算机、光缆等，二是作为人存在的各种有意识的能动活动，二者在对象化过程中构成资本金融权力体系中金融化的社会关系，其中"作为人存在的各种有意识的能动活动"成为金融化的主要推动力。金融资本之"看不见的腿"以金融从业者之看得见的执行为载体，实现资本权力的全球扩张，资本权力扩张的任何环节都离不开相关金融从业者的劳作，如果说资本总体性的趋势是一种弥散性融合，那么相关金融从业者就相当于这种融合过程中的一种介质，他们的任何劳作最终都使资本趋向总体性。但是对于这种介质的重要作用人们往往日用而不知，抑或被利益吸引而忽略了他们的"奔走"，抑或将自己对金融的不满迁怒于他们。希勒发现民众对扮演这些角色的人要么缺乏尊重，要么总是抱有敌意。① 笔者认为，出现这一现象的原因就在于民众眼中的这些金融从业者一方面因其财富、声誉等已经跃居精英阶层，另一方面他们看上去更多的属于不创造价值的不劳而获者，尽管希勒本人并没有对此作出任何价值判断。毫无疑问，他们为金融系统的发展与完善作出了巨大贡献，他们生命的本质力量更多地凝结在这个庞大的资本金融权力体系之中，他们的生命意义埋藏在结识的朋友那里、奋斗的过程之中，以及他们经历的所有社会关系之间。

资本流动之后的数据、头寸都是资本"行走的足迹"，当然也不排除躲在避税天堂而无踪无影的可能性。总之，金融资本虽然长了可以走遍全球的"看不见的腿"，但它还是有迹可循的，随着互联网金融的盛行与传统手工记账行业的式微，资本无一例外的以交易额、头寸等数据的形式留下了印迹。

（三）资本权力看不见的灵魂——资本金融权力体系

在古代，财富跟着政治权力走；在现代，政治权力跟着财富走，以财富聚集为条件的资本金融权力体系是资本权力的最高机关。完全的实体经济换取不了财富的快速增长，财富积累到高端状态，就是肉体的公司与灵

---

① 参见〔美〕罗伯特·希勒《金融与好的社会》，束宇译，中信出版社，2012，第24页。

魂的公司合一，单靠过去实体经济的方法显然已经力不从心，需要上升到精神层面进行运作，金融叙事①已经到了不得不上升为经济学方法论的时候了，甚至已经占据了绝对地位。股票表达的公司是肉体的公司与灵魂的公司的统一。资本金融权力体系作为国际货币关系的集中反映，构成了现代国际金融活动的总体框架。在金融化背景下，各国之间越来越频繁、密切的交往不仅需要通过这一体系展开，而且深刻地受到这一体系的约束。金融从业者是这一权力体系生成过程中的关键性存在，在他们的不懈努力下，各国之间贸易往来、资本转移、劳务往来日趋密切，一个国际投资、转移、支付、结算，协调各国经济制度、货币制度、法律制度的新型国际货币体系逐渐生成。这一体系的生成不是一蹴而就的，它随着国际交往的深化而逐步生成，它是整个人类发展到今天的全部文明的一个整体体现。资本金融权力体系作为一个全时空场域，它可以把包括社会各阶层的整个社会以极其隐蔽的债权债务链条紧密地联系在一起，债权无疑成了社会中处于支配地位的权力，所以以债权、债务等关系构架起来的资本金融权力体系成为支配所有人的至高权力机关。

资本金融权力体系已经从最初的交往手段反转为囊括一切社会生活的实体性定在，它是资本总体性的灵魂所在，只有不断趋向于总体性，资本才可以获取最大化的利润。资本权力的灵魂如同一个幽灵般的存在，无时无刻不在创造一个无止境的更快、更高、更强的境界，而金融从业者以及他们的所有活动都只不过是这一灵魂的载体，资本金融权力体系成为凌驾于货币金融，乃至整个生存世界之上的绝对权力。

三 实现"金融之美"的难度及其深层原理

如果说希勒的"金融之美"是可以实现的，那一定是货币金融层面的事，要在资本金融层面实现"金融之美"，必然存在历史向度的自我交战，也即资本金融权力体系的历史化，这一过程不仅会带来资本积累与贫困积累在发达国家与发展中国家的分化，而且会导致新的殖民关系出现，即"金融殖民"的可能性甚至现实挑战。

---

① 申唯正：《21 世纪：金融叙事中心化与整体主义精神边缘化》，《江海学刊》2019 年第 1 期。

(一) 资本权力的极化：资本收益率高企

资本权力具有极化的特性，这种极化表现在金融化世界中就是资本权力的整体性趋向。所谓极化①是指事物在一定条件下发生两极分化，使其性质与状态相对于过去发生了偏离。资本权力的整体性趋向不是它天生就有的，而是一个根本性的规律决定它不断趋向于总体，这一规律就是利润率下降规律。利润率下降规律经常被误解为利润率的量的下降，其实作为一个规律，它的作用机制与它的文字表述恰好相反。"利润率的下降和积累的加速，就二者都表现生产力的发展来说，只是同一个过程的不同表现。积累，就引起劳动的大规模集中，从而引起资本构成的提高来说，又加速利润率的下降。另一方面，利润率的下降又加速资本的积聚……加速资本的集中。"② 由此可以看出，资本不是自己要集中，而是有一个绝对的力的推动，与其说资本集中导致资本权力的整体性趋向，毋宁说二者根本就是一回事。所以，从历史向度查审，金融无论是在理论上还是在实践中，都蕴含着一个自我交战的过程，因为它不可能直接实现"金融之美"，而是通过人类自我挫败、自我克制、自我批判的对象化过程才能实现。

《21世纪资本论》理论性结论的核心是20世纪70~80年代以来发达资本主义国家资本收益率高企。其实皮凯蒂的资本收益率高企正好从数理上证明了马克思的利润率下降规律，所以，说皮凯蒂是"资本主义制度的'体检医生'"或《21世纪资本论》是"金融化世界的全景式展示"都不为过。资本收益率高企是权力精英化的实证研究结果，在现象上表现为精英阶层的出现与巨富的产生，而在其本质上，就是利润率下降规律作用的结果。所以资本收益率高企与资本权力极化都是利润率下降规律作用下同一个现象的不同表现形式，其在本质上是一致的。利润率下降规律决定了两极分化的必然性，资本收益率高企是21世纪精英阶层绝对存在的另一种

---

① 关于极化的研究有很多，纲纳·缪达尔在研究区域经济学时提出极化效应。他认为在市场机制的作用下会造成发达地区越富、落后地区越穷的两极分化现象，即迅速增长的推动性产业吸引和拉动其他经济活动，不断趋向增长极的过程。在这一过程中，首先出现经济活动和经济要素的极化，然后形成地理上的极化，从而获得各种集聚经济，即规模经济。规模经济反过来又进一步增强增长极的极化效应，从而加速其增长速度和扩大其吸引范围。
② 《马克思恩格斯文集》（第7卷），人民出版社，2009，第269~270页。

表达。所以，21 世纪，不变的是资本权力的极化，变的只是金融化带来资本收益率高企使极化得以增强。随着资本权力的极化，资本金融权力体系分割剩余价值的力度和广度也会出现迭代式分化，全球化的经济现实使资本金融权力体系分割剩余价值的范围扩大到全球。所以，随着金融化的进一步加深，资本权力整体性趋向呈加速度演进，即资本权力的加速极化与分化。

（二）社会财富的极化：资本积累与贫困积累

随着资本权力的极化，市场体系中参与分割的剩余价值如同电流的正负电位一样出现反向流动，社会财富随着这种运动发生两极分化，一极是趋向正极的资本积累，表现为资本账户中数据的增加、兑取社会财富权力的增加、经济体量的增强；一极是趋向负极的贫困积累，表现为潜在的生态危机、经济危机、人的发展危机的单纯积累或叠加积累。资本权力的极化导致社会财富的极化，这种极化的社会关系对代表资本积累一方的巨额资本所有者来说越来越有利，而对代表贫困积累一方的资源消耗、社会劳动关系破坏、人力过度榨取来说却越来越不利，而且，这种有利条件与不利条件还会随着金融化的推进被不断生产出来。"资本主义生产不仅是这种关系的再生产，而且是这种关系在日益增长的规模上的再生产……资本的增长和无产阶级的增加表现为同一过程的互相联系的又是分裂为两极的产物。"[1] 在全球化、金融化叠加推进中，全球范围内的所有财富，当然也包括未来的财富，在资本金融权力体系的作用下出现两极化流动，这种两极化流动在经济学中表现为资本收益与劳动收入的反向相关，即前者相比过去越高，则后者相比前者就越低。在正向的资本积累一极，财富以免于生产的、不断趋高的资本收益率迅速向精英阶层进而向巨富集中；在负向的贫困积累一极，财富以资源、社会劳动、劳动者的渐进式消耗而缓慢向欠发达国家、欠发达地区转移，劳动收入提高的比例明显低于资本收益率，虽然有时候劳动收入的绝对值是提高的。这是因为在金融化背景下，资本分割剩余价值的工具越来越锋利，杠杆率倍增效应越来越明显，资本权力从早期的倍数放大慢慢发展为指数放大。如果说"在文明时代，贫困是由

---

[1] 《马克思恩格斯文集》（第 8 卷），人民出版社，2009，第 544 页。

过剩本身产生的"①，那么在金融化时代更是如此。这里的贫困积累对于发达国家而言，在其表面上可能是更加丰裕，即需要甚至是被动的需要都得到了最大限度的满足，然而对于欠发达国家、欠发达地区的普通劳动者来说，却存在因资源消耗而出现的生态贫困、因社会劳动的攫取而出现的经济贫困、因劳动力的攫取而出现的人的发展的贫困三个方面深层次危机的威胁。社会财富的两极分化反过来进一步强化资本权力的极化，这是一个正反馈过程，而且，资本市场越完善，这种正反馈机制越明显。

（三）"金融之美"背后的深层原理：金融殖民

金融化世界是一个两极分化的世界，"资本市场越完善，资本收益率大于经济增长率的可能性就越大"②。"金融的'富人更富'的秉性与金融的民主化、人性化的矛盾对立不可调和。"③ 这是资本直线运动的必然结果，正是这种运动推进着全球化乃至金融化的进程。一方面全社会所有人都在为财富积累打拼，另一方面财富又不以人的意志为转移地向少数人集中；一方面，人类在追求自由中客观地推进着金融化，金融化也使人追求自由的愿望得以实现，另一方面，金融化又客观地形成了对绝大多数人自由的限制。面对庞大的资本金融权力体系，人类已积重难返，该去向何处？对金融化的进一步追问必然把我们引向"金融殖民"的时代困境。金融化世界在其本质上是一个金融殖民的世界。金融殖民是指金融博弈的背后，凸显出实现世界霸权的野心。"今天的世界上正在发生的事情，是一场不折不扣的'新鸦片战争'。……今天这场新的鸦片战争同160年前英国人打得更加直接的鸦片战争一样致命，而且一样的危险。"④ 刘福堆在《金融殖民》一书中通过对苏联卢布的世界悲剧、日本被金融殖民的噩梦、离岸金融的隐秘世界等历史事实的刨根问底，揭示了金融资本如何通过流动实现对世界的殖民。⑤ 可见，金融殖民是一场隐性的世界战争，它与鸦片战争的不同

① 《马克思恩格斯文集》（第3卷），人民出版社，2009，第532页。
② 〔法〕托马斯·皮凯蒂：《21世纪资本论》，巴曙松、陈剑、余江等译，中信出版社，2014，第28页。
③ 张雄：《金融化世界与精神世界的二律背反》，《中国社会科学》2016年第1期。
④ 〔美〕威廉·恩道尔：《金融霸权：从巅峰走向破产》（增订版），陈建明、顾秀林、戴健译，中国民主法制出版社，2016，中文第一版序第7页。
⑤ 参见刘福堆《金融殖民》，中信出版社，2011，第1、25、67页。

之处只是没有了坚船利炮与战火纷飞，表面看上去文明了许多，但内在的本质却并无二致。

在资本权力整体性趋向中至少预设着财富两极分化与更深层次矛盾的三个方面：首先，金融殖民是在资源资本化条件下，资本对欠发达国家与欠发达地区资源的掠夺；其次，金融殖民是在国际分工越来越细化的条件下，资本对劳动密集型产业中社会劳动的掠夺；最后，金融殖民是在本能化劳动的条件下，资本对人的劳动力的掠夺。一个问题值得追问：谁是殖民者？这样的设问首先是一种二元对立的绝对思维方式，这种金融殖民不是过去直接的一国对另一国的殖民，而是一种体现在政治、经济、文化等方方面面的过程性社会关系，说到底，是以资本为轴心的社会关系的作用机制。那种一国对另一国的殖民只是这一作用过程的结果，其根源就在于以资本为轴心的生产方式。金融殖民是作为人类对象化存在的资本金融权力体系对人类生存世界的不断挤压，导致人们在相互排斥与抗争中不得不趋向于整体主义的发展方向。个人独立于他人，但又是整体的一部分，只有实现与整体的统一，对个人而言才有实际意义和生存基础。所以，金融殖民与其说是发达国家对发展中国家的殖民，毋宁说是资本金融权力体系对人类生存世界的支配。

小 结

"金融之美"与"金融之恶"的辩证统一。在金融化被迅猛推进的今天，我们需要追问"金融之美"到底美在哪里？如果金融是美的，它绝不是绝对肯定的美，而是一个否定主义的美，资本金融权力体系的生成既是"金融之美"的功劳，也是"金融之恶"的结果，金融化世界从本质上就是一个二律背反的世界。希勒的两个层次的美带来的后果却分别是权力精英化和财富两极化的事实，正是资本权力整体性趋向与现实财富两极分化的内生性矛盾导致生存世界金融化。或者我们可以说，如果有"金融之美"，这个美不在于民主，而在于二律背反。希勒眼中通过"撮合交易"服务大众、分享财富的"金融之美"在现实层面上是历史进步与人的发展的体现，但是从资本逻辑的角度，两方面都存在缺憾甚至悖论，因为我们在享受"金融之美"的同时，也必然受到"金融之恶"的制约甚至支配，与其说"金融之美"与"金融之恶"共同构成金融的本质特征，毋宁说二者本来就是一回事，既没有脱离美的恶，也没有脱离恶的美，我们能够做的，无非就是控制二者的比例罢了。由此可见，金融的美学绝不是肯定的、绝对的审美，而是辩证的、否定的、相对的审美。当然，这里对"金融之美"的深层剖析不仅不是全面否定希勒的审美，而且是在充分肯定他重大贡献的同时，从更深层次上探讨金融化无法回避的矛盾问题。一方面我们确实无法回归过去极简的文明；另一方面，我们必须继续向前、只能向前，所以资本权力整体性趋向与现实财富两极分化的内生性矛盾就是现代人必须承受的。以希勒为代表的经济学家的救赎意识在金融的本质面前显现出它的虚幻性，金融化世界的二律背反属性决定了当代人在前进中必须具有批判眼光、批判意识、批判武器，我们只有在不断的批判与反思中才能走向历史进步的普遍性。

第九章 "金融之美"的历史向度反思

【本章提要】金融化进程使人成为资本总体性的一种过渡，金融的本性是现代人自我交战的根源，个体内在精神结构被改变（人与自身）、资本权力更趋向于人的意志（人与资本）、历史的时间空间在人的意识领域被重组（人与历史）。金融的历史化是人类金融实践的历史结晶，构成"金融之美"的不竭动力来自三方面自然力的历史化和消耗，即人的自然力、社会劳动自然力、自然界自然力的历史化和消耗。对"金融之美"的思考实际上是在深层次上诉求金融文明的历史上升运动，内在地包含着三方面的历史化进程，即"金融之美"内在的对抗与张力、对民族国家界限的挑战以及经济理性与政治理性的二律背反。如果说金融是美的，那么其在深层次上是美与恶的辩证统一。没有历史化的考察就上升不到人文精神的高度，就历史向度而言，毫无疑问，金融是美的，但是它在何等意义上是美的？仅仅是感觉主义单向度的美吗？绝不是，在现代性的框架内，审美必须上升到否定主义美学的高度才能显现出事物真正的美。所以对金融化世界的审美，从肯定方面着眼的同时，还必须从否定的方面着眼，也就是从金融化世界内生的对抗性、矛盾性出发，探究并发现这一世界历史向度的审美价值。

一 人是过渡：金融化与人的生存境遇

金融的本性是金融化世界中的现代人必须与自己进行自我交战的深刻根源。金融无论是从时间的角度还是空间的角度看，都意味着生命最具价值的追求和显现。公允而论，金融的正常体验与人的精神世界有着积极的适应关系，但过度充盈的金融意志、行为与人的精神世界之间的关系，已成为现代人必须与自己进行自我交战的根源。正如尼采在论述超人时说的一样，"人是一根系在动物与超人之间的绳索——一根悬在深渊之上的绳索。……人身上伟大的东西正在于他是一座桥梁而不是一个目的；人身上可爱的东西正在于他是一种过渡和一种没落"①。金融化进程使人成为资本上升为资本金融权力体系的一种过渡。

（一）金融化与个体精神结构的改变

在金融化背景下，现代性的价值通约主义不仅通约了所有物的价值，而且通约了人对生命价值的认知，改变了个体生命对生存世界之意义的追求与理解。首先，金融以绕过生产之"倒霉事"的强大吸引力与人性之贪婪、恐惧紧密结合，作为资本人格化的人的行为朝着资本逐利的世俗化方向发展，丝毫不以个体的意志为转移，表现为现代金融工具及其衍生品对人们日常生活的充盈，个人的宏伟志向、财富管理、需要体系等无一例外地与金融发生关联，生存质量也因此得到显著提升。同时，金融的逐利秉性与人性的自私贪婪高度契合导致人成为逐利的工具。其次，未来时空的无限性、金融衍生品的创意性与人性之冒险、避险精神高度契合，市场中的行为人更偏好于"投资—交易—风险规避"的理性算计，生命的意义因其财富所有权的流转而不断变换节奏。总之，个体内在精神结构随着金融化的推进而不断完成自我否定的辩证转换，K线图的波动、指数的瞬息万变，常常因巨大盈利而给一部分人带来极度欢乐，因瞬间亏损而使另一部分人的心理受到强烈冲击，抑或两种极具反差的情绪同时集中于同一个体，读秒抉择成为个体金融内化的真实体验。面对个体内在精神结构的改变，一方面，我们要积极面对金融化世界之世俗化的经济性，肯定个体精神结构改变的历史特殊性作用，金融行为学研究对象的个体行为作为一种经济动力学原理越来越受到关注和肯定，金融所激发的个人私欲、利己动机所抽引出的激情、冲动、癖好、禀赋凝结成强大的恶的历史动力，整体主义的普遍性如果缺少了这种恶的特殊性，将会变成没有生命活力、没有真实存在感的乌托邦幻想。另一方面，更要高扬追求彻底自由的整体主义精神，深刻反思人是目的还是工具的问题。人类历史是一个挑战与应战的发展过程，21世纪的人类正是在不断应对个人虚荣心、权力欲、贪欲心的挑战中创造更高的"生存境界"，从而推动人类不断实现自由计划的，因为人性中

---

① 《尼采著作全集》（第4卷），孙周兴译，商务印书馆，2010，第13页。

私向化行为总是在受阻后被迫产生"利他主义"道德原则,这是整体性自由蕴含在历史特殊性中的历史普遍性诉求。当生活中所有的活动背后都存在隐形的金融架构时,金融的意志就越是侵入人的灵魂,不仅改变人的世界观、价值观,而且使人的本质逐渐向经济性的物的世界转移,金融获得了定义人本质的特殊规定性。

"金融之美"在更高价值追求上的整体性预设,即所有金融机构的创设、金融工具的开发都应当以人类的利他主义为核心,通过"普遍形式的中介"而使个人得到肯定和满足,它预设着三大重要原则:其一是追求社会性原则,即使是非社会的社会性;其二是追求利他主义原则,即使是以利己为前提的利他;其三是追求整体的制度文明原则,即使是以对抗性为表现形式的整体性趋向。主体性不仅与物欲相关联,而且这种关联与整体性自由之间形成张力。如果让精神世界完全服从于金融的逻辑,服从于市场命令的召唤,必将招致人类的精神堕落,甚至毁灭。精神性的深度在于整体自由,经济性的根据在于个体欲望,两方面构成肉体与灵魂、欲望与理性的对抗,毫无疑问,完全离开精神性的经济性必将把人类带向"原始丛林"的"狼群撕咬"。所以,一方面是现代人自我交战的心理世界,另一方面是价值观念被重组的精神世界,个体的精神结构由此发生改变。

(二) 金融化与资本权力的自由意志

资本不是从来就有的,它的出现以及每一次扩张的关键性环节都离不开精神自由的原初性因素。从马克思所处时代的自由竞争形式,到列宁所处时代的垄断形式,再到21世纪的金融化形式,资本经历了一次又一次的"否定之否定"发展过程,金融化是资本在21世纪最高的也是最抽象的表现形式。资本的时间更具跨越性、空间更具广延性:一是作为量度时间的价格已不再是"一把斧头""两只绵羊"等客观决定的量,而是心理层面偶然和任意的东西,而且是不以人的意志为转移的客观存在的东西,所以,我们甚至可以说,价格已经成为客观存在的完全主观意志的东西;二是基于价格的竞争已不再是实物的质量的竞争,而是叙事能力的竞争,金融资本一旦可以脱离实体经济独立运转,就意味着它仅仅代表所有权形式的转移,成为实体经济的镜像化存在,实体经济只是一个参照系。在全球化、信息化、智能化背景下,资本金融权力体系加速了全球资本总量的私向化,尤其是以资本为主导的发达资本主义国家，"国民资本几乎全部为私人资本：全都占90%以上，有些国家甚至超过100%"①，甚至国家政治纲领都依附于对经济发展极其敏感的投资人的兴趣与偏好，在一些发达国家中，政治领域残留的一丁点儿公共资本也会随着资本收益率的节节攀升而遭到转让或变卖，私人资本的权力正在掏空国家的意志与权力，私人资本所承载的自由得到大大发展。金融化进程无论是在时间生产上还是在空间生产上，无时无刻不充满着追求虚拟实在的形而上学，尤其是金融化的工作原理变成意识论的演绎，衍生品的创意变成自由意志的实现，通过意象性存在的生产和流通，预先定义了未来，这是一种预支、预设的未来，它既是虚假的又是真实的，而且是比真实还真实的"超现实"。这种"超现实"赋予自由新的内涵，即无穷无尽的想象力和与此相匹配的财富创造力。一旦未来可以想象，可以凭想象加以创造，一切就无止境了，所以金融的全时空与实体经济时空之间绝不是量的区别，而是无限与有限的区别。

精神只有不被僵硬的资本逻辑所安排，不满足于现状，才能获得更广阔的自由，浮士德精神将现代人加以贯通，正如柏格森所言，"对于一个有意识的生命来说，存在在于变化，变化在于成熟，成熟在于不断地自我创造"②。每一个金融衍生品或金融工具的创造背后都是一次"自由意志"的伸张和对确定性的挑战，当有限的财富转变为无限想象的所有权索取时，金融所撬动的就不仅仅是实体财富世界了，历史上没有哪一个时代像今天这样，非理性如此繁荣，"任意叙事"已成为合理合法金融程序的一个环节，一切坚固的东西都烟消云散了，透过烟云，到处都是自由意志的闪现。

（三）金融化与历史时间空间在意识领域的重组

资本金融权力体系的时间生产与空间生产使人们对时空的主观认识发生了重大转变，某种程度上已经打乱了以往人们对时空坐标的定位，一方面深化了人们对时间价值和空间价值的主观理解，强化了人们对未来的认识；另一方面也使历史化的维度发生了转向，物化过程中的物从具体的实

---

① 〔法〕托马斯·皮凯蒂：《21世纪资本论》，巴曙松、陈剑、余江等译，中信出版社，2014，第XⅦ页。

② 〔法〕亨利·柏格森：《创造进化论》，姜志辉译，商务印书馆，2004，第12~13页。

物转向了意象性的物，即金融产品或金融程序。首先，对未来认识的强化主要表现在以现有的财富最大化地兑取未来的财富，心理坐标从利益最大化转向未来最大化。在当下与未来的对比中，人们当下生命时间的有限性与未来时间的无限性通过金融合约加以折合和叠加，人的有限生命可以兑换到未来的无限时间，人的生命在其意识领域中被时间概念贯通，"时间就是金钱"成了至理名言，能够创造时间、拥有时间成为财富的最大象征，所以人人是未来时间的计算者、人人是金融合约的签约者已成为现代人日常生活中不可缺少的内容。层出不穷的金融产品意欲将所有的生命时间锁定在金融合约之中，拥有金融合约意味着拥有未来的时间空间，这一点在保险行业的产品中表现得更为明显。其次，当物化的结果体现为意象性存在时，历史化的维度至少发生以下三方面的变化：一是充满数据幻象、景观幻象、未来幻象的金融产品及其衍生品层出不穷，物的东西没有了，有的全是分不清虚实的意象，任意的叙事、否定主义美学推理、未来时空的诱惑等，在声、光、电带来的后现代幻觉效应的辅助下，关于未来的叙事成为"真实"的存在；二是历史离不开记录，金融化的历史成为记录的数据，呈现在人们眼前的景观不再是水泥、钢筋、混凝土，而是由资本头寸的流动所产生的数据，或许几个世纪之后，翻开今天的历史，看到的除了数据之外还是数据，所有的贫富差距、生态破坏、非正义行为在数据面前可能还会完美地显现为"国际平衡"[1]；三是高度理性化的交易程序让现代人被程序逻辑的"牢笼"所囚禁，程序作为人类精神产品反过来支配人，程序服务人的理念经常被人围绕程序转的现实加以反证。"技术的灵性吞噬了历史承载的人文精神，金融的历史化被金融的工程化所替代，实体性的历史传统被虚拟性的当下创意所替代，金融的社会历史担当被追求既得利益的形式化套利功能所替代。"[2]

时间空间在人的意识领域重组必然导致意义世界的扁平化，与此相应

---

① 〔法〕托马斯·皮凯蒂：《21世纪资本论》，巴曙松、陈剑、余江等译，中信出版社，2014，第50页。皮凯蒂在论证"国际平衡"时的表述如下："20世纪80年代以来，金融全球化的一个特点是许多国家之间的净资产头寸几乎趋于平衡，但是绝对值还是比较大的。换句话说，许多国家持有大量其他国家的资本，相应地，其他国家也持有这个国家的资本，这两方的头寸大致是相等的，因此净国外资本接近于零。"

② 张雄：《金融化世界与精神世界的二律背反》，《中国社会科学》2016年第1期。

的是历史化意识的淡薄，因为金融的目标更倾向于分割剩余价值而不是生产剩余价值，财富创造的速度永远没有直接分割财富的速度快，所以历史时间空间的重组内在地蕴含着资本逻辑的直线运动，它改变人的意志，却不以人的意志为转移，正如尼采惊叹人是过渡！今天的人看上去更符合尼采的语义，历史反转为平面，人成了时间空间链条上的过渡性存在。

二 "金融之美"的历史化内涵：资本对自然力的吮吸

金融的历史化不是简单的技术问题，它是全社会、全人类金融实践的历史化结晶。我们可以试问，是什么支撑着金融使其具有美的性质？是什么构成"金融之美"不竭的动力源泉？透过金融的利益分割，我们看到的是自然力①的历史化与消耗。金融之所以具有美，其根源在自然力的三个方面的历史化，这种历史化过程本身就是一种自然力的消耗过程，而且不费资本分文。

（一）金融化与人的自然力的历史化和消耗

马克思在论述劳动过程时指出，"劳动首先是人和自然之间的过程……人自身作为一种自然力与自然物质相对立"②，即劳动力在劳动过程中所耗费的是他自身的自然力，也就是说，人的自然力等于劳动力，"劳动力的剩余劳动，是资本的无偿劳动，因而它为资本家形成剩余价值，一个无须他花费任何等价物的价值"③。劳动力的社会性就是对他人的依赖性，劳动力的自然性是价值的积累。每个劳动力只有通过对别人的依赖才能生存，资本生产产品，产生剩余价值，实现剩余价值，又转化为资本。这样人的自然力不断被吸收、转化为资本，资本的扩张包含人的自然力（智力、体力）。马克思指出，劳动力商品独特的使用价值具有的决定性意义在于"它是价值的源泉，并且是大于它自身的价值的源泉"④。换句话说，剩余价值

---

① 自然力是马克思《资本论》中的一个重要概念，主要包括三个方面，即人的自然力、社会劳动的自然力和自然界的自然力；相对于资本家而言，自然力的主要特征在于"不费资本分文"。
② 《马克思恩格斯文集》（第 5 卷），人民出版社，2009，第 207~208 页。
③ 《马克思恩格斯文集》（第 6 卷），人民出版社，2009，第 45 页。
④ 《马克思恩格斯文集》（第 5 卷），人民出版社，2009，第 226 页。

的物质基础就是对人的自然力吮吸，也就是人的自然力的历史化与消耗，一方面资本主要依靠人的脑力与体力的消耗实现财富创造，虽然随着知识经济的兴起，脑力与体力的作用有所变化，但劳动力的作用依然不可缺少；另一方面资本又通过吮吸散落在老百姓口袋里的冗余实现资本权力扩张，这正是金融化的重要环节，同时，资本通过吸收人的自然力造成资本对人的自然力更强大的吸收，因为资本力量越强大，它就越可以把周围的一切吸收到自己的循环圈中。个体劳动者被资本的强大力量挤压，劳动者越来越趋于依附地位。资本越强大，就能把越来越多的生产要素吸入其强大的循环圈，一旦形成循环圈，就形成资本积累，与之相对应的则是贫困积累。而且贫困积累的代际传递现象在金融化时代更为显著。正如皮凯蒂所得出的结论，"当资本收益率大大超过经济增长率时，从逻辑上可以推出继承财富的增长速度要快于产出和收入。……相对于那些劳动一生积累的财富，继承财富在财富总量中将不可避免地占绝对主导地位"①。在金融化进程中，无论是时间生产还是空间生产，无一例外地吮吸财富到资本金融权力体系之中，这一吮吸过程最先瞄准的就是老百姓口袋里暂时闲置的货币，五花八门的投资产品所构成的"景观美轮美奂"，无时无刻不在吸引人们进行投资，保险、证券、银行个个"敞开大门"，在一些人员流动相对稳定或流动性较差的地区，民间信贷、民间集资也以同样的方式吮吸人们口袋中的货币，这种方式往往以更高的投资回报率撬动人们在其他领域的投资或储蓄，而且常常瞄准老年人的养老积蓄，这种现象虽然在性质上是非法的，但其程序与合法的金融业务并无二致，而且在高回报的吸引下更为猖獗，投资者最终面对的往往是集资方"跑路"，血本无归。如果给人的自然力的历史化过程进行一次"X光透视"，我们可以看到三股力量：一是过去积累的劳动时间流向资本金融权力体系；二是未来可能的劳动时间流向资本金融权力体系；三是当下的劳动与资本金融权力体系之间关系密不可分。换句话说，资本金融权力体系通过现代人在当下的各种金融合约，不仅吮吸过去积累的财富和未来的财富，而且以未来时间为中介，以竞争为机制，加速对当下人的自然力的吮吸。这种吮吸往往在挑战人的生理、心理底线的情

① 〔法〕托马斯·皮凯蒂：《21世纪资本论》，巴曙松、陈剑、余江等译，中信出版社，2014，第27页。

况下进行，当人的自然力达到极限时，各种违法乱纪、假冒伪劣的现象就会出现，因为人的自我保存是人存在的先决条件，"法的命令是：'成为一个人，并尊敬他人为人'"①。法律、道德的前提是人的自我保存得到保障，一旦前提条件被破坏，法律、道德也就必然会被践踏。个人所有的财富，包括现有的和未来可能的财富，统统锁定在金融合约之中，变为各种合约中的数据化存在。人越来越渺小，离开金融就没有发言权。在金融化世界中，人们消耗一生的自然力积累的财富最终都以数据显现在各种金融合约里，成为人的自然力历史化的产物。

（二）金融化与社会劳动自然力的历史化和消耗

社会劳动在马克思恩格斯著作中出现的频次并不多，所以经常被忽视，但出现频次不多并不代表它不重要。无论是在理论上还是在现实中，社会劳动这一概念都极具重要性。社会劳动的自然力是马克思的重大发现，不过他也受到了亚当·斯密的启发，早在《国富论》第一章中，斯密就提出生产的力量从人与人的关系中来。在《共产党宣言》中，马克思恩格斯对社会劳动第一次作出评价："资产阶级在它的不到一百年的阶级统治中所创造的生产力，比过去一切世代创造的全部生产力还要多，还要大。……过去哪一个世纪料想到在社会劳动里蕴藏有这样的生产力呢？"② 可见资本主义生产方式使社会劳动的内涵发生了转变，激发了劳动者潜能，创造了强大的生产力。资本主义的自由竞争在当时促进了生产力的发展，其重要原因之一就是实现了社会劳动的高效率。马克思指出："我们已经知道，由协作和分工产生的生产力，不费资本分文。它是社会劳动的自然力。"③ 社会劳动说到底就是社会分工的结果，是社会组织对社会劳动自然力的高效组合与占有，它具有生成性，是人与人的社会关系中生成的一种力量，而且这种力量不费资本分文，延伸到现在就是管理学领域的内容。人与人的关系力量一旦纳入资本扩张的轨道，这一力量的强大程度就会令世人惊叹，如中国改革开放以来实现的高速的经济增长从政治经济学的角度看，与社

---

① 〔德〕黑格尔：《法哲学原理》，范扬、张企泰译，商务印书馆，2009，第53页。
② 《马克思恩格斯文集》（第2卷），人民出版社，2009，第36页。
③ 《马克思恩格斯文集》（第5卷），人民出版社，2009，第443页。

会劳动的作用密切相关。

21世纪的社会劳动概念虽然没有超越马克思所处时代的组织形式，但是金融化赋予它更多的内涵，金融资本具有的脱域性使其能够在全球范围内自由流动，就社会劳动而言，这种流动必然产生两种效果。一是吸收全球范围内社会劳动的成果，让物化的财富流动起来、联系起来、聚集起来，从而形成强大的权力中心。二是金融资本以其强大的权力在全球范围内进行资源配置，这必然带来社会劳动效率的大大提升，全球范围内的创新与发展从更长时间链条上观察，一直处于加速度的状态，尤其是资本金融化以来，劳动效率提高得更为迅速，其中社会劳动功不可没。金融化与社会劳动之间的神秘关系存在两个层面：一方面，资本在全球范围内配置资源，加速财富积累；另一方面，资本又在全球范围内分割剩余价值，加速权力的集聚。这两个层面的加速带来的结果是处在分工链条上的个人的工作越来越细化，而且在资本加速度的基础上，个人工作强度也越来越大，马尔库塞对单向度的人的描述越来越成为现实。把人的多种多样的情感都纳入一维的资本增殖轨道，资本的力量实现了最大化，但资本其他方面的能力就被削弱，甚至是丧失了。有人说马克思主张消灭分工，其实不然，马克思主张的消灭分工只是消灭资本扩张过程中的这种单向度的分工，人与人的关系都融化在利己主义的冰水之中的分工。在马克思的语境中，人人都成为资本增殖齿轮上的螺丝钉，甚至资本家也是螺丝钉，因为他只是资本的人格化。在金融化世界中，社会劳动的自然力被前所未有地开发，并且前所未有地被吸收到资本金融权力体系之中，最终显现为各种金融合约的数据化存在，成为历史化的产物。

（三）金融化与自然界自然力的历史化和消耗

自然界的自然力对于资本来说更是不费分文，马克思关于自然界的自然力不费资本分文的正确解读对理解金融化意义重大。自然界的自然力本身没有价值，所以不费资本分文，但在金融化世界中，自然界的一切都变成了有价格的财富。马克思为什么说它不费资本分文呢？以地租为例，资本家支付的租金来源于超额剩余价值，是工人生产的，所以不费资本分文。价值通过物质力量支配人，单位资本吸收的自然力越来越多，所以支配人的物质力量也越来越强，人的依赖性通过物质力量实现，在价值不变的情况下，物质力量越强大，吸收人的自然力的力量也越大，同时，吸收自然界自然力的力量也就越大。金融化世界从表面上看虽然没有英国工业革命时期圈地运动的马鞭，实际上只要看看变色的河流、污浊的空气、坍塌的矿洞就不难想象资本对自然界自然力的吮吸，甚至掠夺是何等严重。其实，资本金融权力体系对自然界自然力的吮吸越来越大，而不是相反，一座大都市每天消耗的石油、电力、饮用水有哪一项不是自然力的消耗呢？尤其是这种消耗背后再加上一台资本金融的吸取器之后，自然界只能以灾难的形式无声地诉说被吮吸的疼痛。金融资本的权力越强大，能够撬动的自然界的自然力就越大，它可以使大片荒芜土地瞬间变得价值连城，也可以使繁华的大都市在一日之内变为萧条。而且强大的金融机器甚至可以湮灭一切反抗。

总之，资本极具创新性，但正如熊彼特所言，这种创造性和毁灭性是同源的。资本主义真正的危机来自资本对以上三种自然力的吮吸所导致的三方面的贫困积累。资本主义的丧钟之所以至今还没有敲响，其根本原因就在于资本自身长出了金融化的"新器官"，金融资本的全球流动决定了贫困积累与资本积累在全球范围内分散开来，地理上的差等不仅给资本扩张增加了动力，还使危机爆发的条件发生分离，从而使爆发的可能性大大降低。资本权力来自依赖性，依赖性是权力之源，人与人之间越是相互依赖，资本权力越是能得到扩张。资本需要贫困，因为贫困产生依赖性，越是贫困依赖性就越强，资本权力也就越大。"积累是对社会财富世界的征服。它在扩大被剥削的人身材料的数量的同时，也扩大了资本家直接和间接的统治。"① 资本积累必然导致贫困积累，这两个积累是资本主义矛盾的核心，私有制使这些矛盾发展到极致，进而产生两大问题：一是导致私有资本竞争性扩张，造成生产的无序化；二是没有最好只有更好的理念使竞争性发展到极限导致竞争性贫困。一旦出现危机，资本家就认识到必须改变社会，虽有共识、理念，但缺乏物质化的手段，个别资本家无能为力，因为，个人尽管有批判的武器，但没有扭转社会的物质力量，不仅无法扭转贫困，反而加重贫困积累，加剧两种积累的矛盾。所以，希勒"金融之美"的表层现象下面是三种自然力的历史化与集中，这一历史化现实在显示出美的

---

① 《马克思恩格斯文集》（第5卷），人民出版社，2009，第684页。

同时，也因为消耗了以上三种自然力而出现了各种贫困的现象。

三 金融文明的诉求与"金融之美"的历史向度反思

从野蛮人到文明人过渡的历史化思考是从卢梭开始的，卢梭、黑格尔、尼采都十分重视对历史化的反思。历史化实际上就是文明的概念。尼采批评他前面的哲学家缺乏历史感，实际上就是指他们的思想没有历史化的内核。对"金融之美"的深度思考事实上是对金融文明的诉求，所以，"金融之美"如何历史化为金融文明乃是本章的要旨，它内在地包含着如下三个原理。

（一）"金融之美"的内在对抗性

"金融之美"首先是现代性视域中审视生存世界的一个结果，现代性的特征之一是世俗化的基督性，它不同于古希腊表现主义的整体性，内部包含着对抗性，而且这种对抗性是现代性之所以发育、发展的内驱力，资本金融权力体系作为现代性高级阶段的产物，从逻辑上预设着这种内在对抗的本性与命运，所以21世纪的金融如果是美的，那么它绝不是单向度的和谐、对称之美，而是充满对抗与张力的"否定主义"之美。希勒揭示的"金融之美"极其重要，但是如果只是在希勒救赎意识层面上认识"金融之美"，一定是不全面的"半截子"审美。追溯历史不难发现，希勒式的审美类似于古希腊表现主义的审美，这种审美形式不仅把人理解为自然而然地存在，而且把金融业理解为自然而然地存在，整个金融化过程似乎是一个不被干预、没有添加人的意志的过程，没有把金融看作深刻的反思对象。而真正理解"金融之美"首先必须从人的角度出发，从人如何实现彻底自由的层面出发，也就是在理性的辩证运动中追寻自我证明的最高境界，这就内在地要求宣布古希腊表现主义美学的死亡。与金融化进程相伴随的是理性的成长和自由的成长，它必须与古希腊的自然的东西、感性的东西决裂。这种金融化的自由表现在一种对未来的反思与追求之中，它内生着现代性所天然具备的竞争、掠夺和交战，伴随着现代人所必须经历的挫折、痛苦与忍受，如若不是这样，历史就会处于停滞不前的状态。所以，精神要想获得提升，必须经过自我交战，金融化本身就是人类自我交战的产物。这个自我交战在尼采哲学里表现为不断否定、批判、超越自我，他认为这是一个有素养的民族应该拥有的现代性精神。尼采对西方近代历史从精神方面的挖掘是深刻的。西方现代性发育，是从中世纪牧师地下策划开始的，讨论基督教的革命问题，第一个问题就是解释上帝，他们认为上帝不过世俗生活，所有世俗生活都是以否定的形式来说明人是有原罪的，人一生下来，就需要通过道德的忏悔力量提升灵魂，以保证可以死在另一个通道上（天堂），当下的存在已经没有意义了，作为最高的位格，远离世俗社会。基督教的变革、成功，也在于反基督教的革命精神、否定主义美学、丢掉神学、走向个性化的世俗。如若不是这样，基督教生存不到现在。英国蒸汽机的发明是现代性生长的起点。德国人认为现代性的本质就是有所堕落、有所获得。康德在《历史理性批判文集》里指出，历史的进步只有伴随着挫折、痛苦、罪过等才能前进。康德认为"恶"就是人的欲望、私欲、发财欲，是市场发动的最初能量。所谓自由的历史，就是现代性发育的历史。现代性本质上就是追求人的自由。德国人为了培育现代性精神，宣布古希腊表现主义的综合审美必须死亡，死亡不等于不要它，德国人是有分寸地对待古希腊，把它作为历史的遗存物来进行审美，但绝不是德国人对现代性的审美尺度，因为现代性，尤其是金融化时代，一切存在都内置了内在对抗性的特征。

（二）"金融之美"对民族国家的挑战

资本越是趋向于总体性，它的权力就越能最大化，金融化的资本一方面演绎着自身的尽善尽美，另一方面吞噬着民族国家的界限，当它可以在全球范围内灵活配置资源时，也就意味着它的铁蹄已经踏平了民族国家的壁垒。针对民族国家，21世纪的金融资本至少实现了以下三个方面。第一，整体性趋向与生态危机的转嫁。金融资本在全球化的现实基础上可以在世界范围内任何地方"安家落户"，只要有可供吸取的资源，而且金融资本所到之处无不以扶贫者、投资者的形象出现，也无不得到热烈的欢迎，对于落后地区而言，资本的投入意味着较高的土地价格，较高的工资、红利等回报。但与此相对应的是自然力的被吮吸与被转移，三种自然力凝结的价值作为金融资本的收益流向了资本所有者的口袋，留给落后地区的往往是满目疮痍的自然环境、充满生死竞争的民族经济、单向度的人的发展路径。实际上，金融无论有多美，它都不能改变危机的潜在性，它唯一能够改变的就是将危机转嫁给落后国家和落后地区。随着"财富的劳动价值论被财富的权力意志论所替代"①，这种转嫁变得更加容易。第二，整体性趋向与世界经济的两极分化。金融资本与资源的双向流动必然导致世界经济的两极分化，尤其是在货币通约一切的时代。金融化世界的前提是生存世界的货币化，所有的东西都获得了商品的齐一化属性。不同事物的差异成了价格的差异，所以，在金融化世界中，资本权力可以通兑一切，一切存在都被量化、均匀化、齐一化、可交易化。第三，整体性趋向与民族国家壁垒的弱化。人类社会的发展，一直遵循着从分散到联系、从割据到统一、从部落到国家、从国家到世界的历程，也即人类越来越走向联系着的整体，当然这一过程中充满着丰裕与饥饿的对比、战争与和平的交替。进入 21 世纪，越来越多的人把目光投向全球治理，期盼着能够有一个全球范围内最权威、最公平公正的治理体系，执掌全球资源配置与公正倡议；各种世界性组织的纷纷出现证明着人类趋向整体性的社会属性，尽管目前尚未出现最令人满意的实践路径。

作为许多个人进行协作劳动的"社会劳动"，其过程必然是一个"总指挥"意志的内在联系与辩证统一，这种意志表现在与全部劳动过程有关的职能上，而非各种局部劳动，这像极了一个总指挥正在指挥一个乐队演出。令人惊讶的是：这是一种生产劳动，是每一种结合的生产方式中必须进行的劳动。资本金融权力体系把一个个世俗的个人都规训为乐手，在他的指挥棒下进行着交响乐的演奏。对这个权威的指挥者而言，一个个世俗的个人组成的命运共同体作为一个整体与指挥者——资本金融权力体系的指挥形成对立统一关系。占统治地位的资本金融权力体系作为一个总体座架着人类生存世界，在这种状态下，社会关系表现为一种个人追逐剩余价值之自由意志压倒一切的自然规律。他们在工作职能上的紧密联系和他们作为资本总体性生产所形成的统一，存在于资本的生产关系之中。所以，执行时间生产与空间生产的生产劳动，在实践中生成资本金融权力体系的权威，在观念上成为总体性资本的计划，进而作为资本金融权力体系意志（参与金融活动者的活动必须服从这个意志）的权力，却反过来与执行生产劳动的人相对立。金融化正是在资本总体性的这种矛盾对立中一点一点侵蚀着传统民族国家的界限。

---

① 张雄：《金融化世界与精神世界的二律背反》，《中国社会科学》2016 年第 1 期。

（三）"金融之美"：经济理性与政治理性的二律背反

理性作为主体在社会活动中形成的产物，绝不是柏拉图式的一成不变和完美无缺的，从社会功能的角度看，理性就是秩序，经济理性对应经济秩序，政治理性对应政治秩序，经济追求分化、极化，政治追求整体、统一，二者之间的张力发展到一定程度必然引起对抗性战争。金融化内生的对抗性和矛盾必然伴随经济理性与政治理性的冲突。丹尼尔·贝尔曾提出："掌管经济的是效益原则，决定政治运转的是平等原则，而引导文化的是自我实现（或自我满足）原则。由此产生的机制断裂就形成了一百五十年来西方社会的紧张冲突。"[①] 他认为经济领域与政治领域各自都拥有着自身的轴心原理，而且它们之间是相互矛盾的。从今天的金融化世界来看，全世界的无产者尚未联合起来，而资本却以金融的形式实现了渐进式联合，与金融对应的权力体系如同但丁笔下的神灵，它从属天之城下凡到属地之城，一方面尽善尽美，另一方面又兴妖作乱。如果但丁在世，他绝对想不到人间会是这样的天堂，也想不到人间还有这样的地狱。资本步步为营，把一切财富牢牢控制在自己的权力体系之中，所谓"天下尽入我彀中"。以资本为主导的社会从来都不平静，"资本好像一个摩洛赫，他要求整个世界成为献给他的祭品，然而由于某种神秘的命运，他永远满足不了自己理所当然的、从他的本性产生的要求，总是到处碰壁"[②]。理性自身创造了理性的秩序，或者说理性本身就是它所创造的秩序的创造物。资本到处碰壁的地方，迸发出各种病态的现象，构成经济理性与政治理性的冲突，每一次对抗的解决都是人类文明的一次进步，康德说得没错，"把那种病态地被迫组成了社会的一致性终于转化为一个道德的整体"[③]。康德的道德整体即人类的文明社会，内蕴着任何完美的历史进步都离不开人类恶欲、冲突、犯错以及道德方面堕落的过渡状态。也就是近代以来人类文明的进步离不开权力的斗争、离不开理性的狡计，正如斯宾格勒所言："时机的把握，可以决定整个民族的前途，把握得当，该民族便能主宰其他民族的命运，把握不当，

---

① 〔美〕丹尼尔·贝尔：《资本主义文化矛盾》，赵一凡、蒲隆、任晓晋译，生活·读书·新知三联书店，1989，第41~42页。
② 《马克思恩格斯全集》（第26卷第3册），人民出版社，1974，第505页。
③ 〔德〕康德：《历史理性批判文集》，何兆武译，商务印书馆，1990，第7页。

其自身的命运，便成为另一命运的对象。"① 不仅一个民族如此，即便是一个国家、一个人，也总是处于以物为媒介的相互依赖状态，要么依赖，要么被依赖，所以，当一个人不支配别人的时候，也就有可能被别人支配，国家也是如此。因此，历史的进步离不开人类追求彻底自由意志的能动驾驭，离不开善的正义精神对恶的异化事实的扬弃，离不开从否定主义走向积极的建构主义。

小　结

"金融之美"到底美在哪里？如果说金融是美的，就 21 世纪金融化世界的经济现实而言，这种美是希勒意义上的美与历史的恶深度融合的化身，恶的身体穿着美的外衣，无论外衣看上去多么华美，都不能阻挡恶的前进动力。在这层意义上，我们与其说"金融之美"，毋宁说是"金融之妖"。说是"金融之妖"并不是将金融妖魔化，而是说它具有一种世俗世界挥之不去的魅惑力量，在深层次上便是美与恶的高度融合与统一。在这里，恶的动力学以金融为载体，推动人类社会不断前进。

在全球治理层面上，皮凯蒂曾提出的全球资本累进税虽然只是一个乌托邦，被称为"皮凯蒂困境"，但是至少他对全球范围内资本管制（全球治理）认识的方向是与时俱进的，是合乎理性的。汤因比指出，任何历史大发展时期都会有五大历史怪象，其中之一就是乌托邦思潮，皮凯蒂的全球资本累进税在当下非这"之一"莫属。透过这一思潮，我们至少可以洞察以下三点：一是我们正处在一个全球化高度发达，即金融化的时代，资本驱动人类历史进步的速度、深度、广度史无前例，没有任何一个时代像今天这样，拥有如此快速的发展，这是资本加速度本性的真实体现；二是全球经济在资本金融的叙事、撮合、契约中汇集为一个实体性的总体，世界各国的经济呈现出高度依赖、高度联合、高度挟持的一体化状态；三是面对全球经济一体化的空间限制、挤压、极化，全球范围内的分工越来越细化，导致人与人之间的关系越来越相互依赖，即使是对抗，也只是进一步依赖的前奏。总之，在资本金融权力体系这一人类对象化产物面前，人类越来越趋向于同呼吸、共命运的命运共同体。

---

① 〔德〕斯宾格勒：《西方的没落》，吴琼译，上海三联书店，2006，第 418 页。

下 篇

资本金融权力体系生成的历史进步意义

——金融化世界的历史向度考察

【本篇概述】 本篇从资本与精神的互动展开，旨在揭示金融化世界是一个隐秘的人类历史进步过程之普遍性与高度私向化的经济现实之特殊性互动的矛盾体，在此基础上进一步指认这一现实的普遍性历史进步寓意。资本与精神的互动实际上是人类生存世界的经济性与人类整体主义的精神追求之间的矛盾与张力，德国古典哲学正是在资本与精神的互动关系中寻找自由的深层意义。首先，货币使原有的血缘、地缘、政治统治等条件下人与人之间的天然联系逐渐断裂，又在更大的范围内、更深的层面上建立起了联系，货币在对象化与个人自我的确立过程中表达了人的自由的开始；其次，资本的出现预示着人的物质自由的显现，但是它使人分为两部分，人格化的资本家和人格化的机器（工人），即一部分人的自由以另一部分人的不自由为前提；最后，财富（即金融化的资本）的积累是更高层面的精神自由的显现，人类在21世纪比19世纪更加自由，但财富却在更加广阔的时空中实现了对人的操控和强制，资本的收入远远大于劳动的收入（即皮凯蒂用r>g表达的21世纪金融化的现实）。人类追求自由的进程永不停歇，但至今仍未走出"人对物的依赖"阶段。马克思的哲学所追求的普遍性是以问题为中心的总体性抽象法预设的普遍性，内含着历史特殊性与历史普遍性的辩证统一。历史进步观念的历史特殊性表现为历史对抗性，即"非社会的社会性"，历史进步蕴含着一系列对抗性的历史活动，人类越是对抗就越趋向于整体。对金融化世界的历史向度反思离不开对历史理性的追问。人类历史理性最早在"自然"概念中被发现，其最重要的一点就是把精神输入自然中。金融理性的历史理性目标在于，资本作为一种社会关系，它为未来社会的发展进步奠定了物质基础；资本的精神向度对自由的开拓极大地丰富了人类的自由伸张。金融理性上升为历史理性的精神诉求在于精神对资本的反作用。马克思历史哲学的价值程式在于对历史理性的追求。人类整体主义精神召唤以人民为轴心的社会制度：现代人要实现彻底自由，不仅离不开自然，而且要尊重自然，进行辩证的、整体的思考。追求全球经济正义需要进一步着眼于人的意志、着眼于人的精神作用于资本的斥力。资本与精神双向作用推动着人类向整体主义进化。金融化世界的资本不断挤压人的生存空间，导致人类的不断联合——人类命运共同体的确立。

第十章 资本金融权力体系生成的双重批判： 历史普遍性与历史特殊性

【本章提要】历史进步观念是现代性的产物，是人类自我反思的结果，历史进步之总体性、实体性、生成性三大特点诉求着历史普遍性与历史特殊性的辩证统一。金融化世界是一个隐秘的人类历史进步过程之普遍性与高度私向化的经济现实之特殊性互动的矛盾体。历史进步与历史对抗性密切相关，人类越是对抗就越趋向于整体，这种对抗性的整体性趋向正是历史特殊性上升为历史普遍性的关键环节。这一关键环节中蕴藏着资本逐利性与人类利己心如何上升为资本总体性和人类的整体主义精神的历史进步寓意。本章在历史普遍性与历史特殊性双重批判中剖析金融化世界之历史对抗性的深层矛盾，进而揭示金融化世界的历史进步寓意。

历史进步观念是现代性的产物，现代性已经进入反思阶段。德国古典哲学先驱康德认为"人类的历史大体上可以看作大自然的一项隐蔽计划的实现"[①]，这项计划充满着有关民族、个体、类的各种各样的对抗，其间贯穿着历史特殊性与历史普遍性的矛盾冲突。金融化世界是一个更深层次的矛盾体——隐秘的人类历史进步过程之普遍性与高度私向化的经济现实之特殊性互动的矛盾体，本章旨在揭示金融化世界的深层矛盾，并进一步指认这一现实的历史进步寓意。

一 历史进步观念与历史普遍性

历史普遍性在于历史进步，对金融化世界的认识要上升到历史普遍性之根本追求的高度。在历史特殊性与历史普遍性及其过渡机制中，探究资

[①] 〔德〕康德：《历史理性批判文集》，何兆武译，商务印书馆，1990，第16页。

本逐利性与人类利己心如何上升为资本总体性和人类的整体主义精神的历史进步寓意。

（一）历史进步观念的三大核心原理

整个中世纪在三个方面的核心原理上使历史进步观念成为可能——恶的历史动力论、自然发生论宇宙观向心灵发生论宇宙观的演化、真理与谬误的过渡与转化，三大核心原理证明精神的运动必然是二律背反的矛盾运动。首先，从恶的历史动力论角度考察，黑暗的中世纪并不黑暗，肉体与灵魂的冲突打开了精神的世界。大写的人的精神不仅没有衰落，而且更加具有思辨性，万神抽象为一神，欲望上升为一个预设，在中世纪的基督教里，欲望就是恶，奥古斯丁的《上帝之城》第一次预设了人类的历史是由动力驱动的，这是对欲望的首次交代。人类之所以要进化，是因为这两个世界使人类有上升、进步，通过恶走向善。现代性的鼻祖马基雅维利看重欲望就是因为中世纪的神是形式因，全部存在都是质料因，质料因是可以改变的，一部分人的欲望可以推动另一部分人的欲望产生。马基雅维利把形式因的神拉到世俗的人的身边，上帝不在天边而在人们身边，此时，神性与世俗性就开始结合了，上帝接纳了世俗。恶动力最初来自中世纪，用它特有的颠倒话语表达了深刻的动力，作为质料因的社会存在的本体论问题也奠定了后来马克思唯物史观的根基。其次，自然发生论宇宙观向心灵发生论宇宙观的演化。心灵发生论首先来自历史哲学的运作，实际上是人类自我意识的精神抽象，也就是人类把自然的立法时间转换为属人的历史时间，人的能动的、属人的、确定的历史时间，将自然立法时间超越、重叠、重组，没有中世纪神学就没有历史，没有历史就没有历史时间，没有历史时间就没有历史的凝结。中世纪把对基督教的描述反转为对历史时间坐标的描述，预测学、未来学获得了合理性的证明。历史发展到一定程度，必然引起人类精神的高度积淀，现代性完全通过历史时间来完成，没有历史时间的量度现代性是不能完成的，自然发生论宇宙观在此进程中不断被扬弃。进步是时间的量度与比较，比较要通过深刻的历史时间把偶然性汇聚到必然性中。最后，真理与谬误的过渡与转化。心灵发生论宇宙观发现了历史时间坐标，是人类精神世界的一种思辨，从此人类开始用三大核心原理定义这个生存世界：一是生成，把一切存在都理解为有发生、发展、终结的过程，如不这样，世界就没有节律、没有发展；二是创造，谁创造谁、影子的解释、对梦的解释等实际上已经有了最初的主客二分的概念，因此最终导致世界的二分；三是进步，发现、证明、揭示思维的悖论，现代性是在人类不断的思维悖论中推进的，前现代没有那么多自我感知的矛盾，真理不再是单一的，其本质在于悖论，在特定条件下真理可以转化为谬误，反之亦然，形式逻辑过渡到辩证逻辑，追求真理必然产生思维的悖论，试错在悖论中被揭示。

（二）历史进步观念：历史普遍性与历史特殊性的辩证统一

在中世纪的历史观念中，基督精神使人类有了开启"历史时代"的可能，神的计划被赋予历史时间的量度，历史事件从结绳记事转向记录与评价，并由基督的诞生而向前和向后分开。"世界乃是自然"的观念不断为"世界乃是历史"的观念所覆盖，神本主义历史观取代了自然主义历史观。基督精神从地域性历史旋转中心反转为具有无限精神张力和宇宙始基论意义上的"逻各斯"存在。"它的存在使得人们对历史偶发性的重大事件给予总体性的精神整合成为可能，所有历史事件的记录都要以基督诞生为中心的模式而结晶。"[1] 历史进步观念是现代性的产物，历史概念与历史进步追求不是从来就有的，它是人类自我反思的结果。生存世界的金融化到底是进步还是衰退的表现呢？这是我们必须在历史哲学的高度上加以反思的命题。进步表现在哪里，衰退表现在哪里，二者又是如何过渡的呢？不论我们要还是不要，金融化都在那里，而且如潮水般继续袭来，如果我们试图放弃金融化，回避资本金融权力体系，无异于用"柏修斯的隐身帽"遮住自己的眼睛和耳朵。

在历史哲学家康德的眼中，人类的终极目的不外乎建立最完美的国家制度，历史学家的使命就在于揭示人类在何等意义上曾经接近或脱离这个终极目的，以及要达到这个目的还需要做什么事情。其终极目的就是追求历史的普遍性，事实上，整个人类历史就是追求普遍性的历史，一部哲学史就是人类不断追求普遍性的思想斗争史，历史普遍性与历史特殊性的矛盾运动不仅是现实历史演进的主轴，而且是哲学研究的主旋律。对金融化

---

[1] 张雄：《现代性逻辑预设何以生成》，《哲学研究》2006 年第 1 期。

世界的批判，必须是用金融化的标准批判金融化，而不可能用道德标准批判。这是因为，对金融化世界的认识绝不能划分成分，而是要上升到历史普遍性之根本追求的高度。以金融化世界为切入点，通过对历史特殊性与历史普遍性及其过渡机制的探究，揭示资本逐利性与人类利己心如何上升为资本总体性和人类的整体主义精神的历史进步寓意才是本章的终极目的。

两种普遍性的区分及其意义。关于普遍性有两种认识，同时也涉及两种抽象法。一是个体性抽象法的体现，即自柏拉图以来西方哲学所追求的普遍性。他们认为，感性世界是变动不居的，理念世界才是能够说清楚的，所以，柏拉图提出理念论，即把感性事物概念化。于是追求概念化的普遍性成为西方哲学的一贯传统。这种普遍性是通过舍象式抽象法得来的，它的学术链条就在于：以知识为中心，把人的本质看作在个性中先验的存在。这是在西方自柏拉图以来的个人主义文化基因基础上生长出来的典型的"抽象人性论"，全部资产阶级政治经济学的理论基础都在于抽象人性论。这种抽象法从具体个体出发，舍掉所有个体的个性，抽象出共性，得到抽象个体，这样所有的个体都变成了抽象的个体，即抽象的人；然后用抽象个体取代具体个体，建立一个模型，得到一个普遍规律，把抽象模型奉为圭臬，这样的方法最高明之处在于能产生科学，尤其是自然科学，近代以来知识论兴起的根源就在于这种抽象法。这种用理想模型研究自然科学的方法如果被用来描述现实社会，必然产生两种乌托邦：以"理性经济人"与"看不见的手"为理论基础的市场乌托邦；以资产阶级共和国之自由、平等、博爱为理想的，由抽象的人组成社会国家的政治乌托邦。这种追求普遍性的抽象法在西方资产阶级早期发展中取得了很大成功，这种历史观统治西方几千年，它的历史任务已经完成，它的致命缺点就在于用理想的人取代现实的人，这种普遍性只能反映事物发展的某一方面，绝不能取代现实社会；另外，这种普遍性否认现实社会，不仅为西方社会资产阶级辩护，而且瓦解社会。著名的《威尼斯商人》故事中的安东尼奥之所以最终能获胜，就在于他发现了将一个活的生命体的血与肉完全分开这个天方夜谭。事实上，现实社会是一个血肉相连的有机体，把舍象式抽象法用于现实社会研究与夏洛克索要 2 磅肉是同一个形而上学方法论的果实。二是马克思开创的总体性抽象法的体现，即马克思的以问题为中心的总体性抽象法预设的普遍性，也就是马克思哲学所追求的普遍性。在这方面的研究中，西方马克思主义者卢卡奇的研究最为卓著，他对物化劳动的理论研究表明：人都有意志，意志使我劳动，但劳动的结果反过来支配我。卢卡奇引用《哲学的贫困》中的一句话，"社会是由各个部分组成的整体"[①]，"在这里，整体并不是由它的各个部分组成"[②]，这就是马克思总体性思想的一个方面。共性是存在的，但是共性是从哪里来的呢？共性不是个性的简单相加或平均，共性来自事物间的相互联系，任何事物都存在于各种联系之中并相互影响，最后在整个系统中形成共同的质，即共性，共性是长时间共同生活形成共同的质。共性是在事物相互作用中生成、创造出来的，为总体所具有的共同特质，然后为个体所分享，个体在分享共性时必然会加入自己的个性，个体享有共同的质，质通过个体的个性表达出来，如汉语作为一个共性的质是抽象的、集体的，但必须通过个人表达出来。历史的普遍性正是蕴含在历史特殊性中的共性，是特殊性所分有的共同本质。

（三）总体性抽象方法论视域中的历史进步

马克思总体性抽象法的普遍性包括以下三方面。其一，总体性。普遍性是在总体中现实存在的。个性与总体挂钩，原来的个性没有总体，现在共性存在于个体的关系之中，作为总体的性质，个体只是分享。其二，实体性（与唯名论、唯实论的区别）。总体性抽象的共性是一个实体，而个体性抽象不是实体，总体性抽象通过个体相互作用，通过相互关系抽象出具有实体性的存在。马克思的抽象是在事物的相互联系中产生的共同的质。其三，生成性。共性是创造出来的而不是预先存在的，个体性抽象的共性是既成的完成时，是天赋的、神授的。个体性的全人类是抽象的全人类，总体性的全人类是历史发展过程中形成的命运共同体，是一个实体。习近平主席在联合国成立70周年大会上提出的共同价值就是总体性抽象的价值，是一个实体性存在。目前对命运共同体的两种不同理解背后存在两种对立的世界观，这两种世界观渗透在每个事物之中，产生两种不一样的思想：一种是个体本位，另一种是整体本位。

两种抽象法的区别在于：个体性抽象法是虚幻的，是既有的、既成的；

[①] 马克思：《哲学的贫困》，人民出版社，2012，第238页。
[②] 《马克思恩格斯文集》（第8卷），人民出版社，2009，第131页。

总体性抽象法具有实体性，是生成的、发展的，个体享有共性，是在共同体中奉行的价值。实体价值的载体就是命运共同体，是多层次的，是生成的、创造的、发展的。现实的价值以生存权、发展权为基础，物化劳动与总体性思想密切相关，马克思把抽象的东西具体化，但是这种具体化不仅不是把人与物相割裂，还处处通过物与物的经济关系来揭示人与人的社会关系，因为在资本主义社会条件下，人与人的关系是通过金钱权力来衡量的，离开自己掌握的物质资源，一切都没有了意义。

近代社会意识形态的基本原理就是寻求进步。从总体性抽象法的视角考察历史进步主要从人与人的关系出发，在人与人"之间"寻找历史进步的普遍性，这与个体性抽象法截然不同。个体性抽象法视野中的历史进步强调既成的事实，强调具体的物化存在，而总体性抽象法主要考察事物之间的相互联系。历史到底是进步还是衰退，需要上升到哲学的高度加以追问：人与自然的关系是掠夺还是反哺？人与社会的关系是索取还是贡献？人与自身的关系是分裂还是和谐？在现代化进程不断推进的时候，哲学家卢梭针对历史进程中所造成的问题作出了令人瞠目结舌的判断："随着科学与艺术的光芒在我们的天边上升起，德行也就消逝了。"[1] 他崇尚自然，向往人类自然状态的混沌，认为"这种状态是人世的真正青春，后来的一切进步只是个人完美化方向上的表面的进步，而实际上它们引向人类的没落"[2]。卢梭由此提出历史化概念。现代性是一个历史化过程而不是自然化过程，历史还包括物质的质料和精神的向度，卢梭提出的从自然人到历史人的过渡就是一个历史化的路径，它需要人的精神向度的反思，但过度应用也会导致人的精神异化。康德在卢梭的基础上对历史进步作了进一步探索，如果把人类历史作为一个完整的过程来看，"人类的历史大体上可以看作大自然的一项隐蔽计划的实现，为的是要奠定一种对内的，并且为此目的同时也就是对外的完美的国家宪法，作为大自然得以在人类的身上充分发展其全部禀赋的唯一状态"[3]。

---

① 《卢梭文集——论人类不平等的起源和基础》（第 2 卷），李常山、何兆武译，红旗出版社，1997，第 282 页。
② 《卢梭文集——论人类不平等的起源和基础》（第 2 卷），李常山、何兆武译，红旗出版社，1997，第 115 页。
③ 〔德〕康德：《历史理性批判文集》，何兆武译，商务印书馆，1990，第 16 页。

二 历史进步观念与历史特殊性

历史特殊性在于历史对抗性，历史对抗性具有独特的历史功能，人类通过对抗走向整体，而且人类越是对抗就越趋向于整体，即趋向于人类命运共同体，从整体性的角度看，历史的对抗性包含着历史进步的动力。

（一）历史对抗性的特殊性功能

历史对抗性是历史哲学家们颇为关注并广泛推崇的概念，因为人类从野蛮进入文明的真正原因就在于人性之中的社会化倾向和孤立化倾向的并存。一方面，人只有在不断的与他人交往的社会化过程中才能实现自己的自然禀赋，即人类进入社会化的倾向性；另一方面，还有一股强大的力量要求人们趋向于孤立化，即一种经常威胁着要分裂社会的贯穿始终的阻力。康德把这种个人自身内部的对抗性称为人类的"非社会的社会性"①，这种孤立化倾向的要求敦促人们一味地按照自己的意愿来摆布一切，必然处处遇到阻力，也就是人类自身有一种社会化的向心力，同时，向心力旁还有一种与其对抗的离心力。康德指出，"大自然使人类的全部禀赋得以发展所采用的手段就是人类在社会中的对抗性，但仅以这种对抗性终将成为人类合法秩序的原因为限"②。他十分看重对抗性的历史作用，因为这种对抗性的阻力不仅能唤起人类的全部能力，而且能推动他们克服种种懒惰倾向。虚荣心、权力欲、贪婪心驱使人们不断社会化，同时又不断孤立化，人类正是在这种自相矛盾的对抗性中为自己谋得了一个坐标。这里的对抗性具有三大历史功能。第一，对抗性能激活病态的恶。康德认为，如果没有这种竞相猜忌的虚荣心与贪得无厌的占有欲和统治欲的恶，人类或许会像他们所驯养的家畜一样温顺，这样就难以创造出使自己生存发展的价值了，大自然为他们的目的而留下的空白也将无法填补。也就是说，如果人性之中世俗的一面没有被激活的话，就缺少生命的勃发与动力。第二，实践的原则。非社会的社会性作为一种对抗性力量，驱使人类在一次次对抗中妥协、和解、达成一致，并最终形成相对均衡的实践原则，人类文明的推进

---

① 〔德〕康德：《历史理性批判文集》，何兆武译，商务印书馆，1990，第6页。
② 〔德〕康德：《历史理性批判文集》，何兆武译，商务印书馆，1990，第6页。

过程就是这种实践原则的不断确立过程。第三，道德的整体。道德的整体在康德看来就是人类的文明社会，用今天的话来表达就是人类命运共同体。人类命运共同体既不是先在的既成状态，也不是自然而然形成的状态，而是人类在各种纷争不和所造成的灾难面前重新鼓起的勇气，是推动自身生存发展所不得不采取的一种生活方式，康德把这种方式表述为"大自然迫使人类去加以解决的最大问题，就是建立起一个普遍法制的公民社会"①。各个概念的内涵虽然在这里不尽相同，但是就整体历史进程而言却是一致的。社会成员之间既具有彻底的对抗性，同时这种对抗性对应的自由界限又具有精确的规定和保证，只有个体之间自由共存共处才是最高度的自由在人类身上的实现，即外界法律之下的自由与不可抗拒的权力之间能最大限度结合的社会过程。总之，非社会的社会性作为一种历史对抗性不断地使人类趋向于整体，即趋向于人类命运共同体。

（二）历史对抗性的整体性趋向

历史雄辩地证明，人类越是对抗就越趋向于整体，在人与人的关系方面，大到世界战争，小到日常生活；在人与自然的关系方面，无论是人类适应自然，还是人类改造自然；在人与自身关系方面，无论是对外的适应，还是内在的和谐，任何一次对抗都是彼此更为接近、在更高层次上达到一致的环节。这种基于对抗性的整体性趋向主要通过以下三个方面实现。其一，对抗性首先来自人性之中的个人私欲，正是这种私欲构成了历史的一个方面，如黑格尔所言，"从私人的利益，特殊的目的，或者简直可以说是利己的企图而产生的人类活动"②。在黑格尔那里，这种活动是历史发展的动力，是构成世界历史之经纬线的一个重要方面。其二，私欲促使人们趋向于理性，黑格尔指出，"理性是有机巧的，同时也是有威力的。理性的机巧，一般讲来，表现在一种利用工具的活动里"③。其三，对抗性使人们为争得一席之地而不得不提高自身能力。历史的进步往往是通过巨大的痛苦和可怕的动荡来完成的，其间充满生与死的搏斗，正如恩格斯所言，"历史

---

① 〔德〕康德：《历史理性批判文集》，何兆武译，商务印书馆，1990，第8页。
② 〔德〕黑格尔：《历史哲学》，王造时译，上海世纪出版集团，2006，第21页。
③ 〔德〕黑格尔：《小逻辑》，贺麟译，商务印书馆，1980，第396页。

可以说是所有女神中最残酷的一个，她不仅在战争中，而且在'和平的'经济发展过程中，都驾着凯旋车在堆积如山的尸体上驰骋。而不幸的是，我们人类却如此愚蠢，如果不是在几乎无法忍受的痛苦逼迫之下，怎么也不能鼓起勇气去实现真正的进步"①。这三方面正是历史特殊性上升为历史普遍性的关键环节，即基于对抗性的整体性趋向。

整体主义精神的国家意志。神学家让历史的特殊性与历史的普遍性在中世纪定格了。黑格尔历史哲学就是国家与市民社会的关系，他在《法哲学原理》中高度肯定历史的特殊性，认为现代性的根本存在就是"需要的体系"及其生产。黑格尔《法哲学原理》的重点、亮点在于，需要的发现、生产、再生产就是历史的特殊性，黑格尔谈的是历史哲学，他看重的不是需要本身，而是作为动力的需要。受需要、欲望、利益的驱动，动力与个体的情欲、欲望、利益、利己主义行为分不开。现代性把人翻转为个人，只有分解产权意义的个别性，个体存在的社会才有财富积累的可能，这给现代性历史动力学原理找到了最好的证明，符合历史的辩证法。《法哲学原理》有两个关键点。一是利己主义的市场单靠个人是转不起来的，最需要利他主义，只有从我过渡到他人，才能确认私人劳动的价值，过去是集体无意识，所以现代市场比传统市场更为复杂。二是自由放任的市场必须依靠整体主义精神加以整合，这就是黑格尔的国家观念，人的弊端是高度的主观性、任性，所以必须有以国家为代表的整体主义意志加以限制和整合。

（三）历史对抗性中的历史进步寓意

我们这个时代的一个可悲之处便是文化和精神等价值观已经被置于用金钱来衡量实际成就和职业成功的地步。人们将注意力仅仅集中在经济增长率、国内生产总值和外贸平衡上。我们古老的社会首先是以精神价值为特征的，这一点本不应该被忘记。我们都厌倦了生活在一个贪婪的社会中，在这个社会里，太多太多的东西只是围绕着赚钱这个目的，其实，精神的东西无论是在个人的日常生活中，还是在国家生活中都是更为重要的。"当文明一开始的时候，生产就开始建立在级别、等级和阶级的对抗上，最后建立在积累的劳动和直接的劳动的对抗上。没有对抗就没有进步。这是文

① 《马克思恩格斯文集》（第10卷），人民出版社，2009，第650~651页。

明直到今天所遵循的规律。到目前为止，生产力就是由于这种阶级对抗的规律而发展起来的。"① 所以，历史进步这个概念在马克思那里不是通常的抽象意义上的概念，它蕴含着一系列对抗性的历史活动。"在我们这个时代，每一种事物好像都包含有自己的反面。……现代工业和科学为一方与现代贫困和衰颓为另一方的这种对抗，我们时代的生产力与社会关系之间的这种对抗，是显而易见的、不可避免的和毋庸争辩的事实。"② 当人们的兴趣仅仅集中在经济领域时，生产、消费、赚钱在短时间内都是美好的，但是其后许多人会突然察觉到，这不可能是生活的真正意义所在。我必须比别人更好，必须制造出更多的产品，必须赚更多的钱，否则的话，我就无法生存，这是由资本的本质所决定的必然原则。人们对这一原则的过分专注导致所有精神的东西和文化的东西受到排挤而居于次要地位，并逐渐被人遗忘。这种状况从根本上来说，应当归因于世俗化与资本主义的共同作用，然而，如果现在我们认为人们能够消灭世俗化，那可就大错特错了，因为这是不可能的。我们能否找到一种潜在的能够被重新激发起来的集体精神呢？

在我们这个时代，处于中心地位的是资本权力，人们已经习惯于将军事潜力和经济力量视为决定性的因素，以至于思想和文化已变得无足轻重。然而，政治制度是长期社会发展过程的最终产物，在这个过程的开始阶段，只是存在着社会的、道德的、文化的传统，还有各个时代的精神思想，而政治则是被那个时代的哲学家、思想家打上的非常重要的烙印。现在，所有的人都对市场经济满怀敬意，它暂时还是一种无法被替代的经济手段，可是它也仅仅是一种手段、一种制度而已，然而崇拜已经出现了，人们干脆将市场经济变成了生活的内容和意义。即便如此，也终有一天会出现一个反转，那时可能是因为人们已经感到厌倦，或许是由于经济走上了一条错误的发展道路。我们知道人活着并非只有面包就够了，如果没有精神上的对话，没有矛盾和怀疑，没有命题和反命题，人类就将退化成一堆器官，而世界也将变成精神荒漠，历史也将变为一组被金钱通约的数据。肉体的追求还是精神的追求？历史的进程还是数据的记录？诸如此类的问题无时

① 《马克思恩格斯全集》（第4卷），人民出版社，1958，第104页。
② 《马克思恩格斯文集》（第2卷），人民出版社，2009，第580页。

无刻不在困扰着现代人类。目标是毫无悬念地存在着，然而如果没有比追求生活标准更高的目标，如果除了收入之外就没有其他可以用来衡量成绩、声誉、健康、幸福的尺度的话，那就让上帝宽恕我们的生活方式吧！

那种大多数人的眼中只有他们自己的利益，只有少数人在考虑如何才能增加社会的共同财富的日常生活需要重新注入人的属性，并抑制公民们的无底贪欲，如果没有转变，自由的法治国家就无法继续存在，正如电影《但丁密码》所担忧的那样，也许我们需要一场不小的灾难，才能将人类泛滥的欲望重新限制在合理的范围内。历史进步的动力在于人类挑战与应战之间的矛盾运动。困境也是机遇，任何大的历史进步都与挑战不可分离，正如历史学家汤因比所言："某个具有生命的一方对另一个遇到的对手所采取的主动却不是原因，而是挑战；其结局也不是结果，而是应战。"① 挑战是外因，应战成功才是文明发展的决定性因素。"历史的威力比原子弹的威力还要强大。"② 汤因比提出研究历史的最终目的是实现全人类的和谐，历史的对抗性在他的语境中也正是历史进步的动力所在。

三　历史理性：追求历史普遍性与历史特殊性的辩证统一

哲学的目的在于用思维和概念去把握历史发展的真理，通过概念的规定和井然有序的进程把握理念的普遍性。它否定对真理的怀疑和不可知论，但它所要认识的唯一的真理并不是一个单纯的空虚的思想，而是一个自身规定的思想。这种思想是一切现象的规律的源泉。康德对自由的认识对于我们今天发现真理、阐述真理、传播真理仍具有积极意义，值得我们进一步挖掘。

（一）康德"彻底自由"的历史意义

启蒙运动的核心是彻底的"客观化"运动。彻底的"自由"运动是德国古典哲学的一个重要方面。培根是最早的唯物主义哲学家，他发现了原子和物质的异质性，只有在异质、矛盾中才有可能产生动力。客观化从某

---

① 〔英〕阿诺德·汤因比：《历史研究》（修订插图本），刘兆成、郭小凌译，上海人民出版社，2000，第73页。
② 〔英〕阿诺德·汤因比：《历史研究》（修订插图本），刘兆成、郭小凌译，上海人民出版社，2000，第23页。

种意义上来讲就是西方自古希腊、古罗马时期以来就已经存在的概念：自然法。自然法既不属于人，又不属于表象的自然，而是和表象的自然不相一致的必然性规则，是对自然的一种抽象把握和理解。亚当·斯密认为市场也是自然法的过程，所以政府不要去干预，这是不以个人意志为转移的客观化的运动规则。前现代是遵循自然法的时代，计划经济则是主观设计，不是自发产生的交易制度。哈耶克认为任何主观的市场行为都是失败的，他认为自然流转的市场、客观化的市场是从需求、竞争的矛盾中引发出来的，人们因需求的差异而引发矛盾，因为市场微观领域有竞争原则。

区别启蒙运动的自由和德国古典哲学的自由是我们理解历史进步的关键。德国古典哲学的"自由"运动有着不一样的来源——彻底的自由运动。这里面有一个非常重要的概念——欲望，因为这一概念连接着另一个非常重要的概念——自由。英国、法国对欲望的态度主要是颂扬，从文艺复兴的英国到启蒙运动的法国，它们有一个共同特点，那就是对欲望持高度肯定和颂扬的态度。从客观化运动的思维视角看待人的欲望，人和自然的客观性没有太大区别，人就是由物质和心构成的（贝克莱、休谟、洛克等），物质和心的内在一致性统一在自然的因果规律中，一切都被转化为因和果的关联。发现了一个必然性，就发现了一种科学，一种知识、力量。人的欲望和自由的关系就是原因和结果的关系，欲望是原因，自由是结果。由欲望发动的自由，才是真正的自由。英国古典政治经济学的发展也是建立在欲望的基础上，把欲望和市场的自由放任看作因果律。从欲望的角度来理解自由，就是客观化运动的因果律。

以康德为代表的德国古典哲学的自由是一种整体主义精神的自由。面对英国、法国的现代性成就，如何通过整体主义精神使德国成为有教养的民族，是那一代德国人思考的关键问题。他们理解的自由，首先不是一个偏向于客观化运动的自由，不是从物质、质料推出来的自由。康德率先对这一问题加以定位：不是自然发生论，不是欲望发生论，不是功利主义发生论，而首先应该来自自我，首先是自我决定论，把自然法所谓的物质论全部撇开。自由首先是自我决定的自由。19世纪初，从李斯特开始，哲学家就开始思考德国自身的道路问题。那么自由是什么？自由力量是来自外部输送还是内部发生呢？康德表示，自由既不来自外部也不来自欲望，而是来自精神自我的道德力量。对于康德而言，自由来自三个方面：一是自由是自我决定的，而不是他在的输送；二是自由是道德律令，不是欲望的因果关系，不是功利主义，也不是快乐原则；三是道德律令是先天的形式，这种先天的形式来自道德的力量，道德的力量来自主体的理性意志。那么，主体的理性意志又是什么呢？康德认为人是道德的主体，人是目的，人就是人，而不是达到任何目的的工具，康德的核心问题有四个。其一，大自然的历史为什么是从善开始的，自由的历史为什么是从恶开始的。其二，恶为什么是历史发展的动力。其三，人的本质就是一对深刻的矛盾——私向化与社会化之间的矛盾。人的私欲、情欲、野心构成恶、构成人的私向化的东西，当私向化满足之后，人们开始追求社会化的交换。其四，历史是靠一个一个的失败、挫败所获得的一种变革而取得进步的。历史进步是一个否定主义美学的理解，而且美是艰难的。

（二）形式化的世界与自我决定的自由

与 21 世纪的金融化并行的一个非常重要的哲学范畴就是形式化，即形式化的人类以及形式化的人类生存世界。形式化贯穿康德到黑格尔再到马克思再到当代社会的始终。对其进行解读，要做到以下四点。第一，要回到亚里士多德的四因说。跨越了自然、物质、事物，而进入了一个完整的存在，这是理解存在论的一副脚手架，亚里士多德追求最纯粹的质料和最纯粹的形式，质料在形式因中是被动的。人类走的道路越来越趋近于亚里士多德提出的四因说，把人还原为一个纯粹的存在，还原到形式对质料处理的层次。第二，就是康德实践理性批判和黑格尔的范畴形式化。第三，西方马克思主义的社会批判理论，尤其是后现代鲍德里亚、德波等人对符号、景观等形式化存在的批判。第四，联想到当代人类，形式化的挑战就是工具理性。人类被形式化后一切都变了，锅里煨的鸡汤已经不香了，人类吃的不过是鸡的概念，甚至是有关鸡的叙事。这说明人类依旧面临挑战与应战的命运。人类拼命追求亚里士多德意义上的个别特性，质料拼命地追求它的形式，现代景观全是康德意义上经过人的大脑制造出来的形式。景观社会就是康德式的范畴社会。景观表达的是感觉的、具有综合审美的形式化的范畴的集合与堆积，需要通过范畴和概念来表达。认识发生以前的物自体——第一自然——纯粹的质料都变成了认识发生后的主观的、范畴的第二自然。

对自由的反思至少有两种路径：一是外在形式的反思，即英国、法国式的反思，把自由看作欲望的必然结果；二是整体性的反思，即德国人具有道德主体性的理性意志的反思。为什么德国人没有直接把自由归结为理性本身，而是归结为理性意志？因为德国人讲的理性是具有反思性的理性，和英法认识论意义上的理性不同，英法的理性是一种自然哲学因果律的分析方法，具有必然性，而康德恰恰反对把自由看作因果律，所以反对将自由归结为理性（因果律），而是将其归结为自我反思的精神，这必然和意志产生关联，这里讲的意志是经过反思的意志，这个理性意志就不再是对一般意志的表达了。意志不能只讲理性意志，先天的形式构建具有一定的约束力，也受到理性意志的约束。

康德的彻底自由概念包括如下要点。其一，受形式法则的决定；其二，受理性意志的约束；其三，我们可以准确地认为康德的道德哲学也就是追求彻底自由的哲学，也就是确认合理意志的哲学；其四，自由是"自我决定"的自由，康德指出这样的一种独立性（独立于一切自然的动机；独立于自然因果关系的考量）叫作最严格意义下的自由，即超越意义下的自由。在这一彻底的意义下，我是自由的，也就是说，我，作为一纯粹的道德意志，而不是作为一自然的存在者，乃是由自我决定的。另外，彻底自由必然涉及道德的自律性和道德的他律性。在康德看来，道德的自律性就是合理的道德意志作出的自我决定，也就是道德自由。康德意义上的道德自律是发源于每一个人的，是一个先天的规则的约束，因而才是真正的自由，实际上也代表和反映了道德的自由。道德的他律性主要是讲在意志作决定的时候受欲望或权威性等外在影响而选择的决定，被称为他律。自律来自先天规范的约束形式，他律是受外在的约束。道德主体的自由选择就是来自正当动机的正当行动，正当动机来自道德法则，道德法则来自道德主体自身所具有的理性意志。道德不是空悬的，而是和人的实际生活相联系的。

（三）马克思对"彻底自由"的超越及其当代启示

康德时期的德国流行两种社会思潮，也是德国人的两个理想：一个是赫尔德的表现主义的圆满，另一个是康德的彻底自由。"表现主义"和"彻底自由"代表了还处在普鲁士王朝时代的德国人在前现代封建格局中的状态，他们既不想搞机器革命，也不想搞法国断头台那样的革命，所以只能在精神领域进行大胆的改造和颠覆。年老的德国知识分子更倾向于赫尔德的表现主义综合审美哲学，青年知识分子更倾向于追求康德式的彻底自由。表现主义和彻底自由作为两种社会思潮，内在地蕴含着共同之处，回答了作为一个完整的人，必须是表现和自由的统一，这个命题是德国人提出来的，代表着对西欧现代性的矫正。因为德国人通过思辨发现了现代性之理性主义的构建客观上导致人类的现实生活出现了一对一对相对立的范畴，理性—欲望、感性—理性等。用什么来缓解这种尖锐的对立？德国人为什么在18世纪下半叶19世纪下半叶开始矫正？因为现代性的内在矛盾已经显现出来，机器思维、现代货币思维、资本思维使这个世界变成了一个二律背反的世界。康德敏锐地把握了二律背反，提出矛盾，遗憾的是他把矛盾本质的世界理解为知识论范畴必然出现的二律背反。康德比较智慧地提出了克服现代性二律背反的方法。黑格尔运用了深刻的逻辑来批判他。黑格尔认为批判离不开实践，但有一点他与康德一致，那就是他们都坚定信奉自我意识的力量。黑格尔对康德的超越在于，他认为康德没有把矛盾普遍化，矛盾不仅在认识系统中，而且是普遍存在的，有多少物自体就有多少对二律背反，世界本质就是矛盾，就是二律背反，越是害怕矛盾就越是陷入矛盾之中，矛盾是推动世界发展的动力。黑格尔看到了运动之自我运动、自我否定、自我扬弃的本质，即绝对精神的自我辩证发展过程，他指出，"所有的人都是有理性的，由于具有理性，所以就形式方面说，人是自由的，自由是人的本性"[1]。回到康德的形式化概念，黑格尔认为自己的范畴和康德的范畴不同，康德的范畴就是那么几对零散堆积在人的知识论层面的范畴，范畴之间没有内在联系。黑格尔的范畴是鲜活的，是从存在论出发的，决定了他的范畴不仅仅是在认识领域，不仅仅是形式化过程，而且是经过了运动才能达到的这个抽象化范畴，这个抽象某种意义上是符合生命、自然界、自然科学、人类社会发展的规律的。康德形式化的范畴更多的是符合形式化逻辑，黑格尔的范畴更多的是符合辩证逻辑，注重概念的上升运动、自我否定运动和概念存在论的一种逻辑。历史的和逻辑的发展相一致。逻辑的运动就是范畴的运动。两种理想的追求在黑格尔那里得到

---

① 〔德〕黑格尔：《哲学史讲演录》（第1卷），贺麟、王太庆译，商务印书馆，1978，第26页。

了统一。这种高度的统一实际上是在黑格尔那里把歌德和费希特加以统一起来。费希特深刻的"我"的哲学，是西方现代性成熟显现的又一个表现，人类从"群"的概念走向"我"的概念。现代性首先培育的就是："我"的感觉、存在、意志……自我哲学的显现是道地的现代性哲学特征。黑格尔与康德不同的是，他想寻找一种客观精神、绝对精神，动用了更加抽象的概念："绝对"。斯密的"看不见的手"、牛顿的第一推动力，都被他归结为"绝对"这个概念。就连古希腊的"逻各斯中心主义"都希望构建一个这样的"绝对"。马克思的《资本论》说到底也是一个范畴的运动，承继了德国古典哲学的形式化逻辑，有所不同的是，马克思将彻底自由赋予一无所有的、被锁链锁住的无产阶级，这个阶级翻转了主体和客体的关系，把自由作了极大翻转。

小　结

马克思也是德国人，曾经也是青年黑格尔派的一员。马克思的表现主义是什么？彻底自由是什么？康德那里谁有主体性谁就有自由、充分的内省、充分的自我意识的持有。但自由的价值实现表现在哪里？是少数人的体验还是整体主义的解放？马克思把自由赋予丧失了主体性的阶级。这恐怕是真正的彻底自由，最弱势的群体获得自由，则全体自由。把自由赋予他者，则是彻底自由。一切都被翻转了。马克思是从他者出发，而不是从康德的主体出发。概念的否定主义美学来自现代性的市民社会发育的现实。马克思从中得到启发、提升，发现资本正像黑格尔的概念那样是一个自我运动的过程，即资本的内在否定性运动，运动的转换节点直接表现为劳资关系的对立，这也是最根本的对立。马克思对黑格尔哲学作了一个重要的颠倒：国家观念的颠倒。黑格尔的国家观念是思辨哲学的幻觉，他把国家看作最高的存在，代表精神的一种高度和深度，只有国家精神的内在力量可以超越市民社会内在的二律背反，因为国家拥有普遍性原则，市民社会中利他意味着利己，精神的普遍性蕴含在现代国家的意识和观念里。马克思发现市民社会代表着一种经济运动，这一经济运动依附在经济制度上，市民社会凝结着社会关系。黑格尔为什么要把自然看作精神的异化？没有人的主体性精神的介入，自然有什么意义呢？没有笛卡尔式的精神自我反思，尤其是没有把自然当作自我反思的对象，主客二分的世界能实现吗？

所以，重新认识马克思和费尔巴哈的关系也极其重要。《关于费尔巴哈的提纲》提示我们，费尔巴哈至少纠偏了两点：一是现代性不完全是精神运动的产物，必须回溯到世俗社会、市民社会中考察；二是很有可能通过自然哲学的描述，考虑人对自然的宣战正确与否以及如何对待自然。

第十一章　资本金融权力体系生成的历史向度反思：金融理性及其二律背反

【本章提要】 从历史向度反思资本金融权力体系不难发现，在以财富为主题的时代，自由概念本身就由资本逻辑催生并推动，不仅没有摆脱资本逻辑强制与操控，而且被资本逻辑一次一次地肯定又一次一次地推入深刻的否定之中。首先，人类历史理性的发现是人的精神对自然的贯通，是单纯的自然主义经由以自然为中介的对抗，向精神性自然的过渡，自然只有被纳入精神的主体性中，才具有历史意义，才成为自由的延伸。其次，历史理性视域中的资本范畴与人的自由意志紧密关联，工具理性智能化使资本的精神向度不仅是精神的主观性体现、异质化的体现、任性的体现，而且是一个不断循环的正反馈过程。从自由的角度来思考，金融理性上升为历史理性内在地诉求着人与自然关系中人的精神的延伸。所以，人类在防备极端金融理性遭遇的同时，需要在精神的不断反思中应对资本金融权力体系带来的新型挑战，在挑战与应战中实现历史理性的螺旋上升。

金融有了互联网与大数据的流动速度和运算能力的加持之后，一方面，新金融的碾压已经使原有秩序一片狼藉；另一方面，如果没有好的金融设计和风险防控，实体经济的利润将会被资本金融洗劫一空。金融化世界中的抉择是警示灾难来临，还是意味着对灾难的消除？金融理性在何等意义上导演了喜剧，又在何种意义上导演了悲剧？又在何等意义上可以上升到历史理性？人类创造金融化，还是金融化嫁接了金融理性，抑或这本来就是同一个事物的两个方面？

一 精神对自然的贯通：人类历史理性的发现

近代以来的人类逃脱不了自我交战的命运：一是古希腊不能丢，二是自我意识不能丢，二者要综合起来。综合的前提是什么？在早期现代性发育的德国古典哲学那里，思想家试图找到一种能把古希腊综合审美和自我意识哲学综合起来的理念，这个功课做在"自然"这个概念上，这里的"自然"不完全是古希腊的那个外在于人的精神的自然，而是把人的精神性存在消融在自然流淌的本性之中，这就出现了古希腊之后的第二个自然。英国人首先发现这种自然在某种意义上就是一个自然法的概念，随着工业革命的兴起，自由放任的市场经济制度建立，这个自然法概念的自然发生了变化。"自然"不再是那个纯粹的自然，因为那个纯粹的自然没有卢梭意义上的历史化属性，不是现代的自然。德国人对自然的解读，最重要的一点就是把精神输入自然之中，也正因为这一发现，才使德国人解决了思维与存在、感性与理性、精神与自然、道德自律和单纯自然的冲突与发展。精神性自然是什么？德国古典哲学分析了自然观的三种态度，以解决精神与自然的关系问题。

（一）单纯的自然主义

只要我们把自然看作盲目的力量或粗糙的事实，自然便永远无法与人身上的理性成分、自律成分互相融合。培根推崇的自然主义哲学的自然观实际上是一种单纯的因果律，而且必然会走向机械决定论。自然是因果律的被决定的对象，这种自然主义虽然不是回到古希腊，但这种自然观的决定论比古希腊强不了多少。德国人也强调理性的作用，强调通过人的工具理性力量改造自然，有所不同的是，德国人有自我意识哲学。近代形而上学更多地被理解为认识论的形而上学，它强调了人的逻辑主义的认识工具的力量，自然主义是人的科学逻辑力量的认识论结果。英国和德国都承认，自然需要人的加工，但英国人的加工强调的是科学主义的加工，德国不是工具论意义上的决定论，更多的是讲人的自我意识，实际上就是一种自由。所以，自然的范畴在德国古典哲学反思中成为一个彻底自由的命题，不需要通过机械决定论就能证明自然是什么样的本质。现代科学哲学的讨论就是从这条线上慢慢发展起来的，以至于对传统的认识论逻辑作了彻底的粉碎、解构，如波普尔宣布决定论的死亡，他认为决定论只会把我们带向荒谬，没有必然性、没有因果律。20 世纪的科学哲学对人类最大的解构就是解构必然性概念。20 世纪上半叶西方科学哲学，就是要摧毁 16、17 世纪产生的知识论的形而上学，就是去本质、去真理、去必然性。20 世纪下半叶西方出现的后现代主义思潮，与之前进攻机械决定论、教条主义的逻辑分析方法相契合。哲学发展到今天，还是德谟克利特和伊壁鸠鲁争论的必然性与偶然性、直线与偏斜的问题。

（二）受挫与局部满足的态度：以自然为中介的对抗

受挫首先与对抗关联，受挫激发潜能，实现局部满足也就是对我们身上偶尔发生的局部性的调和感到心满意足，这种偶尔的、局部性的调和，乃是经过不懈的努力所获得的成果，但是这种成果仍然保留着原状的自然，更以其巨大的威胁阻抗这种调和。这不像把自然还原到客体的自然主义，局部满足可能就是一种认识的过渡，反映了人类在表象的、经验的、感性的、在处理人与自然的关系问题上总是受挫，而这种受挫又是盲目的状态，找不到精神的交代。康德发现了两者之间的冲突，一方面要返回古希腊，另一方面要宣布古希腊的死亡，提出自我交战的任务。

受挫与局部满足是以自然为中介的对抗性的辩证发展。由于受人性中"一种趋向改善的禀赋和能量"的牵引，人类总是在命运打击不到的领域追求不断的自我完善，只是这一追求过程不断遭受挫败，正如列奥·施特劳斯、约瑟夫·克罗波西指出："在历史过程中，以及在这一进程的不同阶段上，秩序产生于冲突，和平产生于战争，公益产生于私利。"[1] 历史的变革与转向，在不断受挫中显示了历史必然性法则。"人类并不是由本能引导着的，或者是由天生的知识所哺育、所教诲着的；人类倒不如说是要由自己本身来创造一切的。"[2] 即使人类所从事的实践目的尚未达成，即使是一个民族或国家的改革甚至革命没有获得成功，抑或经历了一系列艰难曲折之后又回到从前，历史最终还是必须在痛苦艰难的历程中完成"绝望的跳

---

① 〔美〕列奥·施特劳斯、约瑟夫·克罗波西：《政治哲学史》，李天然等译，河北人民出版社，1998，第 691 页。
② 〔德〕康德：《历史理性批判文集》，何兆武译，商务印书馆，1990，第 5 页。

跃",最终朝着善的方向前进。任何民族都不可能放弃再次雄起的努力,而且这种坚强具有"在所有的人的心灵之中获得经常的经验教诲所不会不唤醒的那种稳固性"①。受挫在否定理解中变为一种动力,人们能够在自身利益之中、在欲望与需要矛盾对抗过程之中达到局部满足,从而激活历史发展的动力因,历史的进步与人类自身道德进化正是在这种辩证的过程中发生着联系。纵观人类历史,无一例外地充满着受挫与局部满足的辩证关系。

(三) 精神性自然:一个历史向度的反思

如果我们对彻底自由的向往和对与自然完成统一综合表现的向往要一并完全实现,也就是说,如果人既要作为最完全的自我决定的主体(康德认为人就是自我意识的主体,这个主体性概念是不可回避、不可弱化的),又要在自身之中,即宇宙之中,与自然合而为一(一方面宣布人是主体,另一方面要把人自身中不可消解的自然与人进行关联。这就代表着工业革命,代表着现代性,首先是把人翻转为主体,主体是人自身,如中国强调民族、话语权、精神、道路,这些都彰显了中国在现代性发育中第一件要做的事就是把人民翻转为主体性的存在。要能找到引领、配置物质资源发展的精神。中国发展现代性,必须有主体性,这就厘清了与对象化世界的关系),那么,基本的自然性就必须自发地倾向道德与自由。这就需要把我们的认知模式加以颠倒,即自然既不是古代的自然概念,也不是近代初期西方人的自然概念,而是一个精神性自然的概念,自然只有被纳入精神的主体性中,才具有历史意义,才成为自由的延伸。在自我意识的哲学里,自然是精神自由的延伸,按照达尔文的进化论、传统的科学主义的解读模式,自然是第一性的,精神是第二性的。但是在黑格尔庞大的哲学体系中,逻辑学向自然哲学是怎么过渡的?是用异化的概念,实际上就是说自然不是第一性的,如果要追究自然的第一性,就要回归到精神的实体意义上。黑格尔把自然看成精神的异化存在这样一种自然模式是不是有道理呢?它印证了人对自然残酷宣战的错误。从人的欲望的角度去对待自然还是从人的自我反思、精神反思角度来看待自然成为德国古典哲学一直以来的一个重要哲学命题,这里面有两种不同的认知模式。黑格尔的逻辑、精神、绝

---

① 张雄:《西方思想史上的历史转折观》,《社会科学战线》1994 年第 1 期。

对理念没有预设欲望概念，他的概念在大的逻辑框架体系里做运动，是存在论、本质论、概念论不断自我否定、自我扬弃，达到更高概念的辩证统一。为什么要异化这个自然？其逻辑学预设和中世纪神学密切关联。古罗马精神、古希腊精神代表着人类感性的存在。到了中世纪，人类进入了一种神学思辨，在感性经验的世界里，我们怎么发现神呢？是动用了"生成"概念，神把一切"生"出来了，我们赋予神主体地位。黑格尔的逻辑学、思辨哲学体系的第一个阶段在某种意义上借鉴了中世纪神学在完成思辨、预设、主体性、创造这些概念时的运用。黑格尔讲的自然是精神异化的自然，精神的主体性、精神的自由被预设，这恰恰是通过感性的自然来加以印证的精神的主体性、精神的自由。柏拉图的理念论意指总体的存在都要服从最高的理念，而没有看到精神的普遍性必须通过一个个世俗的、物态的、自然的存在，才能证明精神是主体的、自由的。黑格尔在《法哲学原理》中高度肯定英国的发展，肯定了欲望、私欲、任性，所以没有走向空洞的、干瘪的、单纯的、宏大的精神预设的东西，而是精神性自然的历史化过程，即自然被精神所贯通的过程。黑格尔哲学最深刻地凸显了现代性哲学的逻辑，即道路问题，人类历史理性在这一阶段得到了彰显。

二　金融理性的历史理性目标

资本作为一种社会关系，能够通过推动世界经济的加速发展而促进人的发展，资本的出现意味着自由的开始。金融化使每个人都成为金融的终端，21世纪的人类生存世界是一个金融化的世界，财富的过剩与积累预示着人类将更加自由，同时也将更加不平等。工具理性智能化使资本的精神向度体现为主观性、异质化和任性，这是一个精神起反作用的时代，这种反作用诉求着金融理性上升为历史理性。

（一）历史理性视域中的资本范畴与人的自由意志

自由的概念就是人的权力的存在，在现代性视域中这个权力就是产权，而产权来自市场的交换的原则，涉及交换必然涉及货币，最大的货币、最能动的货币就是资本。资本首先是人的自由意志的显现，但是它使人分为两部分，人格化的资本家和人格化的机器，即相对自由的一部分和相对不自由的一部分。人以什么方式理解资本，资本就以什么方式呈现；人对资本的把握度有多高，人的自由度就有多大；相反，人的自由度有多大，对资本的把握度就有多高。资本至上是观念主义的东西，事实上人是人的力量的折射，自由也是人的力量的折射，资本背后还是人的精神的现实力量。黑格尔的《法哲学原理》实际上是对资本的自由的反映，对自由的反思。这需要从德国人的自由范畴谈起。

资本的出现意味着自由的开始，绝不是对自由的限制。资本的出现预示着自由的显现，这种自由的显现被德国人理解为自由意志，即具有理性规制的意志，从康德开始是自我决定，受理性规制的意志。资本具有三个维度：一是一般的经济学家所理解的预付金；二是现代经过抽象以后的资本，剩余概念就是占有剩余；三是马克思强调的资本是社会关系。预付金的概念后来被解释为生产要素，生产要想连贯下去就必须具有足够多的预付金。经济学家认为资本就是一个生产要素，资本就是预付金，最早的资本概念就是按预付金来理解的，工厂想要生存下去，必须购买生产资料，即需要资本作为预付金购买生产资料，这就是最初的资本。但是马克思对资本的认识不是那么简单，马克思把作为预付金的资本抽象为剩余价值，或者叫占有剩余价值，在西方还没有人像马克思那样把资本理解得如此立体。资本在它特定的时空里，不仅意味着自由的开始，而且是自由的放大。其实，资本作为一种生产关系，它是带着"血和肮脏的东西"而来的。从原始社会开始就有剩余了，后来上升到资本概念，是有人自觉地通过权力关系强行占有他人的剩余，剩余被占有之后，才上升到财富概念，所以财富的模糊概念就是任意的剥夺他人的剩余产品、剩余价值、剩余时间。从前现代自然经济条件下占有剩余的属性过渡到现代性发展，占有剩余就不一样了，现在的占有恐怕就是十足的财富概念，是冰冷的财货概念，在古代，即便占有大面积的土地、牲畜、银两，也没有人说你家拥有多少财富，资本概念更是无从谈起，但是，按照今天的标准，凡是占有剩余价值、剩余时间、剩余劳动的，都有资本的属性和特点，只有在一个自由放任的市场经济条件下，在一个具有大工业体系的社会中，在现代性发育的社会里面才会出现资本概念，所以，从精神向度追问资本，马克思的思路是，一步一步从物质形态的资本过渡到社会关系本质的资本，再过渡到人类自由自觉地生产、分配、劳动的那样属性的资本。当然，这时的资本也将不再成其为资本。马克思在生产层面反思劳动的关系，在精神层面反思资本，以及为什么工人生产得越多越是被剥削。所以，异化也绝不是从物质到物质的经验感受，而是一种精神上的深层反思。

总之，资本作为一种社会关系，它那与生俱来的扩张本性和不断运动作为一种强大的推动力推动着世界经济的加速度发展，同时也促进了人的发展，至少它为未来社会的发展进步奠定了物质基础，所以马克思充分肯定了资本在人类历史进程中的伟大作用。它使传统社会那种无休止的重复和满足于现状的生活方式发生了巨大变化，把"一切民族甚至最野蛮的民族都卷到文明中来"①，使各民族在相互融合中得到共同发展，一种文明、开放、智慧的生活方式取代了传统社会愚昧、封闭、野蛮的状态，"世界历史"在从贫瘠乡野走向繁荣城市的过程中完成了一体化。这样的历史进程也生成了"世界历史性的、真正普遍的个人"，高度文明的人不仅得到了多方面的享受，而且具备着多方面享受的能力，这种社会关系通过生产尽可能完整的和全面的社会产品而生产出了具有尽可能广泛需要的人，这是"以资本为基础的生产"或是"由资本推动的生产"。资本所创造的高度文明的人，是自由人的历史前提，这种高度文明的人是在下一历史阶段能够成为真正社会化的人、真正自由的人的必备条件，因为"社会的人的一切属性"不仅包括人的需要体系和人的享受体系，而且包括人的能力体系和人的交往体系。在以物的依赖性为基础的第二大社会形态下，普遍的社会物质变换、全面的交往关系、多方面的需求以及全面的能力体系的形成为"个人全面发展和他们共同的、社会的生产能力成为从属于他们的社会财富这一基础上的自由个性"②的第三个阶段创造条件。

（二）历史理性目标视野下的金融理性

金融化世界中资本精神向度的深层考察。21世纪的人类生存世界是一个金融化的世界，财富的过剩与积累预示着人类将更加自由，但财富的本质是不平等，所以这个世界越是金融化就越走向二律背反。金融化使每个人都成为金融的终端，每个人都存在于金融合约之中，个人的精算、精神漠视、生活激情本能都没有了，整天都是理性的，21世纪的人类就是在这

---

① 《马克思恩格斯文集》（第2卷），人民出版社，2009，第35页。
② 《马克思恩格斯文集》（第8卷），人民出版社，2009，第52页。

种个性均匀化、数字化、精算化中抹杀个性，又在无限的想象、设计与创造中生长个性。法国经济学家皮凯蒂的《21世纪资本论》备受学界关注，从历史哲学的角度审视，有一个历史事实在这本著作中得到了明晰的展示：整个人类在20世纪上半叶打了50年的世界性战争，20世纪下半叶各个国家，无论是发达国家还是发展中国家都进行了经济转型，整个世界从总体上看，基本上实现了脱贫，可以说是从经济短缺时代进入了经济丰裕时代，甚至很多国家进入了经济过剩时代，大量的财富被积累起来，这从本质上讲是资本这种生产关系"攻城略地"的结果，是现代性发育、发展的重要体现；进入21世纪，短短二十几年，人类生存世界进入金融化的时代，透过皮凯蒂的著作，我们清楚地看到一个事实，那就是所有的财富都被卷入了资本金融权力体系，这是一个时空叠加的世界、流变的世界、任性的世界、魔幻的世界，过去的、现在的、未来的财富都被通约为可流动的价值符号，人的情欲、需要、冲动、偶然偏好都被激活、膨胀并流转于资本金融权力体系。

资本的主观性、任性、杠杆率、更高的上升空间、更强大的衍生功能给资本增添了什么？首先是时代主题的变化。《资本论》发表150多年，整个世界经济与政治发生了深刻的变化，从资本的形态与特征看，马克思所处的时代是以产业资本为主导的时代，21世纪则是以金融资本为主导的时代；从世界经济体的形式来看，马克思所处的时代是传统社会与早期资本主义社会交织的时代，21世纪则是发达资本主义国家与非资本主义国家（社会主义国家）并存的时代；从财富积累来看，前者是一个物资相对匮乏的时代，后者是一个财富充裕的时代；从经济现象来看，马克思所处时代是商品堆积的时代，今天则是符号、景观等意象性存在堆积的时代。从以货币到资本再到财富为主题的时代交替是人类从短缺经济进入丰裕经济再到今天的过剩经济的历史进程的体现。21世纪是一个丰裕的时代，更是一个过剩的时代，即金融化的时代，事实上，没有过剩也就不可能出现金融化。人类从经济短缺时代进入经济过剩时代，剩余劳动不断积累，不断资本化，不断金融化，最终所有的财富（过去的、现在的、未来的）都被通约并且在现有的金融系统中实现加速度流动。这是一个最好的时代，财富如此这般的丰裕，财富的获取如此唾手可得，资本的积累如此如人所愿，人的异质性得到如此的张扬；这是一个最坏的时代，贫富差距如此这般拉大，资本收入与劳动收入差距十分大，财富的缩水如此迅速，贫困的积累如此触目惊心。这是资本金融化的结果，更是金融化世界与精神世界二律背反的深层次显现。

工具理性智能化使资本的精神向度不仅是精神的主观性的体现，而且是精神的异质化的体现，更是任性的体现，而且是一个不断循环的正反馈过程。首先，人的需要不断地被创造出来，但这种需要"并不是直接从具有需要的人那里产生出来的，它倒是那些企图从中获得利润的人所制造出来的"[①]。其次，金融化的资本把主体自由界定为某种无穷无尽的财富创造和想象力，给予自由之本质以新的规定，人本身就能够有意识地设定自身的自由，金融化对自由的开拓极大地丰富了人类的自由伸张。心有多大，资本就能生产多多；想象能走多远，资本就能走多远。在 21 世纪的金融化世界中，资本在物质领域的"脱域性"与价值通约性无所不用其极。资本通约一切价值，通过形象和意义进行流通，景观、意识、欲望统治人的经济行为，这预示着人的意志越来越自由，同时精神自由和资本逻辑的冲突也越来越凸显，这是金融理性在历史理性通道里的必然显现。

（三）金融理性上升为历史理性的精神诉求

自然为什么要趋向精神性？德国人试图保留作为感觉主义的审美，又要把作为精神的彻底自由保留下来，实际上就变成了精神和自然的关系，表现在现代性上，就是人与自然的关系。我们要处理好精神和自然的关系，如果我们站在人的主体性哲学的角度，从精神性、自由的视域看，人就不是简单地用大机器去切割自然，既然自然是一个精神性的存在，自然就直接关联着自由的问题，既然自然是一个精神性存在，人类就没有必要不断地用工具理性去切割自然。从自由的角度来思考人与自然的关系，它就不是一种功利的关系，而是一个促使人的精神延伸的重要过程。费尔巴哈哲学对现代性最大的自然主义观念作了深刻的纠正，作为西方现代性第一个圆圈反思的重要人物，他试图通过一个新的宗教来调节这个充满对抗性的世界，尤其是人与自然的冲突。现代性反思，必然要落到德国古典哲学"精神性自然"这个概念上，站在自由反思的角度理解人的生命存在的价值

---

① 〔德〕黑格尔：《法哲学原理》，范扬、张企泰译，商务印书馆，2009，第 235 页。

和意义。自然之所以趋向精神性，这个精神性也就是具有实现精神目标的各种倾向——乃是自然所不可或缺的东西。在自然实在的底下，有一个从事自我实现的精神性的原理作为基础，也就是设定一个作为自然之基础的精神原理，也就是几乎等于设定了一个宇宙主体。这里的自然，需要追溯到康德《历史理性批判文集》中的自然，实际上也就是黑格尔所说的能激活人的精神自由的、基础性的、原在性的存在。康德给我们留下两个重要命题："大自然的历史是从善开始的，人的历史是从恶开始的。"① 也就是说，自由的历史是从恶开始的，人自身的历史是从恶开始的，这个恶也是一种自然。贯穿在人自身中的自然性存在就是欲望，英国人就是用这个东西炮制了市场经济。我们已经从传统的本能化时代走向智能化时代，这里必然会遇到一个问题，就是自然之基础的精神原理。今天，中国解决经济发展困境的主要矛盾究竟在哪里？当然，我们绝不能采取英国那套自然主义的思维，沉醉在物质财富世界里，沉醉在已有成功的沾沾自喜里。我们面对的是智能化时代，探寻的是自然之基础的精神原理，绝不能跟着物质走，而是要探寻精神性，中国的货币、资本、财富首先必须是精神性的概念。为什么这么说？美国这场次贷危机，最大的反思是美国人要追求自由，允许在追求中犯错，每犯一次错，就增加一个法激励人的自由，法是在纠错中形成的。负面清单是自由的预设，以自由为本体，以人本为依据。货币、资本、财富里面注入了精神性，就不是一般的货币、资本、财富，尤其是在金融化世界中，它们还会叙事。不断反思追问：实体在哪里？什么是经济学？我国自然之基础的精神原理是什么？如果把精神性输入自然，至少让我们感觉到精神就是自然，自然就是精神，那我们就不会随便去肢解它、毁灭它。

精神为什么脱离不了自然？因为人只是那流贯于自然整体的、神圣生命的、极为渺小的部分。尽管精神可以蔑视自然，但是自然不能在精神面前完全泯灭，人类与自然之神进行交往，只可能是屈服于这个伟大的生命之流，并放弃彻底的自律性。这是自文艺复兴开始的人类"小宇宙"的方法，也就是人不仅是宇宙的一部分，而且反映着这个整体：在外在的自然实在中表现其自身的精神，同样地在人身上进行有意识的表现。自然的创

---

① 〔德〕康德：《历史理性批判文集》，何兆武译，商务印书馆，1990，第68页。

造性生命与思想的创造力是同一个东西。一定要把自然本身拥有的创造力和精神拥有的创造力加以契合。自然本身的生命创造力关键在于人怎么去接纳、融入、创造。音乐、艺术和自然的原创造力是比较接近的。所以，谢林强调一定要学会欣赏自然、赞美自然。黑格尔则用历史普遍性与历史特殊性相契合来理解现代性。我们现在面对的恰恰是精神起反作用的时代，而不是简单的物质决定精神的时代。

三　极端的金融理性：无根的世界导致人类精神家园的失却

自然规律与人类理性斗争是一部充满生死搏斗的神秘剧，思想的永恒性、精神的永恒性在于人类的理性。人类活动的主动性推动他们运用理性作出主动性创造。然而，人类理性一旦走向极端，必将导致人类精神家园的失却。

（一）人类生存世界面临极端金融理性挑战

金融化的资本（即财富）是更高层面的自由的显现，一方面，人类在21世纪比19世纪更加自由而不是相反；另一方面，人类又注定要在二律背反的现实中不断批判，不断实现历史的辩证运动和螺旋式上升。在资本所创造的物质基础上扬弃资本、扬弃资本主义制度并进入更高的历史发展阶段，即真正的人的自由解放的社会形式是人类社会终将经历的路程，因为生产力的发展与物质财富的丰裕是实现更高历史阶段的基本前提。

从对抗到和谐是从金融理性走向历史理性的深刻思想要义。资本收益率远远大于经济增长率的内在机制深植于21世纪的资本金融权力体系之中，金融化世界的资本收益率严重偏离全球经济正义的轨道，严重偏离劳动价值论的原理，资本权力的脱域性、任性导致社会财富的极化、政治理性与经济理性的冲突、人与自身冲突加剧，这些都已成为金融化世界最普遍、最深刻的社会存在本体论问题。金融资本的私向化与它的内在否定性并存，私向化程度越高，其与人民的对抗性越尖锐。不可否认的是，今天的资本金融权力体系已经从狭隘的自由竞争性、垄断性走向全面的、深刻的、几乎"所有人"的普遍性，人民性的条件逐步具备，"人民金融"内涵逐步充盈。历史的进步是人类追求彻底自由意志的表现形式，是善的正义精神对恶的异化事实的扬弃，所以资本的否定主义必须走向历史的建构主义，抑或在资本否定主义的基础上实现历史的建构主义，那种"富人更富、穷人更穷"的金融理性必须得到精神的鞭挞，以资本为轴心的社会制度内生的不公正性与不合理性必须得到制度的矫正。首要的人权是财产权，而财产权必须通过法才能得到保证，"法的基地和出发点是意志。而意志是自由的，所以自由就构成法的实体和规定性"①。"法作为自由在外在事物中的定在。"② 如果没有公正的社会制度保证，没有法的保证，人权就只能是少数人的人权，所以，基于人民性的社会制度安排才是全球经济正义的始基。

（二）历史化维度在何等意义上被遗忘和失却

历史化是什么？历史化维度有几个方面？"技术理性过程的真实性、精确性往往遮蔽了技术前提预设'理性猞计'的虚假性和有害性。"③ 一方面，资本金融权力体系的工具理性使得财富在一系列形式逻辑的识别与运算系统中流转，财富被重新定义并加以包装、切割为数字化、符号化、景观化的存在，极其准确地输入理想的目的地，人们从心理上对工具理性的智能化持有理性崇拜的态度。另一方面，经济理性的价值导向使得金融产品设计者对风险的判断过于乐观，越是问题资产可能越能激活"羊群"的非理性，而庞大的工具系统趋利避害功能作为每个从业人员心中的原则本能地操控着每个人的意识。思想的永恒性就在于它能够不断地被思想，精神的永恒性就在于它能够不断地被精神加以再贯通。历史学家柯林武德指出，历史的过程"有一个由思想的过程所构成的内在方面；而历史学家所要寻求的正是这些思想过程。一切历史都是思想史"④。"过去"和"历史"是两个不同的概念，过去是指曾经发生的事情本身，而历史则是经过人之理性整理过的事情，它总是包含着康德式的"增加"或"减少"，而与此相对应的"现实"则有着另外的内涵，现实就是现在正在进行的过程，"是我们的知识唯一可能的对象，是我们活动的领域，以及我们各种感觉的刺激

---

① 〔德〕黑格尔：《法哲学原理》，范扬、张企泰译，商务印书馆，2009，第10页。
② 〔德〕黑格尔：《精神哲学·哲学全书·第三部分》，杨祖陶译，人民出版社，2006，第320页。
③ 张雄：《财富幻象：金融危机的精神现象学解读》，《中国社会科学》2010年第5期。
④ 〔英〕柯林武德：《历史的观念》，何兆武、张文杰、陈新译，北京大学出版社，2010，第212页。

物"①。"作为历史思想之对象的过去，并不是那些因时间流逝而从我们眼前
移走却依然在某地大量存在的东西。它是由事件组成，这些事件因为已经
发生了，所以不是目前正在发生的，并且它无论如何都是根本不存在的。"②
"当历史思想把历史事件当作其对象的那一刻，没有什么历史事件仍然是正
在发生的。"③ 所以，只有被历史理性贯通的过去才能成为历史，也只有历
史理性加以印证的过去才能成为历史化的存在。"任何体系都只是思想的临
时休憩之处，是会很快再次消失的某些事物暂时的结晶。"④ 柯林武德关于
历史的思想与康德的大自然的计划，乃至黑格尔的历史理性思想是一脉相
承的关系。康德晚年在《论通常的说法：这在理论上可能是正确的，但在
实践上是行不通的（1793）》⑤ 一文中初步开辟了从实践理性到达历史理性
的路径。"凡在道德上对于理论来说是正确的东西，对于实践说来也就必定
是有效的。"⑥ "所以对道德律的敬重是一种通过智性的根据起作用的情感，
这种情感是我们能完全先天地认识并看出其必然性的唯一情感。"⑦ 此时康
德的纯粹理性立场并未动摇，而且我们可以从中看出从他的实践理性向黑
格尔的"历史理性"过渡的某种预兆。在黑格尔那里，历史理性的眼光第
一次形成，但是他并没有直接使用"历史理性"这个专有名词，而是描述
为"理性是世界的主宰，世界历史因此是一种合理的过程"⑧，即"凡是合
乎理性的东西都是现实的，凡是现实的东西都是合乎理性的"⑨。一种心理
意识中的合理性就必然会扩展为一种历史的合理性，因为所谓历史，无非
就是有意识的人的实践活动而已。如果说，第一个层次所要说明的是"凡
是合理的都是现实的"，那么第二个层次则力图展示"凡是现实的都是合理

---

① 〔英〕柯林武德：《历史的观念》，何兆武、张文杰、陈新译，北京大学出版社，2010，第
395页。
② 〔英〕柯林武德：《历史的观念》，何兆武、张文杰、陈新译，北京大学出版社，2010，第
395页。
③ 〔英〕柯林武德：《历史的观念》，何兆武、张文杰、陈新译，北京大学出版社，2010，第
426页。
④ 〔英〕柯林武德：《历史的观念》，何兆武、张文杰、陈新译，北京大学出版社，2010，第
416~417页。
⑤ 关于此文的翻译在学界有争议，邓晓芒教授将此文译为《论俗语》。
⑥ 〔德〕康德：《历史理性批判文集》，何兆武译，商务印书馆，1990，第184页。
⑦ 〔德〕康德：《实践理性批判》，邓晓芒译，杨祖陶校，人民出版社，2003，第101页。
⑧ 〔德〕黑格尔：《历史哲学》，王造时译，上海书店出版社，2006，第8页。
⑨ 〔德〕黑格尔：《小逻辑》，贺麟译，商务印书馆，1980，第43页。

的"。这一节的标题是"论在国家法中理论对实践的关系",霍布斯的理论之所以被反对,是因为霍布斯的社会契约学说是建立在假设的某种"自然状态"之上的,即由于人在自然状态中为所欲为,陷入了一场"一切人对一切人的战争"之中,人对人像狼对狼一样,于是为了避免同归于尽的毁灭,大家商量把自己的自然权利通过立法转让给某个君主,由此形成了某种"父权统治",由专制君主来保障每个人的权利。康德的反驳就是,这种专制主义虽然也称为"立宪",但"这种立宪取消了臣民的一切自由,于是臣民也就根本没有任何权利"。康德承认,这仅仅是一个实践上必要的假设,即一种希望,但是这种希望"任何时候都曾影响到思想良好的人们的行为"。[1]

在金融化进程中,尤其需要理性认识风险。风险是金融活动的基础、创新动力之源、行为约束条件,我们既要敬畏风险,又不能因为风险而放弃创新。对于金融创新来说,我们需要"激情与理性","激情"致力于追求"金融与好的社会","理性"应对的是"冷冰冰的数字与风险"。恶动力说:"因为正是这些由以产生出恶来的爱好之间的相互对抗作用,才给理性带来了一种自由的活动,去征服所有这些爱好,并使那种一旦存在就一直维持着自身的善,而不是那种自我毁灭的恶,占据着统治地位。"[2] 康德这种对恶的辩证的认识已经很接近经由黑格尔最后到马克思所发展并表述的历史辩证法,即"人们恶劣的情欲是世界历史发展的动力",恩格斯不仅认可历史的恶,而且给予历史的恶高度评价:"鄙俗的贪欲是文明时代从它存在的第一日起直至今日的起推动作用的灵魂;财富,财富,第三还是财富——不是社会的财富,而是这个微不足道的单个的个人的财富,这就是文明时代唯一的、具有决定意义的目的。"[3] "恶是历史发展的动力的表现形式。……自从阶级对立产生以来,正是人的恶劣的情欲——贪欲和权势欲成了历史发展的杠杆。"[4] 善也好,恶也罢,当事人只是作为质料的杂多而存在,善恶的转化并非当事人的意愿造成的,当事人所有的努力最终都归结为黑格尔笔下"理性的狡计"。康德最后得出结论:"即使在世界主义的

---

① 〔德〕康德:《历史理性批判文集》,何兆武译,商务印书馆,1990,第 209 页。
② 〔德〕康德:《历史理性批判文集》,何兆武译,商务印书馆,1990,第 213 页。
③ 《马克思恩格斯文集》(第 4 卷),人民出版社,2009,第 196 页。
④ 《马克思恩格斯文集》(第 4 卷),人民出版社,2009,第 291 页。

考虑中，也仍然保持着这一论断：凡是出于理性根据而对理论有效的，对于实践也就是有效的。"①

尽管康德对"历史"的理解仅仅局限于外部自然现象或经验事实，但他对"天意"的描述已经具备了黑格尔"历史理性"的内涵，只是历史理性在他那里通常用"自然的隐秘计划"、"自然的目标"或"大自然的安排"等表述。黑格尔在《历史哲学》中批判了康德，并指出："相反地，我们必须热心努力地去认识'神意'的各种途径、它所用的手段和它从而表现它自己的各种历史现象，而且我们必须表明它们同上述普通原则间的联系。"②康德的实践理性原则过渡到黑格尔的历史理性原则就在于他把"天意"不仅仅理解为一种主观的信仰，而且理解为"理性支配世界"这一"普通原则"，此时的"天意"难道不就是一种理性认识吗？遗憾的是，康德只是局限于"反思判断力"，以至于他没能够跨出这一步，所以对历史理性的揭示也就历史地落在了他之后的哲学家那里。

（三）精神的反思：挑战与应战

"人们自己创造自己的历史，但是他们并不是随心所欲地创造，并不是在他们自己选定的条件下创造，而是在直接碰到的、既定的、从过去承继下来的条件下创造。"③ 社会历史是悲剧与喜剧交替的过程，是一些人的喜剧与另一些人的悲剧相互转化的过程。自然规律与人类理性斗争是一部充满生死搏斗的神秘剧，早期人类只是不知道剧本和自己演员的身份，不知道作为幕后导演的精神与自然。如果康德的历史叙述在上一段终止，无疑是一部悲剧，充满了命定论的色彩，人类丧失了探索未知的兴趣，放弃了努力奋斗的动力，世界将陷入一片毁灭前的混乱、无序，或者是死寂。可是，人类对历史的认识在康德那里只是一个"关节点"，没有因为康德的发现而终止，因为人的生命的有限性与历史的无限性之间形成的不对称足以使自然规律的必然性和人类的理性主动性并行不悖，人类活动的主动性推动他们运用理性作出主动性创造。

---

① 〔德〕康德：《历史理性批判文集》，何兆武译，商务印书馆，1990，第214页。
② 〔德〕黑格尔：《历史哲学》，王造时译，上海书店出版社，2006，第13页。
③ 《马克思恩格斯文集》（第2卷），人民出版社，2009，第470~471页。

历史理性的独特视角在于人类对自身历史的积淀、反思，并用理性的眼光审查历史，通过云诡波谲的历史现象，把握并提炼出具有规律性的、本质的思想。当财富的尺度不再是劳动时间，而是可以自由支配的时间时，人类社会将会进入一个新的阶段，"表现为生产和财富的宏大基石的，既不是人本身完成的直接劳动，也不是人从事劳动的时间，而是对人本身的一般生产力的占有，是人对自然界的了解和通过人作为社会体的存在来对自然界的统治，总之，是社会个人的发展"①。财富的基础不再是盗窃他人的劳动时间，当财富的巨大源泉与直接形式的劳动不再完全相关时，财富的尺度也就与劳动时间不再完全相关，这时，交换价值也将不再取决于使用价值。"群众的剩余劳动不再是一般财富发展的条件，同样，少数人的非劳动不再是人类头脑的一般能力发展的条件。……个性得到自由发展。"②

马克思指出："黑格尔在某个地方说过，一切伟大的世界历史事变和人物，可以说都出现两次。他忘记补充一点：第一次是作为悲剧出现，第二次是作为笑剧出现。"③ "当旧制度还是有史以来就存在的世界权力，自由反而是个人突然产生的想法的时候……它的历史是悲剧性的。当旧制度作为现存的世界制度同新生的世界进行斗争的时候，旧制度犯的是世界历史性的错误，而不是个人的错误。因而旧制度的灭亡也是悲剧性的。"④ "现代的旧制度不过是真正主角已经死去的那种世界制度的丑角。历史是认真的，经过许多阶段才把陈旧的形态送进坟墓。世界历史形态的最后一个阶段是它的喜剧。"⑤ 悲剧与喜剧的转化过程就是合理性、合法性的转化过程，历史地看，任何事物都可能从合理走向不合理、从合法性走向不合法，反之亦然。任何喜剧或悲剧都不是一成不变的，而是一个动态的过程性存在，任何制度都可能是经由不合理走向合理，再走向不合理的过程。这是历史辩证法的体现，"辩证法在对现存事物的肯定的理解中同时包含对现存事物的否定的理解，即对现存事物的必然灭亡的理解；辩证法对每一种既成的形式都是从不断的运动中，因而也是从它的暂时性方面去理解；辩证法不

---

① 《马克思恩格斯文集》（第 8 卷），人民出版社，2009，第 196 页。
② 《马克思恩格斯文集》（第 8 卷），人民出版社，2009，第 197 页。
③ 《马克思恩格斯文集》（第 2 卷），人民出版社，2009，第 470 页。
④ 《马克思恩格斯文集》（第 1 卷），人民出版社，2009，第 7 页。
⑤ 《马克思恩格斯文集》（第 1 卷），人民出版社，2009，第 7 页。

崇拜任何东西，按其本质来说，它是批判的和革命的"①。悲剧虽悲，但也有崇高，悲剧之所以崇高就在于它是为了更为合理的现实生活斗争的结果，它能推动人类历史的发展。不过那些试图倒转历史车轮，为旧时代重新争得合理性合法性的斗争导致的悲剧只能是亚里士多德所谓能够唤起人们的恐惧与怜悯的悲剧。

小　结

21世纪的政治经济学批判将促使人类从资本的幻象中走向觉醒。精神只有指引着市民社会才叫真正的精神，才可能是康德式的绝对自由，否则就是柏拉图式的空想精神。21世纪是以财富为主题的时代，财富在更加广阔的时空中实现了对人的强制与操控，资本的收入远远大于劳动的收入，自由概念作为资本主义世界体系中的一个环节，它本身就是由资本逻辑催生并推动的，但在没有摆脱资本逻辑强制与操控的时代，它一定是一个二律背反的概念，一定是被资本逻辑一次一次地肯定并一次一次地推入深刻的否定之中，人类历史的进程也只有在对资本的不断批判与扬弃中才能从特殊性上升到普遍性。无论是悲剧还是喜剧，只有放置于具体的社会历史视野中考察才能赋予其坚实的历史唯物主义根据，其判断主要取决于历史变动是否合乎历史发展的规律，也即是否合乎历史理性。在评判悲剧、喜剧时可能存在至少两种时态，一种是现在进行时，即用当下的眼光审视当下的历史变动得出的认识；另一种是过去时，即用当下的眼光重新反思过去的历史变动得出的认识，所以历史理性本身就包含着内在否定性。

---

① 《马克思恩格斯文集》（第5卷），人民出版社，2009，第22页。

第十二章　资本金融权力体系中21世纪资本逻辑与全球经济正义矛盾与张力

【本章提要】 21世纪的资本逻辑已然演绎为金融的逻辑，金融全球化是资本逻辑自身的必然产物，是人类的进化趋向整体性的一种现象。资本金融化与金融全球化作为一种合力推动21世纪人类发展态势及社会关系生成21世纪的人类历史。21世纪资本的最大特征在于金融化让它长上了"看不见的腿"，能突破所有时空的阻隔而到达可以实现"最大化"收益的资源的现场。"永不停止地永久交易"让资本的集聚史无前例，导致新的时代境遇——金融座架的到来。相反，在全球经济正义诉求中考察资本逻辑，必须注重形而上的精神对资本的反作用，呼唤精神的观照与哲学的在场，倡导人类命运共同体的时代意识，为资本逻辑设置对立面，只有不断克服资本逻辑直线运动的历史偏斜运动，全球经济正义才有可能实现。

偏斜运动是马克思《博士论文》（即《德谟克利特的自然哲学和伊壁鸠鲁的自然哲学的差别》）中的核心概念，在他晚年的《人类学笔记》中这一概念上升到了历史的高度。偏斜运动是天体的存在方式，是指速度变化和方向变化以及曲率变化的非惯性运动，这种运动体现追求自由的一种偏好，它是物质的真实的灵魂的表现，是斥力和引力相互作用的表现，是物质内在本质的表现。马克思把经济现象放在历史的高度去考察，更侧重思想维度、制度维度、历史演化维度的追问。资本逻辑视野中的全球化就如同直线式的下降运动，而在全球化视野中省察资本逻辑，我们发现人类精神必然为资本逻辑设置对立面，这样历史必然会偏离资本逻辑的直线运动而产生偏斜运动。21世纪资本逻辑的对立面从何而来？历史的偏斜运动何以可能？全球经济正义如何表达人类的整体性追求和精神的更高层次进化？

一　资本逻辑视野中的全球化与全球化视野中的资本逻辑

要考察全球资本逻辑与全球经济正义，首先必须具备全球化的视野，因为 21 世纪的全球化，你要或不要，它就在那里。全球化作为一个鲜明的时代特征，它是新的还是旧的？换句话说，全球化是新瓶装旧酒还是旧瓶装新酒？它是人类的一种进步还是一种倒退？这些问题至少需要从三个方面加以说明。

（一）资本逻辑形而下的直线运动必然导致 21 世纪的全球化

首先，全球化是旧的，它是资本逻辑的必然结果，是一如既往的。世界战争、全球经济转型、资本金融化无一例外的为全球化开辟道路。无论是战争对不同民族、国家之间的阻隔，还是国家政府在不同时期的推动或阻滞，也无论是不同宗教、文化之间的隔离，还是贸易与合作交流方面的政策制定，也无论它是一种进步，还是一种退步，全球化都以一种不以人的意志为转移的进程发展着。20 世纪上半叶打了将近 50 年的世界战争，战后一段时期（20 世纪 50 年代）美国发生的最大的变化是"白领工人人数第一次超过蓝领工人的就业人数"，[①] 20 世纪下半叶世界各国展开了 50 年的经济转型，正如当年邓小平在 20 世纪 80 年代作出的判断一样："争取更长一点时间的和平。这是可能的，我们也正是这样努力的。不仅世界人民，我们自己也确确实实需要一个和平的环境。所以，我们的对外政策，就本国来说，是要寻求一个和平的环境来实现四个现代化。这不是假话，是真话。这不仅是符合中国人民的利益，也是符合世界人民利益的一件大事。"[②] 这一时期是世界各国转型发展的关键时期，为发达国家的过剩资本流出提供了有利条件，从而推动全球化的又一轮快速而强劲的发展。

其次，全球化又是新的，物质化的世界一日千里、日新月异。技术进步、国际分工与跨国合作无一例外的为全球化夯实了物质基础。在全球化的时代，国际分工与跨国合作的高涨史无前例，这一事实对技术进步的推

---

① 〔美〕丹尼尔·贝尔：《后工业社会的来临——对社会预测的一项探索》，高铦、王宏周、魏章玲译，新华出版社，1997，第 146 页。

② 《邓小平文选》（第 2 卷），人民出版社，1994，第 241 页。

进更是史无前例。反过来，这样的分工、合作、进步又以强劲的物质力量推动着全球化的进程，这是一个正反馈过程。对这一事实最到位的描述莫过于21世纪之初美国著名作家托马斯·弗里德曼在《世界是平的：21世纪简史》中提出的戴尔理论。他从戴尔公司总部考察了整条供应链，他发现了自己所使用的戴尔电脑的每个单独的构件都来源于不同的国家和地区，由此说明全球供应链的出现以强大的力量冲击着地缘政治的壁垒。任何国家，只要它们都是同一个全球供应链上的一部分，彼此之间就不会爆发战争，因为嵌入供应链中的人们不仅希望及时进行产品和服务的传递，而且希望及时享受随之而来的进步与生活改善。而跨国公司正是全球供应链的创造者、推动者和物质化的结果。在全球化背景下，任何一个国家，无论是大还是小，也无论是繁华还是偏远，只要能找到与全球竞争舞台相匹配的资源，它将无一例外地被纳入金融全球化的视野，吸引到外国投资，从而参与国际分工，并由此融入全球化。

总之，全球化是资本逻辑的必然结果，正如马克思所言，"它按照自己的面貌为自己创造出一个世界"①，这个世界就是今天的全球化的世界。

（二）金融的逻辑已成为21世纪全球化时代资本逻辑的时代特征

21世纪的资本在全球化的进程中已演绎为金融的逻辑。马克思透过从英国工业革命、法国的政治革命到德国的哲学革命，再到世界的革命，这样一段历史的发展，从现代经济发展的内在本质上揭示了资本逻辑。但是，马克思所处的时代是以产业资本为主导的时代，21世纪的当下，已然是以金融资本为主导的时代，原有的资本逻辑以金融的逻辑显现出来。其实，金融部门的崛起从一开始就是全球性的，这与当今世界金融结构的等级特点密切相关，资本在国内跨部门流动和在国际上的大规模跨国流动本身就是以差等的存在为前提的，因为差等才是实现"最大化"收益的前提，差等才是资本运动的方向和永恒动力。

20世纪80年代肇始于美国的金融化浪潮迅速冲破主权国家的藩篱而席卷全球。"美国金融衍生品的创立推动了全球范围内的资产证券化和资本市场杠杆化。这一时期金融产品创新不断，1982年2月，世界首个股指期货

---

① 《马克思恩格斯文集》（第2卷），人民出版社，2009，第36页。

指数合约在美国堪萨斯交易所正式推出，美国作为全球率先推出股指期货的国家，成功地将美国股市现货市场和期货市场打通，从此股票指数作为交易标的物也可以交易了。随之而来的是各类金融衍生品作为杠杆化的工具在全球范围如雨后春笋般迅速出现。而美国的资本市场成为金融自由化、金融全球化的领跑者。"① 到了 21 世纪，整个世界都被网罗到金融的概念之中了，越来越被金融化了。"金融全球化使我们越来越难以在一国的框架内衡量财富及其分布状况：21 世纪的财富不平等状况越来越需要从全球的视角进行测度。"② "大体来说，20 世纪 70—80 年代见证了全球经济的广泛'金融化'，深刻地改变了财富结构，使得不同主体（家庭、企业和政府机构）持有的金融资产和负债总量的增速超过了净财富增速。"③ 相应地，金融化的资本以跨国公司为依托，在攻城略地过程中一次次冲破主权国家的壁垒。在发达国家积累了大量过剩资本的同时，正赶上发展中国家的经济转型，如果发展中国家意欲融入世界，使本国产业在全球市场中有竞争力，就必须吸引资本和技术，否则经济得不到发展，目标难以实现。然而这一过程有可能导致欠发达国家主权受到侵蚀，而这背后的深层机理便是资本逻辑的必然性。21 世纪金融的概念已经远远不再是传统的货币金融，而是披着黄金甲的资本金融，它不仅包罗了几乎人类所有的财富，而且使这些财富进入高速流动的状态。对资本逻辑的解析如果继续停留在马克思的以产业资本为主导的模式，显然已不具备解释力。

（三）21 世纪全球化的存在论追问

金融化助推着全球化进程。资本逻辑在全球化进程中必然进行直线运动，全球化视野中的资本逻辑已演绎为金融的逻辑，二者互为条件，形成正反馈机制。首先，在资本逻辑视野中，全球化是它自身的必然产物。全球化视野中的资本逻辑受到金融化的助推而发生了深刻的变化，演绎为金

① 宁殿霞：《资本与生存世界金融化——〈21 世纪资本论〉的经济哲学解读》，《西南大学学报》（社会科学版）2015 年第 5 期。
② 〔法〕托马斯·皮凯蒂：《21 世纪资本论》，巴曙松、陈剑、余江等译，中信出版社，2014，第 355 页。
③ 〔法〕托马斯·皮凯蒂：《21 世纪资本论》，巴曙松、陈剑、余江等译，中信出版社，2014，第 197 页。

融的逻辑,进而发展为金融不仅操控全球经济,而且座架人类生存世界。金融何以具备如此大的力量?最重要的一点恐怕就是全球化为它安装了"看不见的腿"①。资本不断攻城略地,跨越国家界限,侵蚀着国家主权,尤其是欠发达国家的主权,这无疑是全球化的巨大力量来源。其次,全球化是一种不以人的意志为转移的现象。所有的意欲将人与人疏离或阻隔的行动,都无一例外地加速了全球化的进程。20世纪的两次世界大战更是使全球化进程进一步加速。如此看来,人类越是阻止全球化,它就进展得越快,所以,21世纪的全球化不仅是资本逻辑的必然结果,而且是人类精神进化的结果。英国金融学家葛霖认为"归根结底,全球化是一种由人类精神所产生的现象"②。而我们认为人类精神的东西必须转化为物质的东西才能真正历史化。事实上,全球化的现实是资本逻辑与人类精神互动的结果。全球化的过程是一个自然历史过程。一部文明史就是一部战争史,就是资本与精神互动和狡计的斗争史。从这一层意义上讲,我们应该高呼:让全球化来得更猛烈一点吧!最后,全球化是人类趋向整体性的进化的一种体现。资本逻辑的推进不断挤压人类生存空间,使人在相互排斥与抗争中不得不趋向于整体主义的发展方向。个人独立于他人,但又是整体的一部分,只有实现与整体的统一,对个人而言才有实际意义和生存基础。"还不到两百年,我们却几乎不知不觉地进入了至少在物质方面符合我们祖先的期望的现实。在几代人的时间里,在我们的周围形成了呈几何级数增长的各种经济和文化联系。现在每个人每天的需要,除了因为简单而象征着新石器时期食物的面包外,还有一份铁、铜和棉花,一份电、石油和镭,一份发明、电影和国际新闻,现在要供应我们每一个人,需要的已经不单单是田地,而是整个地球。"③ 总之,金融化的资本逻辑推动着全球化不断向前,不仅推动着经济的全球化、政治的全球化,而且推动着人类的全球化,使人类越来越趋向于整体性。

---

① "看不见的腿"用来描述金融全球化背景下资本在全球范围内的自由流动,腿是人格化的资本的腿,行动的方向是由资本追逐最大化收益的本性所决定的,不以人的意志为转移。
② 〔英〕葛霖:《金融的王道——拯救世界的哲学》,段娟、史文韬译,中国人民大学出版社,2010,第41页。
③ 〔法〕德日进:《人的现象》,范一译,辽宁教育出版社,1997,第195页。

二   金融资本之"看不见的腿"与全球经济正义的整体性诉求

在全球化视野中考察资本逻辑与经济正义必须从深刻剖析 21 世纪资本所具有的时代特征、运行机制和运行结果入手。21 世纪的资本以金融为依托,不仅具有极其灵敏的嗅觉,能嗅到地球任何角落可实现"最大化"收益的资源,而且就像亚当·斯密的市场之于"看不见的手"一样,21 世纪的资本长上了跑遍全球的"看不见的腿",它到达实现"最大化"收益资源的速度几乎突破了所有时空的阻隔,而且所向披靡。这一"看不见的腿"对经济正义产生什么样的影响呢?至少可以从以下三方面加以考察。

(一)21 世纪资本概念内涵的嬗变与金融化的时代特征

资本这一概念范畴绝不是一成不变的,它在不同的时代反映着不同的社会发展态势及其普遍的社会关系。近年来,影响国际国内学术界的最重要的著作莫过于皮凯蒂的《21 世纪资本论》,这一著作中最具争议的焦点之一莫过于他的"资本"概念。皮凯蒂在书中对"资本"概念作了严密的界定:"'资本'与'财富'含义完全一样,两个词可以相互替换。根据某些定义,用'资本'这个词来描述人们积累的财富更为合适(房屋、机器、基础设施等)。"[1] 这一资本概念的界定遭到很多学者的诟病,但是任何诟病都不影响这一概念的内涵所表达的具有时代特征的准确性。在皮凯蒂看来,"资本指的是能够划分所有权、可在市场中交换的非人力资产的总和,不仅包括所有形式的不动产(含居民住宅),还包括公司和政府机构所使用的金融资本和专业资本(厂房、基础设施、机器、专利等)"[2]。皮凯蒂最后把资本综合定义为"除了人力资本以外的,包含了私人(或私人团体)可以拥有并且能够在市场上永久交易的所有形式的财富"[3]。换句话说,皮凯蒂"资本"概念成立的前提条件就是"能够在市场上永久交易",而这一条件

---

① 〔法〕托马斯·皮凯蒂:《21 世纪资本论》,巴曙松、陈剑、余江等译,中信出版社,2014,第 47~48 页。

② 〔法〕托马斯·皮凯蒂:《21 世纪资本论》,巴曙松、陈剑、余江等译,中信出版社,2014,第 46 页。

③ 〔法〕托马斯·皮凯蒂:《21 世纪资本论》,巴曙松、陈剑、余江等译,中信出版社,2014,第 47 页。

恰恰决定了 21 世纪资本（金融资本）运动的时代特征——时空叠加条件下"永不停止地永久交易"。"皮凯蒂讨论的资本主要是执行价值分割权力的资本。'能够划分所有权的可在市场中交换的所有形式的不动产、公司和政府机构所使用的金融资本和专业资本'虽然都不创造价值，但是只要参与价值分割，它就构成了'实现价值增殖的生产关系'的一部分。"① 因为皮凯蒂考察的更多的是 21 世纪占主导地位的金融资本，而且他是以全球化的时代背景为坐标系的，马克思所处的时代是产业资本占主导地位的时代，而且马克思所处的时代全球化才刚刚从英国起步，远没有今天这么全面、彻底。所以，21 世纪资本的最重要的特征就是金融全球化背景下所有可交易的财富的"永久交易"，即所有的存量转变为流量，并且快速地流动起来。

（二）"看不见的腿"：21 世纪金融资本的运行机制

20 世纪 80 年代美国金融衍生品创新推动金融全球化，全球范围内的金融创新浪潮及资本账户的自由化是从 20 世纪 90 年代开始的，金融的创新如同为资本流动注入了强心剂一样，这使与实物生产和投资相脱离的金融性资本的流动性大大增强，执行着"永不停止地永久交易"，一大批国际短期流动资本操盘手由此诞生并逐步壮大，短期金融资本流动成为国际金融领域乃至国际经济中最为活跃的现象。21 世纪金融化的资本正是在这样一个全时空的条件下永不停歇的交易，最终，资本按照自己的模样创造了如此这般的一个世界。这个世界依赖于实体经济而产生，又脱离实体经济而存在；不仅在时空叠加条件下进行高速流动，而且呈现出专业化的投机性；不仅活动范围充满不确定性，而且活动的轨迹呈现不透明性。"经济主体首先选择从事金融化的非生产性经济活动，然后根据社会经济发展状况再将上述金融化后的资本，转移到其他领域以获取更高收益，这样就形成了当今投机资本无时无处不在的社会经济现象。"② 总之，资本在全时空的流动，越来越难以捉摸，它如同长上了"看不见的腿"，时而在新兴市场独占鳌头，时而又转向发达市场徘徊，腿的运动方向随着资本灵敏的嗅觉不断作

---

① 宁殿霞：《财富与不平等：21 世纪资本的两个向度及其反思》，《现代经济探讨》2015 年第 9 期。
② 鲁春义：《资本金融化转移的特征、机制与影响——基于经济主体金融化行为的视角》，《征信》2015 年第 9 期。

出调整。

金融囊括了过去积累的所有财富，激活了未来可能的一切财富，在各级各类金融产品及金融衍生品开辟的经济空间内以人脑难以计算的速度运动。在现实中，不仅"金融资产与非金融资产的界限可能并不清晰"[①]，而且过去积累的资产与未来可能的资产的界限也变得模糊，甚至，在跨国公司的强力发展情况下，国内资本与国际资本也越来越不易清算。更重要的是，资本从马克思所处时代清晰的主客体的劳资关系转变为多元的、异质的、复杂结构的对象关系。问题变得复杂了，人格化的资本家在哪里？他者又在哪里？他者就是你自己？你自己又不是他者？所以我们难以对资本作出准确判断了。按照皮凯蒂的逻辑，全球财富总值等于全球各国的国内资本，但各种边界都渐趋模糊，财富的衡量与计算越来越进入一个边界模糊的全球整体性的时代。21 世纪的资本的内在机制就是所有财富都进入模糊的、不确定的运动状态，即"看不见的腿"的运行状态。

（三）金融座架与全球经济正义："看不见的腿"运动之后果

21 世纪的资本在金融化的境遇中以其强大的权力至少从三个方面产生重大影响。第一，金融化使国家经济，乃至全球经济发生了深刻的变化。金融化不仅改变了传统的资源配置形式和价格机制，而且投资行为与利润分配政策也发生了巨大变化；不仅出现了以金融为核心的新经济增长模式，而且使收入分配差距不断拉大。第二，生存世界的金融化导致个人已成为金融的终端。个人的投资理财、日常生活、情绪情感等不仅与金融密切相关，而且深深地被金融所激活、推进。金融市场的波动曲线成了人们日常生活中情绪情感的晴雨表。第三，金融在某种程度上操控着国家政治乃至国际政治。金融已不只是经济政策的产物，更是维持这种经济政策和经济关系的政治制度的产物，而且这一产物会反过来支配政治制度，导致政治非理性随时随地可以发生。总之，21 世纪的资本与金融进行了如此亲密的"联姻"，以至于定义了经济，操控了政治，座架了生存世界。21 世纪的人类拥有着地球上从来没有过的如此之多的财富，同时，人与人之间的两极

---

① 〔法〕托马斯·皮凯蒂：《21 世纪资本论》，巴曙松、陈剑、余江等译，中信出版社，2014，第 124 页。

分化也是前所未有，这一切毫无悬念地"归功"于金融。金融何以具备如此强大的权力？其实，权力既在生产领域，又完全不在生产领域。资本一旦长上了"看不见的腿"，它就可以玩儿神秘，我们不得不承认，多数现代人是斗不过金融的，因为多数情况下资本自身有灵敏的嗅觉，而我们却看不着它、摸不到它。金融，激活未来，把过去与未来全部纳入现在，经过一系列的运动，也就是通过全部时间、全部空间融合的加工机，分割过去积累的财富和现在创造的财富，导致的结果便是《21世纪资本论》中"一个国家会不会买下全世界"的忧患。在金融全球化、全球金融化的时代，10%的人占有90%的财富，资本的集聚是史无前例的。资本来到人世间，首先从根本上就是不公正的，资本向前追溯到财富，财富的本质就是不公正，而且21世纪的"资本等同于财富"也深刻地说明了这一点。换句话说，资本逻辑推动的全球化本身就是不公正的，抑或不公正本身推动着全球化。全球经济正义问题不是一个观念问题，而是实践境遇问题。

三　追求全球经济正义中反思全球资本逻辑

21世纪的资本越是任性，我们越需要在反思全球资本逻辑中追求全球经济正义。21世纪的全球经济正义绝不是简单地做一个道德批判、征收一个全球资本累进税那么简单，而是需要着眼于人的精神对资本逻辑的反作用，即如何设置资本的对立面，让资本在与人的精神的互动中追求全球经济正义。归根结底是人的精神的进化与生产关系的变革。伊壁鸠鲁认为，由于组成人的灵魂的原子具有脱离直线作偏斜运动的倾向，因而人的行为有可能脱离来自资本的命定的必然性，获得意志和行为的自由。经济正义在经济理性的框架内是可能的，但是如果把经济理性拔高到金融理性，如果从事金融方面的人员把追求最大化收益的经济体系提高到一个世界观的深度上来，这个世界就必然会出问题。21世纪的人类精神如果不克服资本逻辑的直线运动，人类的意志如果不为资本逻辑设置对立面，那么，全球经济正义也将成为镜中之花、水中之月。

（一）资本逻辑视野中的全球经济正义呼唤精神的观照与哲学的在场

毫无疑问，全球资本逻辑必然导致两极分化。21世纪资本的内在动力学机制决定了它必然导致历史的直线运动，即皮凯蒂揭示的富人因继承遗产并获得资产性收入而越来越富，穷人仅靠劳动获得劳动性收入而越来越穷的历史事实。因为资本收益率远远大于经济增长率（r>g），而且，资本市场越完善，这种根本性不平等的可能性就越大，它与任何形式的市场缺陷都无关。如果人类任由"看不见的手"与"看不见的腿"自由活动，那么，人类必将倒回霍布斯意义上的"丛林"世界。马克思在 19 世纪通过政治经济学批判把不平等归结为资本主义私有制条件下的生产方式，揭示了资本逻辑的这一直线运动的规律。他考察和解决不平等问题是从资本主义生产关系出发的，也就是说，他只做事实批判，而不是价值批判，不是从分配领域着手解决问题的。如果从分配领域着手，无异于将分配的公正问题寄希望于工人与资本家的交涉，这不仅难以实现，而且在资本逻辑视域之外。其实，解决全球经济正义的根本思路需要从改变生产关系入手。马克思的伟大之处在于他找到了市民社会财产关系异化的本体论中作为原子的人的精神所产生的对资本直线运动的偏离，即人的意志为资本设置对立面。由此，全球经济正义问题需要进一步着眼于人的意志，着眼于人的精神作用于资本的斥力。所以，资本逻辑视野中的全球经济正义离不开人类精神的观照，离不开哲学的批判与扬弃。总之，要从根本上解决两极分化问题而实现全球经济正义，单靠结果上的全球资本累进税，显然是温和的和乌托邦式的，必须从源头上进行生产关系的调整、革新，才有可能实现。遵循资本逻辑直线运动的历史必然导致全球不平等，只有人类精神不断为资本逻辑设置对立面，人类才会走向更高一层的进化，这样，人类历史也就实现了偏斜运动。所以，全球经济正义必须呼唤精神的观照与哲学的在场。

（二）资本与精神双向作用的后果：人类整体主义的进化方向

21 世纪的人类越来越趋向于整体性，因为资本不断挤压人的生存空间，"人如果不和他人联合，就别指望有进化带来的未来"[1]，这必然导致人类的联合——人类命运共同体的确立。马克思说："在资产阶级社会的胎胞里发展的生产力，同时又创造着解决这种对抗的物质条件。因此，人类社会的史前时期就以这种社会形态而告终。"[2] 倡导人类命运共同体的观念形态为

---

① 〔法〕德日进：《人的现象》，范一译，辽宁教育出版社，1997，第 195 页。
② 《马克思恩格斯文集》（第 2 卷），人民出版社，2009，第 592 页。

告别近代以来二元对立的世界观，为告别"人类社会的史前时期"提供了一种可能。从另一个方向考察，全球化远比经济、政治、军事来得深刻，它是人类精神的一种进化，而且从这一观点来看，全球化的格局才刚刚打开，从根本上讲仍然是开放的。在全球化，尤其是金融全球化日益加深的背景下，人类已经越来越凝聚为一个命运共同体，那种以自我为中心，损人利己，把追求物质财富和享受作为目的的发展方式，已经造成严重的人类生存危机。美的就是丑的，丑的就是美的，无论是战争还是文明，都具有这样辩证的两方面。它们的共同目的就是使世界经济走向全球化，使资本走向全球联合，使人类走向全球化，使人类走向进步。不同制度、不同发展阶段、不同文化背景下的国家和人民已经形成了边界不清的你中有我、我中有你、利益互通、相互依存的命运共同体。文化交流、文明互鉴成为世界各国人民增进友谊的桥梁、推动人类社会进步的动力、维护世界和平的纽带，从不同文明中发现智慧、汲取营养，为人类整体提供精神食粮和心灵慰藉，携手解决人类共同面临的各种挑战。人类命运共同体的构建不仅需要从政治、经济、文化、生态、安全等方面着力，也要促进和而不同、兼收并蓄的文明交流，推动人类文明实现创造性发展。那么，全球经济正义在何等意义上成为可能？全球资本逻辑导致的全球经济不正义必然要上升到人类命运共同体的层面加以解决，树立人类命运共同体的时代意识显得格外重要。

（三）精神对资本的反作用：全球经济正义与人类历史的偏斜运动

全球化是新的还是旧的？"18世纪末西方经历了一次明显的转折，从那时起，尽管我们有时固执地认为自己还是以前的老样子，实际上我们已进入了一个新的世界。"[①] 这就是一个资本逻辑主导的世界。站在21世纪，什么是老样子？什么是新样子呢？显然，资本追求最大化收益的秉性与资本逻辑的直线运动依然是老样子；而资本金融化的现实与人的精神的无限创意是日日新、又日新的。这是一个人类理性遭遇金融的时代，18世纪以来的工业革命虽然尚未宣告终结，但是21世纪的金融化已经破门而入。正如雅斯贝斯所言："人类精神发展史上最伟大的现象是终结和开端一起发生的

---

① 〔法〕德日进：《人的现象》，范一译，辽宁教育出版社，1997，第164页。

变迁，它们是处在新旧之间的真理。"① 这一新与旧的交错即为历史的转折。"人类历史的每一次重大提升总是实存于波属云委般的历史转折中。"② 21世纪的人类实践活动方式出现了整体性和根本性的演化创新的变更趋势，金融化正以强劲的速度和激烈程度趋于普及，从而形成新的生产方式和经济体系，这需要新的生产关系来适应它。而此时的全球经济正义也必须从生产关系这个源头上进行调整、革新，才有可能实现。其实，"工厂林立的地球。一派繁忙的地球。有千百条辐射线在颤动的地球。这个伟大的机体归根结底只是为了新的心灵而活着，并且靠它活着。时代变化的下面是思想的变化"③。今天我们必须说思想使人进化，思想使人再进化。可是到哪里去寻找这一进化的微妙的异动呢？到哪里去寻找这一进化的动力源呢？动力来源于危机，而且只有危机才能推动人类躯体内部的进化。其实，"我们正处在一些闲置力量的巨大出口处……现代人不知道对他亲手放过的时间和力量怎么办。我们因为这多余的财富而呻吟，我们为'失业'呐喊，我们几乎打算把这过多的富有挤回到产生他的物质里去，而没有注意到这个反自然的和荒谬的做法是不可能的"④。出路只有一条，用进步的人类精神对象化那个长着"看不见的腿"的金融，让它朝着"美学"的方向发展，朝着服务大众的方向发展。

小　结

资本逻辑必然导致两极分化，只有人类整体主义精神不断为资本设置对立面，使之朝着人类整体利益的方向发展，全球经济正义才有可能实现。"金融之美"⑤ 就是服务大众，金融的本质本来就该是服务大众。金融如何才能趋向于好的社会，深层次的是人类精神与金融互动的展现。从西方发达国家和其成长经验看，"金融"创造出巨大的利润空间，金融创新业已成为经济创新、制度创新的一条重要途径。未来世界的发展离不开金融创新，

---

① 〔德〕卡尔·雅斯贝斯：《历史的起源与目标》，魏楚雄、俞新天译，华夏出版社，1989，第281页。
② 张雄：《历史转折论——一种实践主体发展哲学的思考》，上海社会科学院出版社，1994，第1页。
③ 〔法〕德日进：《人的现象》，范一译，辽宁教育出版社，1997，第166页。
④ 〔法〕德日进：《人的现象》，范一译，辽宁教育出版社，1997，第201页。
⑤ 〔美〕罗伯特·希勒：《金融与好的社会》，束宇译，中信出版社，2012，第194页。

而金融创新一定要在人类进化的更高的层次上，以服务人类命运共同体为目标而进行。然而，今天的金融体系，越来越偏离金融的本质。金融的实践证明，传统的经济哲学是来自传统的政治哲学体制的价值建构，目前已不再具有现实性。人类的进化进入一个新的阶段。按照资本的逻辑，历史的运动必然是绝对的、直线的，然而，人类精神必然起反作用而呼唤全球经济正义、全球治理，这样一来，人类历史将实现偏斜运动。历史需要人类精神照亮，历史不是直线运动，而是偏斜运动。"它们的重心是在它们自身之内，而不在它们自身之外。"① 全球经济正义也能在历史的偏斜运动中不断推进。

---

① 《马克思恩格斯全集》（第 1 卷），人民出版社，1995，第 60 页。

参考文献

一　马克思主义经典著作

《列宁全集》（第 1 卷），人民出版社，1984。

《列宁全集》（第 27 卷），人民出版社，1990。

《列宁全集》（第 55 卷），人民出版社，1990。

《马克思恩格斯全集》（第 1 卷），人民出版社，1995。

《马克思恩格斯全集》（第 3 卷），人民出版社，2002。

《马克思恩格斯全集》（第 25 卷），人民出版社，2001。

《马克思恩格斯全集》（第 26 卷第 3 册），人民出版社，1974。

《马克思恩格斯全集》（第 30 卷），人民出版社，1995。

《马克思恩格斯全集》（第 31 卷），人民出版社，1998。

《马克思恩格斯全集》（第 32 卷），人民出版社，1998。

《马克思恩格斯全集》（第 46 卷下册），人民出版社，1980。

《马克思恩格斯文集》（第 1 卷），人民出版社，2009。

《马克思恩格斯文集》（第 2 卷），人民出版社，2009。

《马克思恩格斯文集》（第 3 卷），人民出版社，2009。

《马克思恩格斯文集》（第 4 卷），人民出版社，2009。

《马克思恩格斯文集》（第 5 卷），人民出版社，2009。

《马克思恩格斯文集》（第 6 卷），人民出版社，2009。

《马克思恩格斯文集》（第 7 卷），人民出版社，2009。

《马克思恩格斯文集》（第 8 卷），人民出版社，2009。

《马克思恩格斯文集》（第 10 卷），人民出版社，2009。

《毛泽东选集》（第 3 卷），人民出版社，1991。

《邓小平文选》（第 2 卷），人民出版社，1994。

《十八大以来重要文献选编》（中），中央文献出版社，2016。

《十八大以来重要文献选编》（下），中央文献出版社，2018。

《习近平关于科技创新论述摘编》，中央文献出版社，2016。

《习近平关于社会主义社会建设论述摘编》，人民出版社，2017。

《习近平谈治国理政》（第1卷），外文出版社，2018。

《习近平谈治国理政》（第2卷），外文出版社，2017。

《习近平谈治国理政》（第3卷），外文出版社，2020。

《习近平谈治国理政》（第4卷），外文出版社，2022。

二　国外作者专著

〔德〕哈尔特穆特·罗萨：《加速：现代社会中时间结构的改变》，董璐译，北京大学出版社，2015。

〔德〕黑格尔：《法哲学原理》，范扬、张企泰译，商务印书馆，2009。

〔德〕黑格尔：《精神哲学·哲学全书·第三部分》，杨祖陶译，人民出版社，2006。

〔德〕黑格尔：《历史哲学》，王造时译，上海书店出版社，2006。

〔德〕黑格尔：《小逻辑》，贺麟译，商务印书馆，1980。

〔德〕黑格尔：《哲学史讲演录》（第1卷），贺麟、王太庆译，商务印书馆，1978。

〔德〕康德：《历史理性批判文集》，何兆武译，商务印书馆，1990。

〔德〕康德：《实践理性批判》，邓晓芒译，杨祖陶校，人民出版社，2003。

《尼采著作全集》（第4卷），孙周兴译，商务印书馆，2010。

〔德〕诺伯特·海林：《新货币战争：数字货币与电子支付如何塑造我们的世界》，寇瑛译，中信出版社，2020。

〔德〕斯宾格勒：《西方的没落》，吴琼译，上海三联书店，2006。

〔德〕卡尔·雅斯贝斯：《历史的起源与目标》，魏楚雄、俞新天译，华夏出版社，1989。

〔法〕阿达：《经济全球化》，何竟、周晓幸译，中央编译出版社，2000。

〔法〕亨利·柏格森：《创造进化论》，姜志辉译，商务印书馆，2004。

〔法〕德日进：《人的现象》，范一译，辽宁教育出版社，1997。

《卢梭文集——论人类不平等的起源和基础》（第2卷），李常山、何兆武译，红旗出版社，1997。

〔法〕米歇尔·波德：《资本主义的历史——从 1500 年至 2010 年》，郑方磊、任轶译，上海辞书出版社，2011。

〔法〕托马斯·皮凯蒂：《21 世纪资本论》，巴曙松、陈剑、余江等译，中信出版社，2014。

〔加〕文森特·莫斯可：《云端：动荡世界中的大数据》，杨睿、陈如歌译，中国人民大学出版社，2017。

〔美〕大卫·哈维：《新自由主义简史》，王钦译，上海译文出版社，2016。

〔美〕大卫·刘易斯：《惯例：一项哲学层面的研究》，方钦译，上海财经大学出版社，2021。

〔美〕丹尼·罗德里克：《全球化的悖论》，廖丽华译，中国人民大学出版社，2011。

〔美〕丹尼尔·贝尔：《后工业社会的来临——对社会预测的一项探索》，高铦、王宏周、魏章玲译，新华出版社，1997。

〔美〕丹尼尔·贝尔：《资本主义文化矛盾》，赵一凡、蒲隆、任晓晋译，生活·读书·新知三联书店，1989。

〔美〕廖子光：《金融战争：中国如何突破美元霸权》，林小芳、查君红等译，中央编译出版社，2008。

〔美〕列奥·施特劳斯、约瑟夫·克罗波西：《政治哲学史》，李天然等译，河北人民出版社，1998。

〔美〕罗伯特·希勒：《金融与好的社会》，束宇译，中信出版社，2012。

〔美〕罗伯特·希勒：《叙事经济学》，陆殷莉译，中信出版社，2020。

〔美〕麦克尔·哈特、〔意〕安东尼奥·奈格里：《帝国——全球化的政治秩序》，杨建国、范一亭译，江苏人民出版社，2008。

〔美〕诺美·普林斯：《金融的权力：银行家创造的国际货币格局》，王海峰、陈园园、杨宗君译，机械工业出版社，2020。

〔美〕乔治·阿克洛夫、罗伯特·席勒：《钓愚：操纵与欺骗的经济学》，中信出版社，2016。

〔美〕托马斯·科洛波洛斯、〔希〕乔治·阿基利亚斯：《隐藏的行为：

塑造未来的 7 种无形力量》，闫丛丛、李谨羽译，中信出版社，2019。

〔美〕威廉·恩道尔：《"一带一路"：共创欧亚新世纪》，戴健译，中国民主法制出版社，2016。

〔美〕威廉·恩道尔：《金融霸权：从巅峰走向破产》（增订版），陈建明、顾秀林、戴健译，中国民主法制出版社，2016。

〔美〕威廉·N. 戈兹曼、K. 哥特·罗文霍斯特：《价值起源》（修订版），王宇、王文玉译，万卷出版公司，2010。

〔美〕约瑟夫·E. 斯蒂格利茨：《不平等的代价》，张子源译，机械工业出版社，2013。

〔美〕维克多·帕帕奈克：《为真实的世界设计》，周博译，中信出版社，2013。

〔日〕板谷敏彦：《世界金融史：泡沫、战争与股票市场》，王宇新译，机械工业出版社，2018。

〔以色列〕尤瓦尔·赫拉利：《人类简史：从动物到上帝》，林俊宏译，中信出版社，2014。

〔意〕杰奥瓦尼·阿瑞基：《漫长的 20 世纪》，姚乃强、严维明、韩振荣译，江苏人民出版社，2011。

〔英〕阿诺德·汤因比：《历史研究》（修订插图本），刘兆成、郭小凌译，上海人民出版社，2000。

〔英〕葛霖：《金融的王道——拯救世界的哲学》，段娟、史文韬译，中国人民大学出版社，2010。

〔英〕柯林武德：《历史的观念》，何兆武、张文杰、陈新译，北京大学出版社，2010。

〔英〕罗伯特·科尔维尔：《大加速：为什么我们的生活越来越快》，张佩译，北京联合出版公司，2018。

〔英〕玛丽安娜·马祖卡托：《增长的悖论：全球经济中的创造者与攫取者》，何文忠、周璐莹、李宇鑫译，中信出版社，2020。

〔英〕苏珊·斯特兰奇：《国家与市场》（第二版），杨宇光等译，上海人民出版社，2019。

三　国内作者专著及编著

李翀：《金融战争：金融资本如何在全球掠夺财富》，机械工业出版社，2018。

王海燕编选《德日进集》，上海远东出版社，1999。

刘福堆：《金融殖民》，中信出版社，2011。

刘纪鹏：《资本金融学》，中信出版社，2016。

彭宏伟：《资本总体性——关于马克思资本哲学的新探索》，人民出版社，2013。

彭兴庭：《资本5000年：资本秩序如何塑造人类文明》，中国友谊出版公司，2021。

王伯达：《金融殖民的真相》，江苏人民出版社，2012。

王立胜、钱跃编著《逆转——中国共产党百年重大危机处理》，中共中央党校出版社，2021。

向松祚：《新资本论》，中信出版社，2015。

杨斌：《金融软战争：当心股票、存款横遭劫掠》，中国经济出版社，2016。

杨斌：《美国隐蔽经济金融战争》，中国社会科学出版社，2010。

张雄：《历史转折论——一种实践主体发展哲学的思考》，上海社会科学院出版社，1994。

四　国外作者期刊论文

〔美〕戈拉德·A. 爱波斯坦：《金融化与世界经济》，温爱莲译，《国外理论动态》2007年第7期。

〔哥斯达黎加〕让·迪尔克桑斯：《从非生产性劳动角度看当代资本主义的制度性危机》，洛仁译，《国外理论动态》2012年第4期。

〔美〕杰瑞·哈里斯：《资本主义转型与民主的局限》，陈珊、欧阳英译，《国外理论动态》2016年第1期。

〔美〕格·R. 克里普纳：《美国经济的金融化》（上），丁为民、常盛、李春红译，《国外理论动态》2008年第6期。

〔美〕迈克尔·哈特、〔意〕安东尼奥·耐格里：《大众的历险》，陈飞扬译，《国外理论动态》2004 年第 8 期。

〔斯洛文尼亚〕斯拉沃热·齐泽克：《〈帝国〉：21 世纪的〈共产党宣言〉?》，张兆一译，《国外理论动态》2004 年第 8 期。

五　国内作者期刊论文

白刚：《〈资本论〉的世界历史意义》，《山东社会科学》2015 年第 1 期。

操竞东：《不应划分生产性劳动和非生产性劳动》，《价格理论与实践》1986 年第 6 期。

陈晗、王霖牧：《全球股票市场卖空交易机制的演进与发展分析》，《证券市场导报》2012 年第 9 期。

陈弘：《对"倒 U 型假说"的一个批判性分析》，《当代经济研究》2012 年第 11 期。

李爱敏：《"人类命运共同体"：理论本质、基本内涵与中国特色》，《中共福建省委党校学报》2016 年第 2 期。

鲁春义：《经济金融化的理论机制及其实践——基于资本积累理论的视角》，《山东社会科学》2021 年第 8 期。

鲁春义：《资本金融化转移的特征、机制与影响——基于经济主体金融化行为的视角》，《征信》2015 年第 9 期。

鲁品越、姚黎明：《当代资本主义经济体系发展新趋势》，《上海财经大学学报》2019 年第 6 期。

鲁品越：《利润率下降规律与资本的时空极化理论——利润率下行背景下的资本扩张路径》，《上海财经大学学报》2015 年第 3 期。

鲁品越、王珊：《论资本逻辑的基本内涵》，《上海财经大学学报》2013 年第 5 期。

鲁品越：《马克思宏观流通理论：非均衡宏观经济学——兼论生产过剩与投资扩张的"乘数效应"》，《经济学家》2015 年第 5 期。

鲁品越：《剩余劳动与唯物史观理论建构——走向统一的马克思主义理论体系》，《哲学研究》2005 年第 10 期。

毛勒堂：《"人类命运共同体"何以可能？——基于资本逻辑语境的阐释》，《马克思主义与现实》2018 年第 1 期。

柒永芳、黄家驹：《防范网络小贷系统性风险——基于蚂蚁金服与美国次贷危机的比较》,《吉林金融研究》2021 年第 7 期。

乔洪武、师远志:《经济正义的空间转向——当代西方马克思主义的空间正义思想探析》,《哲学研究》2013 年第 12 期。

邱海平:《准确理解新时期斗争精神的实质》,《前线》2019 年第 11 期。

申唯正:《21 世纪:金融叙事中心化与整体主义精神边缘化》,《江海学刊》2019 年第 1 期。

申唯正、孙洪钧:《习近平总书记关于金融重要论述的哲学探析》,《毛泽东邓小平理论研究》2019 年第 4 期。

孙冶方:《关于生产劳动和非生产劳动、国民收入和国民生产总值的讨论——兼论第三次产业这个资产阶级经济学范畴以及社会经济统计学的性质问题》,《经济研究》1981 年第 8 期。

唐正东:《非物质劳动与资本主义劳动范式的转型——基于对哈特、奈格里观点的解读》,《南京社会科学》2013 年第 5 期。

魏南枝:《资本主义世界体系的内爆——萨米尔·阿明谈当代全球化垄断资本主义的不可持续性》,《红旗文稿》2013 年第 11 期。

王伟光:《不断夺取新时代伟大斗争的新胜利》,《人民周刊》2019 年第 2 期。

吴宣恭:《美国次贷危机引发的经济危机的根本原因》,《经济学动态》2009 年第 1 期。

于光远:《马克思论生产劳动和非生产劳动(读书笔记)》,《中国经济问题》1981 年第 3 期。

张成思:《金融化的逻辑与反思》,《经济研究》2019 年第 11 期。

张雄:《财富幻象:金融危机的精神现象学解读》,《中国社会科学》2010 年第 5 期。

张雄:《构建当代中国马克思主义政治经济学的哲学思考》,《马克思主义与现实》2016 年第 3 期。

张雄:《金融化世界与精神世界的二律背反》,《中国社会科学》2016 年第 1 期。

张雄:《经济学批判:追求经济的"政治和哲学实现"》,《中国社会科学》2015 年第 1 期。

张雄：《西方思想史上的历史转折观》，《社会科学战线》1994 年第 1 期。

张雄：《现代性逻辑预设何以生成》，《哲学研究》2006 年第 1 期。

郑言实：《做好金融工作的指导思想和原则》，《求是》2019 年第 6 期。

祝福恩：《实现中华民族伟大复兴必须进行伟大斗争——学习党的十九大报告体会》，《黑龙江省社会主义学院学报》2018 年第 1 期。

图书在版编目（CIP）数据

资本金融权力体系的哲学批判/宁殿霞著. -- 北京：
社会科学文献出版社，2024.7
ISBN 978-7-5228-3480-1

Ⅰ.①资… Ⅱ.①宁… Ⅲ.①金融资本-哲学思想-
研究 Ⅳ.①F0-0

中国国家版本馆 CIP 数据核字（2024）第 073669 号

资本金融权力体系的哲学批判

著　　者/宁殿霞

出 版 人/冀祥德
组稿编辑/曹义恒
责任编辑/吕霞云
文稿编辑/胡金鑫
责任印制/王京美

出　　版/社会科学文献出版社·马克思主义分社（010）59367126
　　　　　地址：北京市北三环中路甲 29 号院华龙大厦　邮编：100029
　　　　　网址：www.ssap.com.cn
发　　行/社会科学文献出版社（010）59367028
印　　装/三河市龙林印务有限公司

规　　格/开　本：787mm×1092mm　1/16
　　　　　印　张：13.25　字　数：211千字
版　　次/2024 年 7 月第 1 版　2024 年 7 月第 1 次印刷
书　　号/ISBN 978-7-5228-3480-1
定　　价/89.00 元

读者服务电话：4008918866